白崇禧將軍與二二八

止痛療傷

目錄

【關鍵十六天——代序】

◎白先勇

我是一九五二年從香港到台灣來的，離開二二八事件不過五年，當時我十五歲，在建國中學讀書。我念中學以至上大學的年份裡，常常遇到老一輩的台灣本省人士對我這樣說：

當時要不是你父親到台灣來，台灣人更不得了啦！

他們指的是一九四七年台灣發生二二八事件後，蔣中正特派父親以國防部長的身分到台灣宣慰，處理「二二八」善後問題。父親在關鍵的十六天中，從三月十七日到四月二日，救了不少台籍人士的性命。當時台灣人對父親一直銘感於心。那些台灣父老對我提起這件事的時候，都壓低了聲音，似乎餘悸猶存，「二二八」，在戒嚴時代，還是一大禁忌，不能隨便談論的。

一九四七年在台灣發生的二二八事件，不僅是台灣史上，亦是整個中華民族的一個大悲劇。一八九四至九五年，甲午戰爭、馬關條約，台灣被割讓，台灣人民是這場第一次中日戰爭的最大受害者。一九三七至一九四五年，第二次中日八年戰爭，中國人民喪失三千萬生命，亦是最大的受害者。而這同一民族、同是被日本軍國主義迫害的兩地人民，在二二八事件中竟然互相殘殺起來，留下巨大創傷，難以彌補的裂痕。

二二八事件發生的複雜原因，許多學者專家從各種不同角度作過詳盡分析，但從二戰後全盤歷史的發展看來，「二二八」恐怕並非偶然，類似衝突，難以避免。二戰日本投降來得突然，接收工作，國民政府措手不及，東北、華北平津一帶、華東京滬區，是接收計畫重中之重，一流軍隊人才都遣派前往。台灣在當時接收計畫中，重要性排名後段，來接收的軍隊以及人員當然也屬二、三流了。事後證明，國民政府接收東北、平津、京滬一一失敗，這也是國府失去大陸的主因之一，台灣經過五十年日本殖民，情況更加複雜。台灣接收，未能順利，爆發「二二八」，並不意外。而事件發生的時間點，亦正是國共內戰的尖銳時刻，中國大陸從東北到華北，遍地烽火。蔣中正正忙於調動胡宗南部攻打延安，剿共是國民政府當時全力以赴的首要目標，同時在台灣發生的二二八事件，其嚴重性及後座力，政府未能及時作出正確判斷，直到事態發展不可收拾，只得派兵鎮壓，全島沸騰，蔣中正才命令父親到台灣宣慰，滅火善後。

蔣中正任命父親到台灣宣慰，基於父親當時職位是國防部長，對軍警人員有管束權，父親因抗日軍功，成為一代名將，在民間有足夠的聲望，而蔣對父親處理危機的能力亦是充分信任的。當時父親正在華北巡視各綏靖區，三月七日飛抵山西太原，即接到命令，緊急返回南京。三月十七日，父親赴台展開宣慰，展開停損善後工作，當時，「二二八」已發生兩個多星期，三月八日深夜，奉命來台的整編第二十一師主力在基隆上岸，其後一個星期，暴力鎮壓，濫捕濫殺，隨即展開，有不少台籍菁英份子以及基層百姓，在這個期間喪命。父親本來計畫三月十二日來台，後受阻於陳儀向蔣中正的建議，遲來數日。父親抵台時，面臨的情況，十分複雜敏感。當時全島人心惶惶，台灣人民陷於極端恐慌狀態，任何處理不當，即有火上加油、災情擴大的可能。父親是國民政府蔣中正主席親自任命的特派大員，可以說手上掌握生殺大權，他的態度及措施攸關善後工作的成敗。

據父親回憶錄自述，他處理「二二八」的基本態度是：大事化小，小事化無。他對「二二八」受難者，無論本省或外省人士，都心存哀矜，希望息事寧人。事實上他未赴台前，已聽取各方的情報，因此他對於台灣情況，是有所了解的。父親行事，一向深謀遠慮，高瞻遠矚，但行動卻劍及履及，當機立斷。雖然他治軍嚴格，但賞罰分明。尤其人命關天的案子，父親宅心仁厚，謹慎判斷。抗戰期間，日本空軍空襲成都，我空軍成都軍區司令張有谷，令第五大隊隊長呂天龍率領十六架飛機避往天水，因為國軍飛機裝備比日機差一大截，無法正面迎戰。呂天龍臥病，由副隊長余平享帶隊，降落天水機場時遭日機突襲，全軍盡墨。蔣委員長震怒，將張、呂、余押至重慶槍決。蔣命父親任軍法審判長，父親對蔣說：「軍法審判必得其平，始可信服部下，若當斃而不斃，則我不做，若不當斃而斃，我亦不能作。」後來父親將三人免除死刑，為空軍保留了幾位優秀人員。他對因「二二八」而涉案的人，亦是持同一態度。他顯然認為因「二二八」遭捕的人絕大多數都是無辜的，尤其是青年學生，即使有所觸犯，也應罪不至死。所以他來台宣慰，基本上是採取寬大懷柔的政策，免除許多人的死刑。

事實上當時台灣的氣氛相當肅殺，陳儀手下有一派人，以警備總部參謀長柯遠芬為首，主張嚴厲制裁，大開殺戒。父親的回憶錄中有這樣一段重要記載：父親召開清鄉會議，柯遠芬在會上慷慨發言：

> 有些地方上的暴民和土匪成群結黨，此等暴民淆亂地方，一定要懲處，寧可枉殺九十九個，只要殺死一個真的就可以。

柯遠芬還引用列寧的話：

> 對敵人寬大，就是對同志殘酷。

父親當場嚴加駁斥：

我糾正他，有罪者殺一懲百為適當，但古人說行一不義，殺一不辜而得天下者不為，今後對於犯案人民要公開逮捕，公開審訊，公開法辦，若暗中逮捕處置，即不冤枉，也可被人民懷疑為冤枉。

二二八事件中，濫捕濫殺，柯遠芬扮演重要角色。父親回到南京，即向蔣中正彈劾柯遠芬：

處事操切，濫用職權，對此次事變，舉措尤多失當，且賦性剛愎，不知悛改，擬請予以撤職處分，以示懲戒，而平民忿。

可見父親對柯遠芬濫殺鎮壓的主張，完全不能認同，徹底反對。他以國防部長的身分，三番四次下令「禁止濫殺，公開審判」。父親寬大處理的措施，對於穩定人心，起了決定性的作用，軍警情治單位由此收斂，許多已判死刑犯人，得以免死，判徒刑者，或減刑，或釋放。設若父親當時的態度稍顯躊躇，未能及時制止柯遠芬等人，恐怕「二二八」冤死的人數就遠不止現在這些數目了。

父親一到台灣便馬上積極展開宣慰工作。三月十七日，下飛機後，當晚六時半便在中山堂向全省廣播，宣布政府對「二二八」善後從寬處理的原則。吳濁流在《無花果》中記載：

白崇禧將軍在廣播中發表處理方針。於是秩序因此而立刻恢復了。

父親在台灣十六天，從北到南，到處廣播演講，宣揚政策：「廣播五次，對長官公署全體職員及警備總部全體官兵訓話各一次；對省市各級公務員、民意機關代表、民意代表訓話共十六次；對高山族代表訓話二次；對駐台陸、海、空軍及要塞部隊訓話五次。對青年學生演講廣播二次。」

父親這些講話，起了穩定民情、約束軍警的效應。除了「禁止濫殺，公開審判」的命令，影響了許多個人及家庭的命運之外，他宣布的其他幾項原則方針，也有重大意義：

涉事青年學生，免究既往

捲入二二八事件中的青年學生，不在少數，因恐懼報復，不敢上學。父親最關心這些學生的安危，特別頒布命令，保證學生安全：「凡參加事件之青年學生，准予復課，並准免繳特別保證書及照片，只需由家中父兄領回，即予免究。」

三月二十日下午六時半，父親向全省青年學生廣播，除了保證復學學生人身安全外，並呼籲學生：「切望你們放大眼光，不要歧視外省人，破除地域觀念，……。我們要本親愛精誠，如手如足，互助合作。」

三月二十七日上午十時，父親赴台灣大學法商學院廣場，對台大及中等學校學生約八千人演講，再次保證學生安全：「一切曾被脅迫盲從之青年學生，均應盡速覺悟，返校復課，可由家長保證悔過自新，當予不究既往。余已飭令軍、警不許擅自逮捕，並將絕對保證青年學生之安全。」

父親再三的命令保證學生安全，當時應該有大批涉案的學生，獲得赦免，恢復上課，繼續他們的學業。

安撫外省公務員

二二八事件中，頭一個星期，全省有不少外省人，尤其是公教人員，受到毆打，有的甚至喪失生命。因此公教人員紛紛攜眷離開台灣，父親於三月二十日下午三時，在長官公署大禮堂（今行政院），召集台北公務員講話，其間特別安撫外省公務員：

> 余今仍盼諸君繼續留台工作，勿稍灰心。須知中國不能離開台灣，台灣亦不能離開中國，諸君留台服務，實與前往內地服務無異。且台灣乃新收復之領土，即就教育而言，吾人之工作必須五年至十年始可完成。日前侮辱諸君以及傷害諸君者，僅為極少數之不良份子，極大多數之台胞仍極愛國，且願與諸君精誠合作，二二八事件，純係意外之偶然事件，余信今後決不致再有此事，余並保證今後中央亦絕不容許再有此事

有部分涉案原住民，事後攜兵器逃避山中，父親於三月二十六日晚間七時，於台灣廣播電台向全省原住民同胞廣播，勸令逃避山中原住民交械歸來，既往不究。並接見協助政府的原住民領袖馬智禮、南志信等人，善加勉勵。

父親在台十六天密集旋風式的宣慰工作，穩定民心、恢復秩序，有止痛療傷的正面巨大效果，對二二八事件的後續發展，起了關鍵性的作用。近年來，關於二二八事件的研究，以及史料蒐輯，官方及民間都下了不少工夫，出版為數甚多的書籍，可是令人訝異的是，父親宣慰台灣，十六天中所作的重大措施及其影響效果，官方文獻或者按下不表，或者一筆帶過。閱讀台灣官方出版有關二二八事件的報告，無論主導者為行政院、省政府，或中央研究院，幾乎都看不出父親在二二八事件善後停損工作所扮演的角色。而民間學者專家的論述，也甚少論到這一節，更無一書全面探討。只有中央研究院近代史研究所陳三井、黃嘉謨兩位教授，各自撰寫過一篇論文，記錄父親來台宣慰的始末。父親「二二八」宣慰史實被官方以及民間學者所忽略，細究其因，並非偶然。

父親自從一九四八年，因副總統選舉支持李宗仁，與蔣中正產生嫌隙，更因徐蚌會戰，兩人衝突更為尖銳。此役國軍大敗，蔣中正隨之下野，期間父親曾發〈亥敬〉、

〈亥全〉兩電，建議美國出面調停。蔣須下野，才能和談。兩封電報，觸怒蔣中正，蔣對父親一直頗不諒解。一九四九年底，父親入台，本意與中華民國共存亡，可是蔣中正卻派情治人員，對父親嚴加監控，在台十七年，二十四小時有特務跟蹤。事實上父親入台後只任閒職，並無兵權政權，而父親言行謹慎，與海外桂系勢力並無聯絡，對蔣中正政權，根本不構成任何威脅，當局對父親實在不需如此防範。惟一的原因，恐怕是跟「二二八」有關。父親在二二八事件後來台宣慰，實行了不少德政，亦拯救了不少人的性命，台灣人民感念其恩，在台灣民間，當時國民黨官員中，父親德望甚高。多位台灣仕紳，一直與父親保持來往。這，就犯了當局的大忌。雷震一案，就因雷震與台籍人士李萬居等過往太密，企圖組織反對黨所致。有聲望的外省人士與台灣仕紳「勾結」，是當局的「夢魘」，必須阻止。

我閱讀蔣中正在台灣時期的日記，發現蔣對父親的確猜疑甚深，處處防範。當局對付父親的策略，是將父親的歷史，如北伐、抗日的軍功，當然也包括「二二八」時來台宣慰的成績，消滅抹煞；企圖將父親在民間的聲望，在民國史上的地位，撼搖更改。例如官方出版惟一一本有關抗戰著名戰役「台兒莊大捷」的書籍，登載國軍將領照片，卻獨缺白崇禧、李宗仁兩位桂系主帥。另一方面，國民黨宣傳機構自徐蚌會戰失敗、因而失去大陸之後，一直宣傳：華中白崇禧按兵不動，見死不救，徐蚌會戰乃敗。這項中傷謠言，一直持續，滲透到國軍軍中，迄今不散。

「二二八」整個事件中，父親來台宣慰，停損善後，算是國民黨政府官員所做的一項具有正面意義的措施，按理政府應當宣揚，以彰史實，平衡民怨。但因為當局對父親在台灣民間的聲望，「耿耿於懷」，當然，有關他「二二八」善後的德政，也最好不提。台灣歷屆政府，基本上也繼承這個態度，所以官方文獻上，父親關鍵十六天的宣慰工作，多半語焉不詳，模糊帶過。至於民間學者專家的著作，對國民黨政府在「二二八」

中的角色，多持批判態度。父親既是蔣中正特派到台灣宣慰的大員，當然也是國民黨的一員，要給父親的宣慰工作一個公平全面的評價，則需有古史官齊太史、晉董狐的勇氣與良知了。

二二八事件在台灣史上是何等重大的事情，多少人因此喪失生命，多少心靈受到創傷，多少家庭遭遇不幸。而其政治效應，無限擴大，迄今未戢。對待如此嚴重的歷史事件，當務之急，是把當年的歷史真相，原原本本，徹底還原。只有還原全部真相，人民才可能有全面的了解、理解，才可能最後達到諒解，這座島嶼上的人民，不管其不同背景，只能有一個共同命運，那就是與台灣共存亡。如果這個島上兩千三百萬人，還因為六十七年前發生的一項不幸歷史悲劇，彼此繼續猜疑仇視，那麼台灣的命運前途，將是坎坷的。寬容諒解，是唯一的選擇。

父親當年來台宣慰的目的，就是希望在悲劇發生後，能夠止痛療傷，這也是這本書《止痛療傷：白崇禧將軍與二二八》出版的由來，希望能在「二二八」歷史真相的拼圖上，填滿一角空白。這也是我醞釀多年的心願。雖然我因為撰寫父親傳記，涉獵過不少有關二二八事件的書籍，但我本身未受過史學訓練，蒐集資料，取捨分析，對我來說，是一件吃重而不討好的工作。幸虧我找到合作對象，青年歷史學者廖彥博。彥博畢業於政治大學歷史研究所，曾就讀於美國維吉尼亞大學博士班，專治民國史，曾以〈陳誠在國共內戰中的角色〉（Chen Cheng and the Chinese Civil War, 1946-1950）為題撰寫碩士論文，也曾參與國史館《二二八事件辭典》條目撰寫。《父親與民國》出版時，國家圖書館及中山堂曾舉辦父親生平照片展，文字說明由彥博擔任。因此，他對父親的一生事業是熟悉的。此外彥博還翻譯、著述多本與歷史有關的書籍。彥博閱讀甚廣，用功甚勤，民國史，他頗有獨到見解，他對還原二二八事件的真相，有高度的熱情。我們合作，十分愉快。

書中長文〈關鍵十六天：白崇禧將軍與二二八事件〉由彥博執筆，我僅提供意見。

彥博將父親在台宣慰十六天，由三月十七日到四月二日，每天行程，所作所為，巨細無遺，通通詳盡記錄、分析，把父親那十六天的宣慰工作，做了一個全面完整的敘述。因為他參照的資料：文獻、檔案、報章雜誌，極為豐富多元，父親的宣慰工作，因此有了具體而有深度的面貌。此外，彥博又以歷史學者的眼光與高度，將父親來台宣慰，所做出的貢獻功績、他所處極端複雜艱難的情境、他所受到的侷限與掣肘、他未能達成救人一命的個案、造成的遺憾、尤其他與陳儀、柯遠芬諸人你來我往，極為複雜的互動、他與林獻堂、丘念台密商會談得到的訊息與幫助，都給予極為公平可信的論述分析。

廖彥博這篇長達一百六十餘頁的論文，考核詳實，觀照全面，有諸多前人未有的論點，有更多發掘出來的珍貴資料，是迄今為止對父親來台宣慰這段關鍵歷史最完整的一則文獻，具有高度的學術參考價值。

書中第二部分是口述訪問，由我親自主導。我一共訪問了六位人士，蕭錦文、陳永壽、楊照、白崇亮、彭芳谷、粟明德，六位受訪者從各種角度切入，讓父親宣慰台灣這段歷史不僅只存於文獻紀載，也存在人們的記憶中，有血有肉，有其延續不斷的生命。

進行這些訪問時，我才深深感受到「二二八」的悲劇對受難者及其家屬所造成的傷痕，有多深、多痛。六位先生都不憚其煩，接受我的訪問，在此，我由衷表示感激，我想他們與我一樣，也希望為尋找「二二八」真相，盡一己之力。

父親來台宣慰，所做的多項工作中，當然拯救人命是最有意義又影響深遠的功德，父親一到台灣便以國防部長的身分，向全省軍警情治人員發布禁止濫殺、公開審判的命令，對於當時被囚禁在監獄裡，被關在警察局的拘留室中，甚至在被綁往刑場路上，許許多多命懸一線的人犯，父親這道命令，如同救命符。父親恐怕自己也沒料到，他發布這道命令，會改變多少人的一生，以及他們家屬的命運。

到底父親救過多少人的性命，並沒有確實數字，但從現有的口述訪問資料，大致情況，可以推測出來。以蕭錦文先生的遭遇為例：蕭先生在「二二八」時是《大明報》的實習記者，時年二十一歲。《大明報》對陳儀政府時有批評，社長鄧進益是蕭先生的舅舅、也是「二二八事件處理委員會」的委員。軍警要逮捕鄧社長，鄧聞訊躲避，當天蕭錦文到報社值班，被刑警帶走。他遭囚禁的警局地下室裡，在延平南路的警局裡，蕭被嚴刑拷打，灌水逼問鄧社長行蹤。他遭囚禁的警局地下室裡，同室牢友共有一、二十人。一天，蕭錦文被拉出去，五花大綁，眼睛蒙布，身後插上「驗明正身」的木條名牌，他被推到大卡車上，同車的有四、五人，一齊載往刑場槍決。可是卡車走到一半，又折回頭，返警察局，放回地下室，逃過一劫。

蕭錦文後來出獄後，舅舅鄧社長告知，是父親那道「禁止濫殺，公開審判」的命令，千鈞一髮，即時趕到，救了他一命。我訪問蕭錦文時，他已八十八歲，提到這段往事，仍十分激動，他緊握住我的手，顫聲說道：「是你父親那道命令，讓我多活了六十六年！」說著掉下淚來。蕭錦文說，前一天拉出去的一批人，大概通通遭槍決了，而與他同車的四、五人，卻都逃過死劫，關在地下室的其他人，也應該免刑了。可見父親的命令，不僅是針對單獨個案，而是整批豁免的。同樣的情況也發生在其他案件中。如中研院近史所出版的《高雄市二二八相關人物訪問記錄》中，王大中案。

王大中（原名王源趕），原是高雄警察，莫名遭到逮捕後，判了死刑，心驚膽跳過日子，直到父親來台，王大中才獲赦免，改為徒刑。

民國五十五年十二月二日，白崇禧先生過世時，那時我隱名王雲平，也前往祭拜，包了五百塊的奠儀，其家人不知我是誰。

王大中在廣場等候宣判時，另有一群被執者同時一起豁免，這也是個集體案件，免除死刑的人，人數大概不少。

台灣省文獻委員會編《二二八事件文獻輯錄》記載：基隆市民朱麗水，二十一歲，被抓進基隆市警察局，送拘留所監禁：

> 基隆市警察局當時有十多間「牢房」，每天晚上都約有五、六人被捉出去，然後聽到一陣槍聲，出去的人就沒有再回來。直至白崇禧來台後，我們才被放出來，我釋放後未曾再被找過麻煩。

十幾間牢房，大概關了不少人，父親來台後，都釋放了。父親制止濫捕濫殺的命令，是通令，全省適用。當時關在牢裡的死刑犯，一定有可觀的人數，免於死劫者，可能有數百人之多。

民國三十七年（一九四八）二月，父親簽呈蔣中正主席，稱台灣二二八事件中受軍法審判的人犯十三案，共三十四人，當中原判死刑者十八人，經過國防部覆核之後，全部減為無期或有期徒刑，經蔣中正批示，「姑准如擬辦理」。這份重要文件（本書第一七八頁）現存國史館。對那十八名死刑犯來說，父親這道簽呈，又是一張救命符了。父親回返南京，一心還是牽掛台灣「二二八」那些涉案囚犯。

因「二二八」被判徒刑，因父親的命令而減刑或釋放的，就更多了。我的第二位受訪者陳永壽先生，父親陳長庚先生是台中地方法院的書記官，「二二八」時與法院其他文職人員，均以「叛亂」罪名逮捕，入獄半年後釋放。陳永壽先生認為，是父親命令的影響，陳長庚先生得以釋放。訪問時，陳永壽先生攜他全家還有姐姐陳昭惠女士一家，前來向我致意，他們是主動來找我的，就是要表達對父親的感激。

我的第六位受訪人是粟明德先生。粟明德是廣西同鄉，他的祖父、父親與我父親關係密切，父親晚年，粟明德經常陪伴他聊天，談話中，父親也透露了一些埋藏多年的心思。粟明德證實了我的看法：父親在台灣受到嚴密監控，是因為他「二二八」宣慰善後處置得當，救了許多人的性命，在台灣民眾間，有崇高的聲望，由此犯了當局大忌。

一九六六年十二月二日，父親心臟病突發歸真，追悼會上來祭悼者上千人，其中有許多台籍人士扶老攜幼前來追念父親。大部分人與我們並不相識，由他們眾多輓聯、輓詩看來，他們都藉此表達感念父親在「二二八」後來台宣慰留下的恩澤。台灣書法家、櫟社成員莊幼岳先生的輓聯可作代表：

憶當年蓬瀛事件微將軍及時趕到台民早已成冤鬼

痛此日禹甸淪胥正王師準備反攻天上漢河殞巨星

——二〇一四年三月二日

【序】

◎廖彥博

二〇一一年五月，我突然接到學校的通知：停發獎學金，我的美國留學生涯，因此嘎然中斷。我回到台北，暫時以接稿翻譯為生。二〇一二年四月，《印刻文學生活誌》辦了一場齊邦媛先生與白先勇老師的對談，我有幸受邀擔任紀錄。當時只感覺自己真是幸運，可以親見兩位「民國人物」、文學大師！那次對談，聚焦在齊、白兩位老師的父親：齊世英先生與白崇禧將軍。齊先生說，她父親一生的事業無一成功，但是她從不認為父親是個失敗者；相反的，他的人格比許多勝利者更加偉大。齊先生這番話，鼓舞了當時坐在她身側，埋頭紀錄的我。

能獲得如此鼓勵，我已經感覺十分幸運，之後竟還有更加想像不到的榮幸。這場對談一個月以後，時報文化找我幫助校對白先勇老師的大作《父親與民國》，接著在年底受邀參加「一代名將白崇禧將軍身影展」的文字撰述。二〇一三年初，展出順利成功之後，我受到白老師請託，要我幫忙找二二八事件當中受難的倖存者蕭錦文先生。白老師在台北中山堂訪問蕭先生後，對我提起，他正打算寫一本關於父親白崇禧將軍在「二二八」時宣慰事蹟的書，問我是否有興趣與他合作？我乍聽之下，真是受寵若驚，同時卻也深覺惶恐。

因為這樣，從這時候起，我開始大量蒐讀二二八事件之後白崇禧將軍宣慰台灣的史料與文獻。從史學研究的角度來說，這段故事同時兼具戰後中國與台灣的歷史背景。但多年以來，以白崇禧將軍和台灣二二八事件之間關係的研究，並不多見。我認為，想要了解當時脫離日本統治一年多、「二二八」鎮壓之後的台灣，與正要陷入國共內戰漩渦的中國，白崇禧部長來台灣宣慰的十六天，正好為我們提供了一個觀察的極佳角度。

許多人不曉得：在民國三十六年三月十七日，國防部長白崇禧率領十餘名隨員（當中包括蔣經國在內）飛抵台北，宣慰「二二八」鎮壓之後的台灣。在這個全島惶然驚恐的時刻，白部長突破台省軍政當局的重重掣肘與包圍，查明事件的真相，拯救許多無辜遭難的民眾性命。如果二二八事件，曾經造成台灣如此巨大深刻的創痛，而應該仔細的還原真相，那麼當年曾經試圖彌補療傷的努力，也不應該被忽略遺忘。我想，這是白老師將本書定名為「止痛療傷」的意義。

《止痛療傷》這本書裡，既收有白老師採訪的六篇訪談，也有與白部長宣慰台灣相關的文獻史料，我認為兩者相輔互補，同樣重要。檔案文書為我們標定精確可靠的時空座標，人物訪談故事則在冰冷的檔案文字之中，提供真實的血肉與情感。除了還原白將軍宣慰台灣的史實之外，這本書收錄的訪談，有一個更重要的目的，就是解答為什麼白將軍晚年在台灣會遭受情治人員監控的原因，以及他宣慰台灣遭受忽視淹沒的根源。

我所寫的長文〈止痛療傷：白崇禧將軍與二二八事件〉，是嘗試結合檔案與訪談的努力。這篇文章盡量利用上述兩方面的資料，對白崇禧將軍來台宣慰的關鍵十六日帶來的影響，作出初步的解釋和評價。為求言之有據，這篇文章採用學術格式，標註資料出處，如果因此而降低閱讀時的流暢感，也請讀者見諒。

我是從小在台北市松江路長大的孩子，就讀長春、松江路口的大同國中，很早就知道從前這裡住過一位民國時期的名將白崇禧，也知道僅一街之隔的四平街，代表著國共內戰時候的一場戰爭，一個難以抹平的憾恨。可是，要不是撰寫這本書，我無法知道白將軍與台灣原來有著如此深的關係。因為探究這段故事，自己將心比心，我感受到當時民眾遭受鎮壓，死者往矣，倖存者卻須經歷那種躡氣吞聲、長夜飲泣的痛苦與煎熬。由此，更能感受到白部長及時救難的可貴，因為一切政治、經濟的改善革新，都不如拯救人命來得重要。

我想請讀者特別注意本書裡蕭錦文與粟明德兩位先生的訪談。蕭先生可作為白部長在「二二八」時期救人的見證；而粟先生的訪談當中，所提到白將軍本人晚年時對宣慰「二二八」的感想談話、因為「二二八」來台宣慰而被當局所忌、以及在台灣被特務監控的真相，都是第一次公開於世。對於白崇禧將軍的研究，應該能起一些拋磚引玉的作用。

感謝白先勇老師，他對書稿的方向，從不干涉，只是不斷勉勵我「還原歷史真相」。能與白老師合著本書，真是何等福分！感謝研究所同學與好友李清瑞小姐，她真是我回台之後的貴人。最後，要謝謝為這本書奉獻心力的項秋萍主編、李筱婷小姐，我衷心感激她們的支持與鼓勵。

——二〇一四年二月

關鍵十六天

白崇禧將軍與二二八事件

白崇禧將軍與二二八事件

發生在民國三十六年（一九四七）的二二八事件，是台灣近代歷史上最慘痛的悲劇。「二二八」所帶來的衝擊和影響，儘管時間過去，仍然沒有消散。

在民國八十年（一九九〇）以前的台灣，「二二八」的歷史是一塊不能談、無法碰觸的禁區。直到民國七十八年（一九八九），國內外開始有為「二二八」平反的聲音出現。民國八十三年（一九九四），官方出版《二二八事件研究報告》。從此之後，各種檔案的開放、文獻的出土，以及運用檔案文獻而撰述的研究，學術機構與民間私人進行的口述歷史訪談，有如雨後春筍，為二二八事件的研究，帶來許多新的觀點與解釋。

但是，目前對於二二八事件的研究，多半集中在二月二十七日事件爆發起，到三月上旬這一段時間，對於「白崇禧來台宣慰」這段歷史，卻仍然沒有專門、詳盡的討論[1]。南京國民政府於民國三十六年三月十七日派遣國防部部長、陸軍一級上將白崇禧將軍（1893-1966，以下省略敬語）來台宣慰，至四月二日任務完成，飛返南京覆命。白崇禧如何成為來台宣慰的人選？這十六天當中，白崇禧作了什麼決定？發生了什麼作用？前後期間遭受到什麼樣的困難和阻撓？對於二二八事件的發展與善後，還有往後的台灣，產生何種效應，造成什麼影響？白崇禧宣慰台灣的十六日行程，同樣是二二八事件當中的重要環節之一。既然官方的檔案史料多數已經開放，民間也有各種口述歷史、田野訪查的成果，運用這些材料，應該能夠還原這「關鍵十六天」。

我們認為，白崇禧來台宣慰，對於二二八事件對台灣所造成的傷害，發揮了即時的止痛療傷作用。白氏來台，有三項主要目的。第一在查明二二八事件爆發的原因；第二是寬大善後，制止軍警濫殺妄捕；第三為改革省政，調整人事。第一與第三項的成就，或許受到國共內戰的時代格局所限，以及國民黨內派系權力爭鬥的影響，而顯得有其侷限缺憾之處；但是第二項目的，可說在各種困難、重重阻礙當中，立即發揮撫平傷痛、急救止血的作用，拯救了許多人的性命。雖然白氏在民國三十八年（一九四九）來台之後，受到當局所忌，形同軟禁，壯志難酬，宣慰台灣的事跡也被抹煞掩蓋，但是從民間社會所保存的集體記憶看來，白氏在宣慰時的各種措施，在當時及之後，都有深遠的作用、影響。

本書抱持著「還原歷史真相」的態度，運用各種檔案、電報、函件，以及相關當事人的日記與口述訪談紀錄，重建白崇禧奉命來台宣慰的前因後果，盡量以每個小時作為單位，近距離觀察這平撫傷痛的關鍵十六天。為了提供後續研究的便利，本書附錄與白崇禧宣慰台灣相關的函電、講詞，一字不易，全文照錄；另外，為了彌補官方檔案的不足之處，本書特別收錄白先勇教授對「二二八」見證人蕭錦文、受難者家屬楊照（知名作家，本名李明駿）、陳永壽、隨白崇禧全省宣慰的白克之子白崇亮、白崇禧的同鄉晚輩粟明德等六篇口述訪談，可以提供讀者來自民間社會庶民記憶的不同觀察角度。

既然說「療傷止痛」，本書也該從傷痛的來處，也就是二二八事件爆發前後的台灣開始說起。

❶ 僅當時擔任中央研究院近代史研究所所長陳三井教授，於民國八十一年發表〈白崇禧與二二八事件〉論文，收於中華民國史專題第一屆討論會祕書處編，《中華民國史專題論文集：第一屆討論會》（台北縣新店市：國史館，1992）。民國八十五年，已故中研院近史所黃嘉謨研究員，另有一篇〈白崇禧宣慰台灣紀實〉，收於台北《廣西文獻》，第七十三期：「白崇禧上將與二二八事件善後座談會」專輯（1996年7月），極為詳盡，可惜流傳不廣。近年來，張炎憲、陳儀深、陳翠蓮等編著，《二二八事件責任歸屬調查報告》（台北市：財團法人二二八事件紀念基金會，2006年）、褚靜濤，《二二八事件研究》，下冊（台北市：海峽學術出版社，2011年6月）、以及白先勇，《父親與民國：白崇禧將軍身影集—下冊：台灣歲月》（台北市：時報文化，2012年5月）等書，對於白崇禧宣慰，各以專章、專節進行論述，觀點和評價各有不同。

民國一〇一年五月，由趨勢教育基金會、時報出版合辦的「白崇禧與現代中國」學術討論會於國史館召開，學者發表多篇論文，當中包括國史館纂修侯坤宏的〈白崇禧與二二八〉；隔年三月十日，趨勢教育基金會又與時報文化出版公司合辦「白崇禧與二二八」學術討論會，會中學者發表多篇論文，如許雪姬教授的〈二二八事件中陳儀對白部長來台宣慰的掣肘〉等。

傷痛之一
【派系傾軋】

民國三十四年（一九四五）八月，日本戰敗，十月，仍在重慶的國民政府派員接收台灣。僅僅一年四個月之後，「二二八」事件爆發。首任台灣省行政長官陳儀（1883-1950），以及來台接收的國民黨各派系，在其中所扮演的角色，相當重要。

陳儀，字公洽，又字公俠，浙江紹興人，日本陸軍大學第一期畢業，曾經擔任國民政府軍政部次長、兵工署署長、行政院祕書長等職務。陳儀留日，娶日本妻子，從民國二十三年（一九三四）起，擔任台灣對岸的福建省主席，主持省政前後長達八年，更曾在民國二十四年渡海來台，參加日本台灣總督府舉辦的「始政四十年紀念台灣博覽會」，對日本治下台灣的情形有了解，這種種條件，加上他本身的運作，終於使他成為抗戰勝利、收回台灣後的首任台灣行政長官。[2]

新收復的台灣省，行政體制和內地各省不同，不設省政府，而設行政長官公署。省政府採合議制，省政府主席只是省府委員會議的主席；而行政長官卻大權獨攬，長官公署各處、局都聽命於長官一人，陳儀還兼任台灣省警備總司令，軍政合一，予台灣民眾「日本總督府復辟」的聯想。[3]

以國民黨內的派系而論，陳儀屬於「政學系」成員。政學系是由前北洋政府官僚、學者出身的政治人物組成的鬆散同盟，沒有嚴格的組織或領導人物，但是他們大多嫻熟政務，政治手段也頗為高明，所以很得國民政府主席蔣中正的重用。抗戰勝利以後，政學系人物一舉囊括了兩大勝利果實——東北與台灣，因此遭到黨內其他派系的嫉視。

國民黨內的其他派系勢力，例如以黨務系統為大本營的「C.C.系」（領導人為陳果夫、陳立夫兄弟）、以軍隊、各省市警備司令部為重心的黃埔系（中央軍校前期畢業生）、以及在青年學生裡發展組織的三民主義青年團（簡稱「三青團」，重要領導人物為書記長陳誠、幹事會處長蔣經國），此時也紛紛進入台灣。三青團到台時間最早，吸收了許多心向祖國的台灣青年，等到以「C.C.系」為主的台灣省黨部成立時，發現政治地盤已大半被占，就和三青團處處對立。另外，隨著「C.C.系」和黃埔系進入台灣的，還有隸屬國民黨的情報組織「中央執行委員會調查統計局」（簡稱「中統」），以及由原軍事委員會調查統計局改組縮編的國防部保密局（簡稱「軍統」）。這些派系與情治單位，各有盤算，和陳儀以原來福建省政府班底組成的台灣省行政長官公署，並不是同一回事；再加上內地來台人員和台灣本地菁英也有結盟、對抗關係，使得情況更為複雜。❹

陳儀本人頑固剛愎的性格，也是造成派系傾軋的原因之一。他雖然懂日文，會說日語，但是平日絕不使用日文和本省人士交談；他和台灣仕紳之間，也很少交往應酬。陳儀本人廉潔儉樸，愛護後進，提拔任用了如嚴家淦、任顯群等日後對台灣建設有貢獻的官員，但是面對若干公署官員的貪污舞弊證據，卻往往視作敵對派系對他的攻訐，而採取包庇迴護的態度。這就使得長官公署下轄機關的貪汙問題愈來愈嚴重，而陳儀在變亂發生的時候，幾乎與台灣民意完全隔絕。

❷ 賴澤涵，〈陳儀與閩浙台三省省政（一九二六～一九四九）〉，中華民國建國八十年學術討論集編輯委員會編，《中華民國建國八十年學術討論集》，第四冊：社會經濟史（台北市：近代中國出版社，1991年），頁232-356。

❸ 台灣省文獻委員會編，《二二八事件文獻輯錄》（台中市：編者，1995年6月修訂版），頁16-17。

❹ 賴澤涵，〈陳儀與閩浙台三省省政（一九二六～一九四九）〉，頁250-252。

二二八事件爆發時的台灣省行政長官陳儀。（翻攝自侯坤宏《研究二二八》）

傷痛之二
【政經失序】

雖然陳儀頗以「開明」、「進步」自詡，但是在他一年多管治之下的台灣經濟與社會，卻一步步走向失序騷亂、民怨沸騰的臨界點。

民怨累積的第一個層面，是經濟蕭條。首先是基礎建設的破損：大戰末期，盟軍空襲台灣，炸毀多處港口、鐵路、工廠，而戰後修復的速度卻很緩慢。其次，原來台灣的外銷貿易只能銷往日本，如今日本戰敗，一時之間難以找到替代市場。而上述兩者的結果，就是台灣原料、資金欠缺，產業生產力衰退。其三，台灣的物價，從戰爭末期（一九四四年）就開始浮動，通貨膨脹的趨勢，在戰後變本加厲。而長官公署還將大量農、礦產，比如鹽、糖、煤、水泥等運往大陸，更助長通膨壓力。最後，許多從南洋遣返的前台籍日本軍人（據統計，達當時全島人口的百分之五），在這樣大環境不景氣的情形下，難以就業，不但怨聲載道，更製造社會問題。❺

第二個層面，是長官公署採行的經濟統制政策。長官公署下設貿易局和專賣局，包辦壟斷菸酒、食鹽、樟腦、火柴等事業的產銷與進出口貿易，用意本在實現孫中山「節制私人資本，發達國家資本」的主張，付諸實施後，卻招致許多「與民爭利」的負面批評。貿易局和專賣局，也成為若干不肖官員走私虧空的溫床、民怨的淵藪。例如專賣局所販售的酒類，味淡如水；香菸則品質拙劣，難以吸食，人們轉而購買走私洋菸洋酒。為了取締私貨，專賣局緝私幹員四出偵查，態度強橫，終於釀成「二二八」的導火線。❻

民國三十五年（一九四六）八月，中央「閩台區接收處理敵偽物資工作清查團」抵台，查出貿易局局長于百溪、主任祕書朱經霖兩人貪瀆不法，侵占公家財物，向國民政府聲請查辦。陳儀長官雖將兩人免職候審，但是此後一直有「陳長官干預司法審理」的傳言出現。于百溪的貪汙案，經過台北地方法院的審理，最後竟在民國三十六年二月二十七日（也就是爆發「緝菸血案」的當天），獲得「不起訴」處分。長官公署的形象和陳儀的威信，因為此案而受到重大的打擊。[7]

最後，大陸來台官員種種貪汙舞弊的不法行為，參雜原本台灣社會已經存在的省籍情結，使得本省人和外省人之間，鴻溝更加擴大。台灣百姓因此將大陸來台的外省（唐山）人，蔑稱為「阿山」。更可議的，是戰後從大陸凱旋返鄉的台籍人士。他們其中有不少人在接收日產過程中，趁機中飽私囊，搖身一變，成為政、商兩棲的新貴。這些有祖國經驗的台灣人，被稱作「半山」，意思就是「半個阿山」。陳儀政府選擇和「半山」集團合作，阻絕台灣本地政治菁英和國民黨其他派系的政治參與，結果，「半山」集團不能扮演溝通橋梁的功能，長官公署反而落入四面孤立的窘境。

到了民國三十六年年初，台灣全島，由上到下，已經漸成亂象。陳儀卻仍然感覺良好，認為台灣人民久經日本管制，具有守法精神，不至於起亂事，因此還將原來駐台的國軍（因軍紀問題，飽受台人責難）調回大陸作戰，全台守軍只剩五千餘人[8]。以自由主義立場聞名的上海《觀察》週刊，派駐台灣的特約記者，在這個時候發出一篇通信專題報導，題為〈隨時可以發生暴動的台灣〉。在報導裡，作者認為台灣行政長官權力龐大，和原日本台灣總督幾乎沒有差別，失業人口急遽增加，物價騰飛，走私猖獗，購買力低微，「因而引起了一切社會的不安、貪汙、舞弊、搶劫、淫逸和走私等等問題。」台灣維持特殊的經濟統制政策，但是並未能解決問題。專賣局和貿易局的貪污，「至今將以不了了之」。最後：

> 據我在台灣的觀察，我直覺地感到，今日台灣危機四伏，岌岌可危，是隨時可能發生騷亂或暴動的。[9]

這篇報導寫於二月中旬，到刊出時，是民國三十六年三月八日，二二八事件已然爆發。

5 本段參考高明士主編，蔣竹山、陳俊強、李君山、楊維真編著，《中國近現代史—大國崛起的新詮釋》（台北市：五南圖書，2009 年 1 月），頁 260-261。

6 同上。

7 薛月順，〈陳儀主政下「台灣省貿易局」的興衰（1945-1947）〉，《國史館學術集刊》，第六集（台北縣新店市：國史館，2005 年 9 月），頁 218。

8 國民政府接收台灣時，派駐台灣的國軍陸軍部隊為廣東系的第六十二軍（軍長黃濤），以及由福建保安團改編而成的第七十軍（軍長陳孔達）。第六十二軍駐守嘉義以南，第七十軍則在基隆登岸，駐守嘉義以北地區。第七十軍與第六十二軍在登陸時因軍容不整，士兵衣衫襤褸，為前來迎接的台灣民眾所看輕。嗣後兩軍士官兵更因為風紀問題，常為民眾所詬病。之後，因為大陸剿共戰事需要，以及陳儀的請求（主因是不堪負荷國軍駐台軍費），國府乃將第六十二軍調往天津，第七十軍則開往山東作戰。參見薛化元，〈陳孔達〉，《二二八事件辭典》（台北市：國史館、財團法人二二八事件紀念基金會，2008 年 2 月），頁 404。

9 台北特約記者，〈隨時可以發生暴動的台灣〉，《觀察》，第二卷第二期（1947 年 3 月 8 日），頁 18-19。

傷痛之三
【鎮壓捕殺】

二月二十七日晚間，四名專賣局外省籍緝私幹員，在台北市太平町（今延平北路、南京西路一帶）「天馬茶房」前，取締女私菸販林江邁，將林婦身上的香菸、錢財全部沒收。林婦以家計困難，跪地苦苦哀懇，請求至少返還部分公菸，但幹員堅持不肯，還以槍托毆擊林江邁頭部，導致她當場暈厥，血流如注。圍觀民眾群情激憤，包圍幹員，幹員逃離時，欲對空鳴槍示警，流彈卻意外誤傷圍觀的民眾陳文溪，隔日致死。陳文溪的兄長在當地素有聲望，遂一呼百應，糾集憤怒群眾，於當晚包圍警察局，要求懲辦兇手，另有人沿街敲鑼打鼓，號召聲援。二十八日上午，群眾衝擊肇事幹員所屬的專賣局台北分局（今彰化銀行台北分行），燒毀公物、菸酒、汽車，打死兩名職員；同時，大批請願民眾在長官公署前廣場（今中山南路、忠孝東路圓環），公署衛兵開槍二十餘響示警，打死兩人，多人受傷。民眾益發憤怒，開始四處追打外省人；下午，群眾佔領位於新公園（今二二八和平紀念公園）內的台灣廣播電台（今台北市二二八紀念館），向全台播送事變消息。⑩

二月二十八日到三月四日，動亂蔓延全省。各縣市群眾攻擊警察和駐軍，搶奪武器彈藥，砸燒公家機關。台灣本省警察大多是日警改編，心理上傾向群眾，放任武器被奪。台人四處搜捕外省人，或沿路以台、日語和日本軍歌，盤問、毆打「阿山」，外省公教人員倉皇躲避，死傷上百，局勢全面失控，動盪混亂，難以收拾。省方駐軍不足，無法恢復秩序，於是，先是在台北市，由台灣本地仕紳和「半山」組成的「緝菸血案調查委員會」登場；接著，在獲得陳儀長官的接見與善意回應後，調查委員會在三月二日改組為官民合組的「二二八事件處理委員會」（簡稱「處委會」）。

當時的專賣局台北分局。

專賣局台北分局今貌。

但是，正是這個「二二八事件處理委員會」，卻成為日後悲劇的導火線。首先是各商會、工會、學生、政治團體，見到「處委會」能和官方平起平坐，於是紛紛謀求加入，所以「處委會」的代表人數激增，當中的派系和意見也愈來愈駁雜激烈，不但組織膨脹，設立二局八組，還在全省各縣市成立分會[11]。三月七日，由省參議員、「處委會」宣傳組長王添灯（1901-1947）起草「三十二條處理大綱」，沒想到會場上各方代表紛紛加碼，又另外提出「十項要求」，裡面包括「處委會」有權改組長官公署、撤銷警備司令部、以台人充任台灣駐軍，不參加中國內戰等，無一不觸犯當局的大忌[12]。有學者認為，「處委會」已遭官方特務滲透，故意提出這類要求，以做為將來鎮壓口實。[13]

至於官方的態度和反應，並不是完全一致，比如警備總司令部參謀長柯遠芬（1908-1997），在事件一開始就主張武力鎮壓，而行政長官兼警備總司令陳儀的角色則更受爭議。有種看法是，陳儀一開始時的善意退讓，實是緩兵之計，目的只是在等待援軍開到；另種說法則認為，陳儀在事件爆發之初，未必沒有和平解決的想法，因為台灣在他的治下，不過十七個月就發生亂事，對他的仕途畢竟是沉重一擊，直到「處委會」要求愈發駁雜激烈，陳儀痛感和平解決無望，竟轉而狠下殺手。而根據屬於「C.C.系」的台灣省黨部主委李翼中（1896-1969）在幾年之後的追憶[14]，認為陳儀：

> 素性顢頇，忽於事件之初馴擾如羊，橫逆之來，不形聲色。事件委員會以其弱而易欺也，益肆猖狂，得寸進尺，及至提及三十二條，亂罪已構，而國軍亦至，遂一反前之所為，大動殺機。[15]

李翼中對於陳儀與「處委會」的評述，未必全都公允，但是陳儀在事件爆發之後，對長官公署在台的施政缺失毫無檢討之意，反而在向南京的報告裡，將事件描述成「共黨陰謀」所造成，並以此做為請兵平亂的藉口，則是不爭的事實。在三月六日呈給蔣中正的專函裡，陳儀更向中央請求，台灣至少需有「紀律嚴明、武器精良」之國軍兩師，才能維持秩序；必要時，並可派「大員來台協同辦理」。[16]

這個時候，南京國民政府主席蔣中正，依據他軍政生涯的經驗，以及各方呈送的情報研判，認為台灣事件，「實有叛國及奪取政權之重大陰謀」[17]。雖然他接到的情報裡，對於陳儀的施政有強烈的批評，蔣氏本人也在日記裡埋怨陳儀，認為他「事先不預為之防，事發又不實報，乃至勢成燎原，乃始求援，深致憤惋」[18]，但蔣中正仍然決定，先派出軍隊到台灣恢復秩序，再應台灣仕紳的要求，派遣大員進行安撫。

幾乎就在同時，當時任職於行政院善後救濟總署台灣分署的職員汪彝定，以其親身在台北的觀察，以及對中國歷史上各朝代處理民變的了解，認為形勢發展到此，即便南京完全答應「處委會」上述的要求，也會有新的要求出現。因此，蔣中正的對應方式，「正符合中國歷代對付反抗人民的基本原則：先用兵後安撫。」[19]所以日後悲慘的鎮壓局面，其實在此時就已經註定。

三月八日深夜，奉命來台增援的整編第二十一師主力在基隆上岸[20]，秩序很快就大致宣告恢復，但是恐怖的暴力鎮壓、濫捕濫殺隨即展開。如果說，二二八事件爆發前幾天，本省人毆打、追殺外省公教人員，是糾結著省籍和意識形態的各種情緒，那麼登陸增援的國軍部隊，同樣也存著報復的心態。雖然有若干部隊單位的紀律良好，與百姓相處堪稱平順，但是有更多的記載顯示，在三月九日到十七日這段時間裡，憲、警、軍隊、警備總部「別動隊」、要塞守備部隊不按法律程序，甚至公報私仇，任意拘捕人民，暗中行刑處決。三月十日，「處委會」被強制解散，在官民交涉期間活躍的台灣菁英首當其衝，立刻遭到捕殺。前面提到的王添灯，在三月十日被帶走，從此一去不復返。王添灯的兒子王政統，當時人不在台灣，他轉述家人的回憶：

> 三月十日，第一批來捉我父親的人，穿著私服，走進貴德街的茶行，就把父親捉走了。第二批來捉的人，是穿軍服的憲兵。來時，先是說「要捉王添灯父子。」家人氣憤的說：「父親早被捉走了。」他們改口說：「那就捉兒子。」[21]

和王添灯為前後任《人民導報》社長，同時也曾是長官公署各處局裡惟一台籍副首長的教育處副處長宋斐如（1903-1947），也約在同一時間被捕。他的兒子宋洪濤回憶父親被帶走的那一幕：

我親眼看到兩個便衣拿著短槍，把我父親架出門外。外頭有黑色轎車接應，門外還站著兩個或四個人，父親被押上車，立刻被他們用黑布蒙上雙眼。[22]

恐怖鎮壓株連廣泛，並不只是社會經濟地位高的本土菁英遇難，基層百姓也同罹大劫。這種不分青紅皂白的報復濫殺，在此僅舉幾乎與捕殺菁英發生在同時（三月十一日）的「八堵火車站事件」為例。先是在三月一日時，八堵火車站發生本省民眾毆打外省軍人的情形：三月十一日，有軍車載來三、四十名士兵，「入站即射殺七人」，並將三月一日當天值勤的十一位員工全數帶走。這些人被載走之後，便一去不回，生不見人，死不見屍。[23]

遭到株連殺害的人，生前固然都遭受到極大的折磨與痛苦；但是，他們的死亡，更留給活在世上的家人無窮無盡的煎熬與哀痛。被捕遇難者，大部分是男性，他們為人子，為人夫，為人父，對於台灣回歸祖國的管治，原先或抱持著參與的理想，或有不平之鳴，甚至只是單純的盡忠職守，卻在鎮壓時期同成槍下亡魂。他們遭難遇害，對家屬心理造成的傷痛、恐懼和陰影，不但無法言喻，而且難以消解。家屬的悲痛怨恨，有如心中長期插進一把尖刀利刃，鮮血迸流，無法痊癒。前述「八堵火車站事件」裡，被捕失蹤票務員周春賢的胞弟周秋金就如此說：

你們也許不能了解，發生這種事情，終我一生，我永遠無法原諒政府，永遠無法原諒國民黨。我大哥沒有做錯事，沒有任何犯法，他規規矩矩去上班，竟然在值勤時間被土匪兵在值勤地方抓走，從此下落不明，沒有起訴書，也沒有判決書。

二二八事件之後，我們家三餐不繼，母親以淚洗臉。小時候不懂事，看到母親早上哭，晚上也哭，很傷心，我在旁邊也跟著哭。母親怕我們發生危險，不准我們出門，她和大嫂兩個女人家整天出去找大哥的下落，一個是找兒子，一個是找丈夫，白天流著淚出門，晚上流著淚回家。其中的痛苦，不是三言兩語能夠說明白的。只要我有一口氣在，我就不能原諒國民黨。[24]

這個時候，全台各地人心惶惶，謠言四起，風聲鶴唳，許多人音訊杳然，生死未卜。此時的台灣局面，誠如白先勇所言，「是個極端敏感躁動的時刻，任何錯，可能火上加油。㉕」用兵階段結束，蔣氏決定派遣中央大員來台安撫。而就在這個時候，國防部長白崇禧負責來台宣慰，承擔起這個關鍵時刻的重要使命。

---

⑩ 唐賢龍，〈台灣事變內幕記〉，收於鄧孔昭編，《二二八事件資料集》（台北市：稻鄉出版社，1991 年），頁 108-109。

⑪ 對於台北「處委會」與各縣市類似組織的情況，及在二二八事件中扮演的角色，參見黃富三，〈「二二八事件處理委員會」與二二八事件〉，收於賴澤涵編，《台灣光復初期歷史》（台北市：中央研究院中山人文社會科學研究所，1993 年 11 月），頁 127-168；以及侯坤宏，〈重探「二二八事件處理委員會」的角色〉，「新史料與二二八研究」學術研討會（2013 年 11 月 29、30 日）會議論文。

⑫ 張炎憲（主編），《王添灯紀念輯》（台北市：吳三連台灣史料基金會，2005 年），頁 14。

⑬ 行政院研究二二八事件小組，賴澤涵總主筆，《「二二八事件」研究報告》（台北市：時報文化，1996 年初版五刷），頁 201、410。

⑭ 李翼中，原名朝鎏，廣東梅縣人，在廣州國立中山大學政治經濟系就讀時，加入國民黨，深得黨內前輩器重，民國十六年（一九二七）入中央黨部任職，歷任青島特別市黨部委員、漢口特別市黨部委員等職，抗戰時調任政府部門，先後任職社會部、交通部，同時兼任黨職，擔任中央組織部部長陳立夫的機要祕書，故以派系論，屬於「C.C.系」。民國三十四年當選國民黨第六屆中央執行委員，奉派擔任首任台灣省黨部主任委員。二二八事件後，於四月出任台灣省政府委員，六月兼任省府社會處處長。李翼中撰於民國四十一年的回憶錄《帽簷述事》，收錄於中央研究院出版之《二二八事件資料選輯》第一輯，是研究二二八事件的重要史料。見歐素瑛，〈李翼中〉，許雪姬（主編），《台灣歷史辭典》（台北市：行政院文化建設委員會，2004 年），頁 393。

15 李翼中，《帽簷述事—台事親歷記》，收於中央研究院近代史研究所編，《二二八事件資料選輯（二）》（台北市：中央研究院近代史研究所，1992），頁406。

16 〈陳儀呈蔣主席三月六日函〉，《蔣中正總統檔案》，收於侯坤宏編，《二二八事件檔案彙編（十七）》（台北縣新店市：國史館，2008年2月），頁128-129。

17 高素蘭編，《蔣中正總統檔案—事略稿本（69）：民國三十六年三至五月》（台北市：國史館，2012年），三月七日。

18 同上。

19 汪彝定，《走過關鍵年代—汪彝定回憶錄》（台北市：商周出版，1991年），頁64-65。

20 國軍整編第二十一師原來是川軍第二十一軍，屬唐式遵系統，民國三十五年冬季開始整編，軍降編為師，稱整編第二十一師。師長劉雨卿中將，副師長戴傳薪少將，參謀長江崇林少將，下轄第一四五（凌諫銜）、第一四六（岳星明）兩個旅，每旅下面轄兩個團，另有一個獨立團（團長何軍章，駐在台灣）、加上師直屬部隊五個營，總兵力近兩萬餘人，武器原為舊國造裝備，逐漸換發日式新配備。整編二十一師主力的防區，原來在江蘇北部，師部駐於崑山，第一四六旅則擔任上海市區衛戍，三月五日接奉命令，全師到上海、海州兩地集結，準備船運台灣。見劉雨卿，《恥廬雜記》（台北市：川康渝文物館，1982年），頁109-111；以及原二十一師參謀長江崇林在民國七十九年（一九九〇）接受台灣省文獻委員會訪問口述記錄。台灣省文獻委員會編，《二二八事件文獻輯錄》，頁234、609、614。

21 張炎憲、胡慧玲、黎中光採訪、記錄，《台北南港二二八》（台北市：自立晚報，1995年），頁280。

22 張炎憲、胡慧玲、黎澄貴採訪、記錄，《台北都會二二八》（台北市：自立晚報，1995年），頁38。

23 張炎憲、胡慧玲、高淑媛採訪、記錄，《悲情車站二二八》（台北市：自立晚報，1994年1月），頁4。

24 張炎憲、胡慧玲、高淑媛採訪、記錄，《悲情車站二二八》，頁56-57。

25 白先勇，《父親與民國—台灣歲月》，頁34。

白崇禧奉命宣慰

白崇禧，字健生，清光緒十九年（一八九三）出生在廣西桂林南鄉山尾村，一個回民家庭。白崇禧是「新桂系」的第二號人物，以戰陣之上足智多謀，號稱「小諸葛」，又和李宗仁（1891-1969）、黃旭初（1892-1975）合稱「廣西三傑」。白氏的軍政生涯，起於他以學生軍的身分，參與肇建民國的武昌起義。在保定軍校畢業之後，一路由基層軍官作起，民國十五年（一九二六），白崇禧以三十三歲的年紀，出任北伐軍副總參謀長，實際代行總參謀長職權，此後長期擔任蔣中正的最高軍事幕僚。

除了贊襄中樞之外，白崇禧還善於指揮大兵團作戰。北伐時，與李宗仁、何應欽等人齊心協力，在龍潭擊退「五省聯軍總司令」孫傳芳的反撲；並任東路軍前敵總指揮，率第四集團軍揮戈北上，直入北平，最後完成北伐。八年對日抗戰前期，先是與李宗仁合作，締造「台兒莊大捷」，接著代理第五戰區司令長官，參加武漢保衛戰，後來又統籌各軍，在崑崙關一役攻堅克敵，大獲全勝；後期，他則擔任軍事委員會副參謀總長兼軍訓部長。抗戰勝利之後，國共內戰硝煙又起，白氏奉命到東北督師，在四平街會戰時，重創由林彪所指揮的中共「東北民主聯軍」，本來欲渡過松花江，展開全面追擊，但受限於蔣中正第二次停戰令而止。民國三十五年六月，白崇禧以軍事方面的崇隆聲望，出任國防部成立之後的第一任部長。

民國三十五年六月，國民政府主席蔣中正（右）授國防部長印信給白崇禧（左）。

至於，白崇禧之所以會成為奉派到台灣宣慰的中央大員，則必須由他和蔣中正的關係、當時中國的局勢、以及蔣氏處理二二八事件的作法，三方面來解釋。蔣白兩人有多年的合作經驗，蔣中正對於白崇禧的能力和見識，也有十分清楚的認識、信任，可以部分授權，這對蔣中正來說，已很不容易。齊錫生教授指出，以蔣氏凡事務必躬親的性格，能夠在四平街會戰時，放手讓白氏指揮其「黃埔嫡系」的精銳部隊，正是蔣尊重白的軍事才能、兩人能充分合作的最有力表示。但是，白崇禧具有桂系第二號人物的身分，因此在涉及政治考量時，就會成為蔣白關係的干擾因素，而兩人的關係，也終因民國三十七年（一九四八）白崇禧為李宗仁輔選副總統，而宣告破裂。[26]

二二八事件發生的民國三十六年，在蔣白關係上，也正好是雙方維持信任、尊重關係的最後一年。在蔣中正這一年的日記裡，可以一窺他對白崇禧的倚重和信任。如：二月二十六日，也就是台北「二二七」緝菸血案發生的前一天，蔣召集國防部長白崇禧、參謀總長陳誠、參謀次長劉斐、陸軍總司令顧祝同、副總司令湯恩伯等「訓話，指示今後剿匪方針」。六月十日，「與健生討論政治、軍事、經濟、外交等問題」。六月十二日，「朝課後與健生談新疆北塔山案方針，對俄不法行動，應勿再因循，弱國雖無力，應據理力爭。」六月二十五日，有「健生來談其對時局意見」的記載。七月十九日，「朝課後，與健生談話」。二十一日，「正午，與健生談寧夏人事」；二十八日，「召見健生與三馬處理回軍剿匪指揮問題」。十一月七日，「十時到軍訓團第三期開學典禮後，與健生談戰局，彼主張放棄石家莊與長春、永吉，縮小範圍，余以為各重要據點無可再失，只有苦撐堅持，尤其長春如為匪所佔領，則彼匪必在該處建立偽政府，於我更為不利也。」十一月十八日，還出現「與健生談話，彼對中央軍事機構之健全甚能注意也」的讚許[27]。可見，此時的白崇禧，在政治、軍事戰略、人事調動乃至回民事務與外交等方面，都是能和蔣說得上話的人物。

白崇禧，當時在政治上、軍事戰略、人事調動乃至回民事務與外交等方面，都是能和蔣中正說得上話的人物。圖為抗戰時，白崇禧與蔣中正商討戰略。

而在二二八事件爆發前後的中國局勢，已經危機四伏，處在國共全面開戰的邊緣。一月八日，來華調處國共衝突的美國總統特使馬歇爾（George Marshall）承認任務失敗，離華返美。三月一日起，行政院長宋子文因為拋售黃金政策失敗，辭職下台，閣揆職務，由蔣中正主席暫時兼代。而在此同時，蔣本人除了督導正在進行中的山東剿共戰局，還與陝西國軍胡宗南部籌畫，要進攻中共位於延安的總部。在這種情況之下，內戰戰場後方的台灣，突然發生變亂，蔣中正既不可能親自到台灣處理善後，只能由他所信任的中央要員前往處理。當時南京雖有不少文武大員，但是台灣事件既然涉及軍事鎮壓，蔣又擔心軍隊的軍紀問題，因此由素具智謀，在軍界中聲望、職務都足以鎮懾的國防部長白崇禧前往，既能奉命宣慰，又可查明事實，應該是最合宜的選擇。[28]

前面已經提過，蔣中正處理二二八事件的方針，是「剿撫並用」；在順序上，則是「先剿後撫」，也就是前面提到的：先以軍隊開赴台灣，恢復台灣秩序，再採「懷柔」態度，循台灣民意，改革台省政治[29]。然而，雖然蔣氏採信陳儀的「共黨陰謀」說，但他對陳儀政府能否順利善後台灣事件，已經抱持懷疑。因此，白崇禧赴台的其中一項任務，就在查明台灣事件的真相。

---

[26] 齊錫生，〈白崇禧與蔣介石的合作與分離〉，《傳記文學》，第一〇一卷第一期（2012年7月），頁79。

[27] 所引各條蔣氏日記，見美國史丹佛大學胡佛檔案館（Hoover Institute）藏，《蔣中正日記》，手稿本，第46盒，民國三十六年。

[28] 黃嘉謨，〈白崇禧宣慰台灣紀實〉，頁24。

[29] 楊天石，《找尋真實的蔣介石：蔣介石日記解讀（二）》（香港：三聯書店，2010年），頁405。

【宣慰前準備與波折】

身兼全國綏靖區政務委員會副主任委員的國防部長白崇禧，此時正在華北督導綏靖區政務[30]。三月七日，白崇禧由綏遠包頭飛抵山西太原，和山西綏靖公署主任閻錫山交換意見，預定明日召開會議，檢討各項工作，但是隔天（八日）下午，突然奉南京緊急召回，未及開會就匆匆離去[31]。

白氏回京當夜，以及隔晚，連獲蔣中正召見，告知國防最高委員會決議派遣中央大員宣慰台灣，由白氏承擔這項使命，並且與他討論台灣善後方針[32]。關於「台灣暴動事件」的善後，蔣氏在九日指示白崇禧三項處理原則：「一、政府應派大員前往該省宣慰。二、台灣行政長官公署應依照省政府組織法改組為台灣省政府。三、改組時應盡量容納當地優秀人士。」並囑依照這三項原則，研擬具體辦法呈報核准。[33]

白崇禧受命之後，立刻展開宣慰的準備工作。白氏本人對奉命宣慰所抱持的基本態度，根據他晚年接受口述歷史訪問時表示：

> 我自己的原則是中國有句俗話，「大事化小，小事化無」。[34]

接到宣慰台灣命令時，白崇禧正在華北督導綏靖區政務，左為山西綏靖公署主任閻錫山。

抱持這種精神，他於當日研擬出「處理台灣事件辦法」草案，並且在官邸接見台灣省黨部主委李翼中。李翼中奉了陳儀的命令，搭乘空軍軍機到南京，當面向蔣報告台灣情況，並呈送陳儀六日專函給蔣。白崇禧接見李翼中，除了詳細詢問台灣情況以外，還與李翼中逐項討論處理辦法，之後，國民黨中央組織部長陳立夫（1900-2001）加入，共同討論定案[35]，並且在三月十日呈送蔣中正核定（辦法全文，見本書第二七六頁）[36]。這分草案，就是三月十七日由白崇禧攜帶到台公布的國防部〈宣字第一號佈告〉的雛形。

處理辦法採取寬大精神，要求在辦法宣布之後，台灣各級「二二八處委會」應該立刻取消、恢復地方政治常態；同時，「參與此項事件有關之人員，除共黨煽亂暴動者外，概不追究。」要點大致可分為七項：一、長官公署改組為省政府；二、省主席不兼任警備總司令（即軍民分治）；三、省政府委員盡量用本省人士；四、台灣省各縣市長，提前民選；在未民選前，盡量以本省人士出任；五、政府機關中，本省人待遇應該和外省人相等；六、民生工業之公營範圍，應盡量縮小；七、長官公署現行之政治經濟制度及政策，其有與國民政府頒行之法令相牴觸者，應予分別修正或廢止。

中央的辦法草案，回應了「處委會」三月七日「三十二項要求」當中的大部分請求。而撤換陳儀，似乎是後續台政改革的基礎。要點辦法第一項，「至台灣省主席人選，請（蔣）主席先行決定」等句，就是證明。在商討過程中，白崇禧詢問李翼中：是否應該先行撤換台灣行政長官，還是等到宣慰結束後，再行人事更換？李翼中的回應，一開始時頗為謹慎，答說：他是代表陳儀而來，似乎不便就這個議題表示意見。但是白崇禧表示，他是奉蔣主席之命詢問，所以李不應保持沉默。於是，與陳儀本就分屬不同派系的李翼中，這才說出他的真正看法：台灣人已厭棄陳儀，陳應該早日去職（台人厭之矣，如愛陳儀不如速為去也）。[37]

三月十日，旅居上海的台灣政治建設會代表楊肇嘉、張邦傑等人前往南京請願，要求政府慎重處理台灣事件[38]。他們到達南京時，透過管道得知政府即將派遣國防部長白崇禧宣慰台灣，於是請見白氏。白部長於晚間接見楊肇嘉等人，楊等當面向白氏請求：一、廢除特殊化之行政長官制，改為省政府制；二、取消專賣、貿易兩局；三、撤換陳儀，懲處貪官汙吏；四、請勿派兵赴台，勿以武力對付台人。白崇禧答覆，認為派兵與否，是國防問題，而他個人則認為，政府不致以武力處理台變；長官公署將改制為省政府，貿易、專賣制度若不合理，可以取消。白氏還向請願的台籍人士透露：陳儀大概不會繼續留台。[39]

從「處理辦法」和白氏對台人請願團體的回應當中可以看出，白崇禧並不主張繼續調兵入台，以武力進行鎮壓。這不禁讓人想像：如果蔣中正沒有同意陳儀請兵的要求，不是「剿撫並用」，而只是派白崇禧這樣的中央大員到台灣處理善後，並且撤換陳儀，二二八事件是不是有和平收場的可能，多少人子人夫人父，是不是有回家團圓的一日，而不必成為港邊的浮屍、槍下的亡魂。

同日，白崇禧擬具處理辦法之後，當即呈報給蔣中正批核。蔣氏批示：「交行政院照此原則研究具體實施辦法可也，並報告國防會議」。其實，就辦法草案本身而言，已經相當具體，蔣中正如此批示，反映出他「軟硬並用」、「先剿後撫」的決策思緒，也就是當宣慰辦法進行法律程序的過程時，先由軍隊在台恢復秩序。這一念之差，也延後了白崇禧赴台灣宣慰的時間。

三月十二日，國民政府宣布，由國防部長白崇禧赴台灣宣慰，「並對此次紛擾事件查明實際情形，權宜處理」[40]。前夜，蔣中正召集白崇禧、朱紹良等人，「研究處置台灣善後方針」[41]。這次的會議，之所以加入朱紹良，表明他是蔣中正考慮替換陳儀的台灣省主席內定人選。朱紹良（1891-1963），字一民，福建福州人，日本陸軍士官學校畢業，曾擔任甘肅省主席、軍事委員會副參謀總長、第八戰區司令長官、重慶行轅主任等職務。這項人事案，可以從白崇禧在三月十三日所上簽呈中獲得證實：

> 主席鈞鑒：竊以職對中央處理台灣政策建議案中，關於台省主席不兼任警備總司令一節，業蒙採納，內定以朱一民兄擔任主席，至警備總司令人選，職意仍以閩籍人士充任，較易融洽，俾軍政配合，宏懋事功。[42]

至於這份簽呈中，白崇禧所薦舉的新任台灣省警備總司令人選，則是國防部史料局局長吳石中將。吳石（1894-1950），福建閩侯人，日本陸軍大學畢業，抗戰時曾擔任第十六集團軍副總司令、第四戰區中將參謀長，參與桂南會戰，並且因為曾在桂林主持閩台協會，和在大陸的台籍人士有所來往，也受到桂系軍政要員的賞識。[43]

對於警備總司令的人事建議，蔣氏不置可否。可是，就在這時，白崇禧赴台宣慰一事，出現了第一次的波折，那就是赴台時間的延後。白崇禧本來訂於十二日到台灣宣慰，卻「因故」延後。其「故」為何，歷來引起很多研究者的推測。有學者認為，白崇禧延遲赴台宣慰，是國民黨內各派系爭奪新設的台灣省政府主席一職所致[44]。又有一說認為，白崇禧延後啟程，是因為台灣局勢還未完全控制，受到陳儀的阻止[45]。這些看法雖然各有根據，但是當中最重要的決定性因素，其實是蔣中正的態度。根據蔣中正三月十二日的日記：「回寓與健生談台灣事。彼決緩行以待時局之略定也。」[46]蔣氏的記載，隱蔽了他本人的關鍵角色。這段日記，不能全憑字面解讀。其實，正是因為白崇禧體認到蔣氏「先剿後撫」的策略順序，因此才於蔣氏召見商談台灣善後方針時，主動表明延後啟程。[47]

三月十三日，白崇禧向蔣轉呈陳儀、台灣警備總部參謀長柯遠芬在三月十一、十二兩日的信函。這兩封信函，表面上歡迎白崇禧，實際的主旨，則是希望白崇禧在全省秩序恢復後，再到台灣宣慰。陳儀的信函裡，暗示在三月十七日後，整編第二十一師全數開到，全省秩序恢復後，才是抵台時機。柯遠芬甚至認為，三月二十日後才能迎接白部長到台。陳儀、柯遠芬的態度，雖然與蔣中正的出發點不同（關於陳儀等人延緩中央宣慰的真正用意，稍後將繼續說明），卻和蔣氏「先用兵後安撫」的處置順序不謀而合，這才是「待時局略定」的真意，也是白崇禧關於「二二八」善後主張的第一次受阻。

但是白氏並未空等，既然已奉派宣慰，他就利用這段時間，加緊了解台灣現況，並且制訂宣慰處理的具體作法。他的首項作為，就是派「台灣慰問團」到台北。

三月十一日，由台灣旅京滬團體代表張邦傑、楊肇嘉等人，加上國防部法規司何孝元司長[48]、辦公廳張亮祖祕書等官員組成的「台灣慰問團」，由南京搭乘國防部專機起飛，下午五時許抵達台北。「台灣慰問團」形同白崇禧本人來台前的先遣調查人員；這一舉動，顯然打亂了陳儀等人的布置。

「二二八」變亂之後，陳儀得知南京似有準備將他調離台灣，但他仍然企圖續留台灣主政，動員各界向南京慰留；上簽呈請辭，並非他的真意[49]。同時，他似乎希望在中央宣慰大員到台灣之前，將涉入「二二八」、或者反對他的各界人士全部逮捕、處置，展現仍能控制秩序的能力。如果任由「台灣慰問團」接觸反對派人士，或者是目睹秩序尚未恢復的情況，而返回南京報告，對他續留台灣的意圖，將會產生相當不利的影響。因此，「台灣慰問團」到達台北之後，團員全被長官公署留置在旅社，並且以安全理由，限制團員活動，不讓他們外出，團員的任何舉動，甚至如廁，都受到監視。全團僅由何孝元代表往見陳儀，而陳長官對慰問團「不表歡迎，態度欠佳」[50]。隔日上午九時，全團就搭乘原機飛返南京[51]。「台灣慰問團」被陳儀原機遣返，是白崇禧宣慰成行前，發生的第二次波折。

次項做法，是電邀監察委員丘念台到台灣協助宣撫。丘念台（1894-1967），本名琮，別號念台，生於台中潭子，祖籍廣東蕉嶺，父親就是台灣先賢丘逢甲（1864-1912）。丘逢甲在甲午戰爭清廷割讓台灣時，曾參加「台灣民主國」抗日運動，為副總統（大總統是原台灣巡撫唐景崧），失敗後內渡大陸。丘念台繼承父志，具有抗日愛國思想，與國民黨志業相同；他又有留日學歷，能說日語、客家話、閩南語，情感上認同台灣，心繫故鄉同胞，能夠作為白崇禧了解台灣民情的溝通管道。

丘念台在民國三十五年，曾籌組「台灣光復致敬團」，成員有林獻堂、李建興、陳炘等十五人，[52]該團八月二十六日自台北出發，九月二十九日曾在南京晉見國防部長白崇禧。這是白氏與台灣仕紳的初次接觸。後來，白崇禧到台灣宣慰時，就立即尋找昔日這些致敬團成員，探求民意趨向，妥商安撫辦法。[53]

丘念台此時正在蕉嶺訪友，對於台灣發生變亂憂心如焚。他在報紙上讀到白崇禧奉命宣慰的消息。不多久，白部長便透過廣州行轅主任張發奎轉達邀請，要丘氏「火速同到台灣宣撫」。丘念台接電，雖然感到興奮，也立即電覆，表示「遵命自粵赴台，協助一切」，但他卻擔心陳儀的態度，因此另外拍電報給陳儀，以旅費為托詞，進行試探。兩天後，陳儀回電，表示「台省已經安靖，並且匯款來促行。」於是，丘念台就在三月二十三日由梅縣啟程，搭船經汕頭轉台灣，待抵達基隆港時，已經是三月二十七日的清晨了[54]。對於二二八事件，丘念台主張寬大處置，停止逮捕行動，他的善後見解，和白崇禧大致上是相同的。[55]

三月十六日上午，白崇禧與同行赴台的國防部隨員，根據「處理辦法草案」，擬具國防部〈宣字第一號佈告〉，並且印妥十萬份，準備到台灣後廣為張貼公布。此時，宣慰團加入三民主義青年團的蔣經國處長同行，蔣經國是國府主席之子，身分特殊，「督軍」促行的意味明顯，陳儀無法再以「秩序還未恢復」的藉口阻擋，宣慰團於是終於在次日成行。

丘念台。（翻攝自《李建興先生紀念集》）

30 民國三十六年一月三十日，國民政府令，組成行政院「綏靖區政務委員會督察團」，以白崇禧為團長，谷正綱、鄧文儀為副團長。見〈中央社南京廿九日電〉，《中央日報》（南京），民國三十六年一月三十一日，頭版。

31 《大公報》，民國三十六年三月九日，轉引自黃嘉謨，〈白崇禧宣慰台灣紀實〉，頁10。

32 《蔣中正日記》，手稿本，三月八日，三月九日。

33 高素蘭編，《事略稿本》，三月九日，頁53。

34 馬天綱、陳三井、賈廷詩、陳存恭訪問紀錄，《白崇禧先生訪問紀錄》，下冊（台北市：中央研究院近代史研究所，1982年），頁559。

35 李翼中，《帽簷述事—台事親歷記》，頁388。

36 〈國防部長白崇禧呈報處理台灣事件辦法〉，侯坤宏編，《二二八事件檔案彙編（十七）》，頁200。

37 李翼中，《帽簷述事—台事親歷記》，頁388。

38 楊肇嘉（1892-1976），台中清水人，日本京華商業學校畢業，一九二〇年擔任首屆清水街長，一九二五年參加台灣議會設置請願運動，受推為代表，赴東京請願，之後旅居東京，擔任台灣民眾黨駐日代表、《台灣新民報》監事。一九四一年赴上海經商，民國三十四年（一九四五）在上海組織「台灣旅滬同鄉會」，為台灣民眾陳情奔走。民國三十八年，擔任台灣省政府委員，隔年兼民政廳廳長。參見楊肇嘉，《楊肇嘉回憶錄》（台北市：三民書局，2004年），頁363-400。

張邦傑（1899-1964），高雄旗後人，一九二一年畢業於日本早稻田大學，曾參加台灣文化協會與台灣民眾黨，民國十七年（一九二八）前往上海，旋移居福建。民國三十二年，任台灣革命同盟會主席。抗戰勝利後回台，任職長官公署顧問，並與大陸返台人士合組「台灣民眾協會」，但是因得罪陳儀，被迫離開台灣。張邦傑在上海，將台灣民眾協會改組為「台灣省政治建設協會」，為台灣事務請願。見〈張邦傑〉，張炎憲主編，《二二八事件辭典》，頁342-343。

39 〈南京十日專電〉，《大公報》，民國三十六年三月十一日；〈南京十三日電〉，《申報》，民國三十六年三月十四日。轉引自黃嘉謨，〈白崇禧宣慰台灣紀實〉，頁11。

40 〈國民政府令〉，《中央日報》（南京），民國三十六年三月十二日。

41 《蔣中正日記》，手稿本，民國三十六年三月十一日。

42 〈白崇禧呈蔣主席三月十三日呈〉，《二二八事件檔案彙編（十七）》，頁255。簽呈全文，請參見本書第二七九頁。

43 民國三十八年，吳石先出任福建綏靖公署副主任，後升任國防部參謀次長，他見國民黨敗象畢露，遂暗中與中共接洽，為其遞送情報。至民國三十九年（一九五〇）三月，被保密局破獲，吳石送軍事法庭審判，被判處死刑，於同年六月十日，與聯勤第四兵站總監陳寶倉中將、負責傳遞情報的朱楓等四人，一同槍決於台北馬場町刑場（今馬場町紀念公園）。見李資生，〈吳石間諜案破獲始末〉，《傳記文學》，第六十五卷第五期（1994年10月），頁117。另，國防部史料局於民國三十六年四月起，更名為國防部史政局。

44 如學者陳翠蓮指出：「這波人事爭奪也引起美國駐南京大使館的注意，在發給美國國務院的電報中並附譯了一篇南京《新中華日報》於四月七日刊載標題為〈白崇禧將軍宣慰台灣的內幕〉的文章。文中透露白氏的台灣之行延遲了三天，在這段時間內，白氏接見了許多台灣人團體請願代表，並深入了解台灣事變的情形，於是要求國民政府中央在他赴台前先召回陳儀。國民政府方面原本也準備以朱紹良取代陳儀、並任命蔣經國擔任台灣省警備總司令；然而此構想卻被『政學系』所阻止。『政學系』認為因暴動而於此刻撤回陳儀，將引起其他省分如西康、內蒙、青海、安徽等效尤，無異是鼓舞各省人民以類似行動來要求撤換行政首長，如此一來將危及政府威信。同時，包括陳誠、吳鐵城也都為陳儀請命，希望他留任直至平息事件為止。白崇禧赴台前夕，陳誠與吳鐵城二人尚於白氏公館深夜未去，全力說服白氏。」見陳翠蓮，《派系鬥爭與權謀政治：二二八悲劇的另一面相》（台北市：時報出版，1995年），頁288。不過，這則報導裡有若干錯誤之處，首先，蔣經國從未被規劃出任台灣省警備總司令，而是陳儀希望邀請蔣氏擔任改制後的省主席。其次，時任參謀總長、三青團書記長的陳誠，也和「政學系」少有關聯。至於陳誠、吳鐵城是否曾為陳儀到白崇禧官邸請命遊說，至深夜未去？據白崇禧之子白先勇教授的回憶，未有此事；況且，依照陳誠當時的權勢，可以直通於蔣，不須對白氏遊說。陳氏對白崇禧的性格，深有所知，不必碰此硬釘子。見白先勇致本文作者電子郵件，2013年10月12日。

45 見陳三井，〈白崇禧與二二八事件〉，轉載於《印刻文學生活誌》，第八卷第九期（2012年5月），頁154-155。另說，傳言白氏座機已抵達台北上空，但陳儀竟命令高射砲對飛機開火，「白崇禧嚇得折回上海。在和陳儀談妥之後，第二天才平安到達。」見歐陽可亮（著），張志銘（譯），〈二二八大屠殺的證言〉，《台灣史料研究》，第十一期（1998年5月），頁163。此說將三月十一日「台灣慰問團」遭陳儀原機遣返事，和白崇禧延遲來台混為一談，不確。

46 《蔣中正日記》，手稿本，民國三十六年三月十二日。

47 《事略稿本》，民國三十六年三月十二日，頁74。

48 何孝元（1896-1976），字達峰，福建閩侯人，民國元年，入清華學校學習工程學。民國五年（一九一六）赴美深造，研究英美契約法，獲哥倫比亞大學政治學士、芝加哥大學法學博士學位。民國二十年，在上海執業律師，並兼法政大學、持志大學、大夏大學法律教授。抗戰爆發，上海淪陷後，影息田園。抗日戰爭勝利後重當律師並兼教授。民國三十五年九月，接受白崇禧部長邀請，任國防部法規司中將司長。之後，隨白氏出任華中軍政長官公署副祕書長。民國三十九年，任台灣省立地方行政專科學校法學教授；次年，兼司法行政科主任。該校改制為法商學院後，任法律系主任。民國五十年（一九六一），專校升格為中興大學，何氏仍出掌系務。五十三年，兼任法學研究所主任。另兼台灣大學、政治大學、輔仁大學課程。何孝元治學嚴謹，精通英、日、法、德等國語言，悉心研究英美法學和中國古代民刑律例，融匯中西，推重法理學和羅馬法。

49 丘念台，《我的奮鬥史（原名：嶺海微飆）》（台北市：中華日報社，1981年5月再版），頁356。

50 蔣永敬、李雲漢、許師慎（編），《楊亮功先生年譜》（台北市：聯經出版，1988年），頁366。

51 慰問團記者，〈台灣十小時〉，收於鄧孔昭（編），《二二八事件資料集》，頁189-191；楊肇嘉，《楊肇嘉回憶錄》（台北市：三民書局，2004年四版），頁360；李翼中，《帽簷述事—台灣二二八事件日錄》，頁390。

52 「台灣光復致敬團」全體團員及工作人員為：林獻堂（團長）、丘念台、李建興、林叔桓、鍾番、黃朝清、姜振驤、張吉甫、葉榮鐘、陳逸松、林為恭、陳炘、陳宰衡、李德松、林憲。在二二八事件中，團員陳炘遭到殺害。見李筱峰，〈台灣光復致敬團〉，《二二八事件辭典》，頁592-593。

53 丘念台，《我的奮鬥史》，頁350。

54 同上，頁353。

55 〈丘念台關於處理「二二八」事件善後致于右任電〉，收於馬振犢、戚如高編，《台灣「二二八」事件檔案史料》，下冊（北京市：檔案出版社，1991年），頁760。

宣慰行程逐日記要

台灣民眾得知「小諸葛」奉命來台宣慰，人多抱著期盼，對於白崇禧的印象也很良好。例如小說家吳濁流（1900-1976）在自傳體小說《無花果》裡這麼說：

為了處理這個事件，中央公布說要派白崇禧將軍擔任特使來台灣，六百萬島民才吁了一口氣。大家都相信白部長一定像小孔明一般，能夠好好給我們處理。[56]

台灣著名仕紳林獻堂的祕書，同時也是詩人、作家葉榮鐘（1900-1978），曾經隨林氏參加民國三十五年的「台灣光復致敬團」，在南京見過白崇禧部長，此時聽聞白氏奉命來台宣慰，一時間感慨良多，記下了對白崇禧的印象：

乃是一位魁梧奇偉、溫而厲、威而不猛的將材，這真叫大家重新加一層敬意，同時對於中華民國的國防發生一種切實的信賴感。[57]

但是白氏的宣慰使命，並不容易；他面臨的，是焦躁緊張的鎮壓局勢，暗中進行的違法濫捕，國內外謠諑紛飛的情形，以及二二八事件以後，台灣全島六百萬惶懼不安的心靈。本節以各種檔案函電、回憶錄、日記、報刊專電報導交互比對參照，以白崇禧的行程為主，參照有關人員的活動，將白氏從三月十七日到台灣，至四月二日飛返南京覆命的十六天宣慰行程，作最大程度的還原，並且從中發掘原本已經埋藏在幽暗深處的歷史真相。

56 吳濁流，《無花果：台灣七十年的回想》（台北市：前衛出版，1990 年），頁 223。

57 葉榮鐘，〈白部長的印象〉，收於氏著，葉芸芸編，《台灣人物群像》（台中市：晨星，2000 年初版），頁 357。

【白崇禧將軍在台宣慰行程】

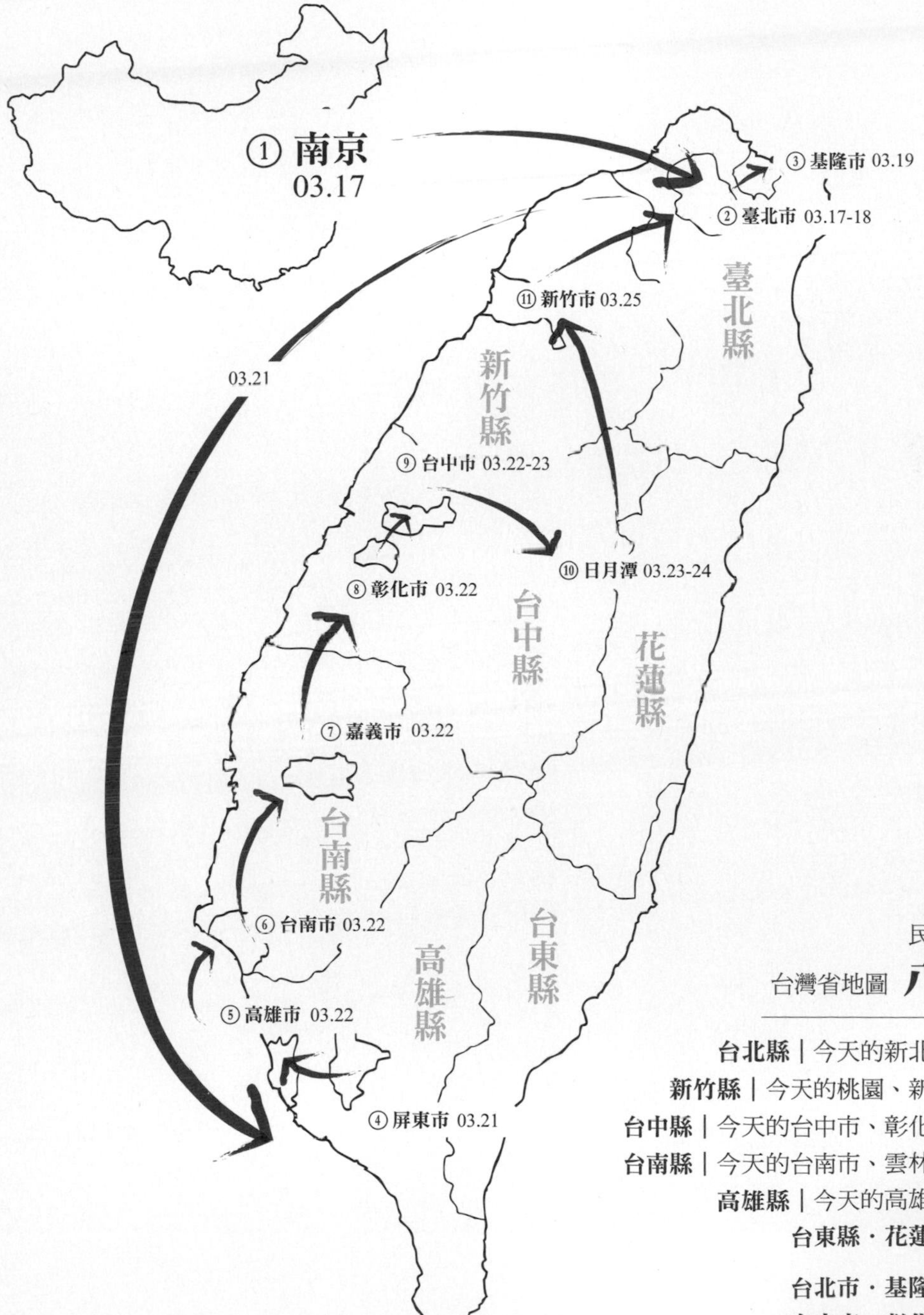

民國三十六年
台灣省地圖　**八縣九市**

台北縣｜今天的新北市、宜蘭縣
新竹縣｜今天的桃園、新竹、苗栗縣
台中縣｜今天的台中市、彰化縣、南投縣
台南縣｜今天的台南市、雲林縣、嘉義縣
高雄縣｜今天的高雄市、屏東縣
台東縣・花蓮縣・澎湖縣

台北市・基隆市・新竹市
台中市・彰化市・嘉義市
台南市・高雄市・屏東市

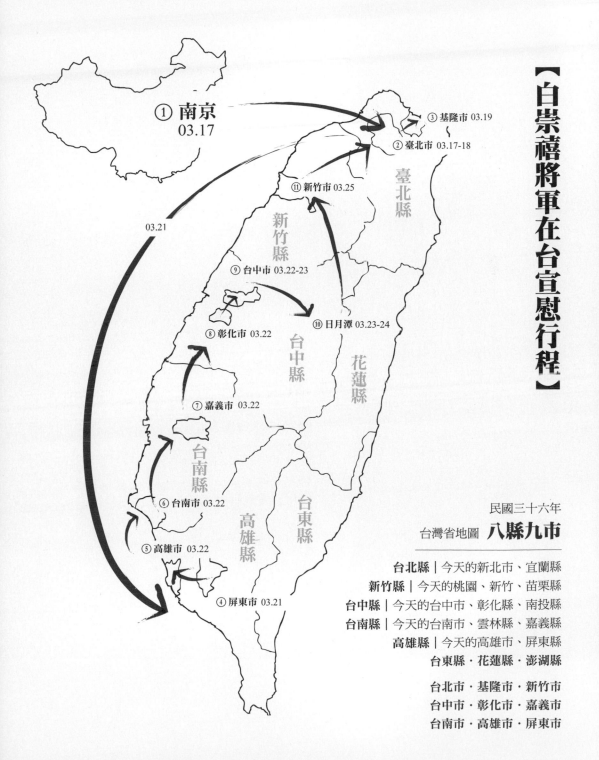

民國三十六年三月十七日，白崇禧部長抵達台北松山機場，右為行政長官陳儀，左一為柯遠芬。

三月十七日 來台第一日

上午九時四十分，搭乘國防部專機，由南京明故宮機場起飛，十二時三十五分抵達台北松山機場，隨行者有國防部陸軍總部副參謀長冷欣中將、史料局長吳石中將、法規司何孝元司長、台灣省黨部李翼中主委、三青團中央幹事會蔣經國處長、台灣行政長官公署葛敬恩祕書長、國防部部員陳嵐峰少將、部長侍從祕書楊受瓊少將、朱瑞元祕書、鍾長江參謀、總務處張鶴齡處長、區群韋副科長等人。陳儀長官率長官公署局處首長、台灣省參議會、台灣籍國大代表等多人到機場迎接，下榻於台北賓館。

下午三時許，接見李白娘、李建興母子。

下午四時，到行政長官公署與長官陳儀商談。接著於台北賓館，由白克陪同，接見台籍國民參政員林獻堂。

晚間六時半，向全省同胞廣播。

晚間七時，接受陳儀長官宴請。

晚間十時發電南京，以在台之整編第二十一師、憲兵、要塞守兵已足用，請免調第二〇五師來台。

同日，國防部發布〈宣字第一號佈告〉。

■本日起列舉之白崇禧宣慰行程，均據二二八事件時唯一正常出刊的《台灣新生報》，以及相關檔案函電當中排比列出。

與白崇禧同機抵台的人員裡，長官公署祕書長葛敬恩是由台灣前來迎接的陪同人員[58]，省黨部主委李翼中則是順道搭機回台；白部長的隨行人員裡，除蔣經國之外，冷欣、吳石、何孝元三人是高級幕僚人員。吳石的經歷，在前面已經簡單介紹過。何孝元是法規司長，精通法律，隨行的目的，是要提供法務方面的諮詢，並且對於涉案人犯的處理，提出法律上的修正意見。蔣經國的任務，似乎和白部長一行不盡相同，稍後再作分析。至於冷欣（1899-1987），字容庵，江蘇興化人，黃埔一期生，參加東征、北伐歷次戰役，抗戰時任江蘇省政府委員、江南行署主任、中國陸軍總司令部副參謀長等軍政職務，抗戰勝利時，他受命擔任芷江受降儀式的中方代表。[59]

隨行人員裡唯一一位台籍人士，是國防部部員陳嵐峰少將。陳嵐峰（1904-1969）是宜蘭人，早年到大陸就讀暨南大學附中、暨南大學，後來又畢業於日本士官學校十七期，在軍界歷任團長、旅長、師長等職，抗戰勝利後，奉命接收徐州；此時在國防部掛職部員[60]。以當時的標準來看，陳嵐峰是有祖國經驗的「半山」。白崇禧將陳氏列為隨員，應該是希望借重陳的台籍背景，能隨時提供諮詢。

白部長一行人到台北賓館（前日本總督官邸）略事休整後，下午四時到長官公署（今行政院）和陳儀長官、葛敬恩祕書長見面，長官公署各局處首長，也分別對白部長一行簡報。這次的會談，是官式拜會性質。據白崇禧日後的回憶：「我是禮貌性的拜訪，他們稍作簡單的報告。[61]」但是據《警備總部檔案》當中，收有一張「國防部使箋」，上面筆跡記載：

司法與軍法

（一）與本事件有關之司法事件
（二）逮捕人數
（三）審訊情形
（四）判決及執行

（五）軍法官人數
（六）軍事法庭之組織
（七）准予覆審機會 62

可見白崇禧初到台灣，就關切二二八事件涉案被逮捕人犯的人數、處置與審理情形，並且主張准予覆審。另外，白氏於此次會議中，還要求長官公署交通處，將此次二二八事件中，所有鐵路車輛、公路橋梁汽車、船舶碼頭、交通器材等遭受破壞情形，在二十日之前造冊呈送，以備核閱。63

與此同時，在南京即已預先準備好的國防部〈宣字第一號佈告〉，這時正式在台發布。〈宣字第一號佈告〉，長、寬各三十二點五公分，要點有四大項：一、台灣地方政治制度的調整（長官公署改組為省政府，縣市長提前民選）；二、地方人事的調整（省主席不兼任警備總司令，省府委員、各廳處首長，盡量選用本省人士；政府相關事業裡，本省與外省職員的待遇一律平等）；三、經濟政策的調整（與民生相關的公營事業，範圍盡量縮小；長官公署法令或一般政策和國民政府頒行者若有牴觸，應分別修正或廢止）；四、恢復台灣地方秩序：所有二二八事件處理委員會類似組織，要即刻取消；參與此次事變或相關人員，「除煽惑暴動之共產黨外，一律從寬免死。64」雖然這道佈告的前三項要點，對於當時台灣局面的影響不可謂不大，但是立刻發揮療傷止痛、拯救許多人於行刑隊槍口之下的，則是第四項第二款。這項條款所發揮的效用和影響，之後還要繼續討論。

但是，宣字第一號布告在發布時，卻沒有得到長官公署的配合。根據省黨部主委李翼中的回憶，在〈宣字第一號〉發布數天以後，各地還是沒見到布告，李翼中感到詫異，於是詢問白崇禧其中的緣故，白部長忿忿表示：「陳儀竟不惜食言，堅不肯張貼布告」65。有學者認為，陳儀之所以一反先前寬大處置的承諾，是因為他對於治下台灣發生變亂，又不能在不求援兵下平亂，因而惱羞成怒所致。66這份布告，第二天（三月十八日）由國防部兩位司長趙援、馬崇六帶來67，經由駐台空軍協助散發，終於昭告全省各地。

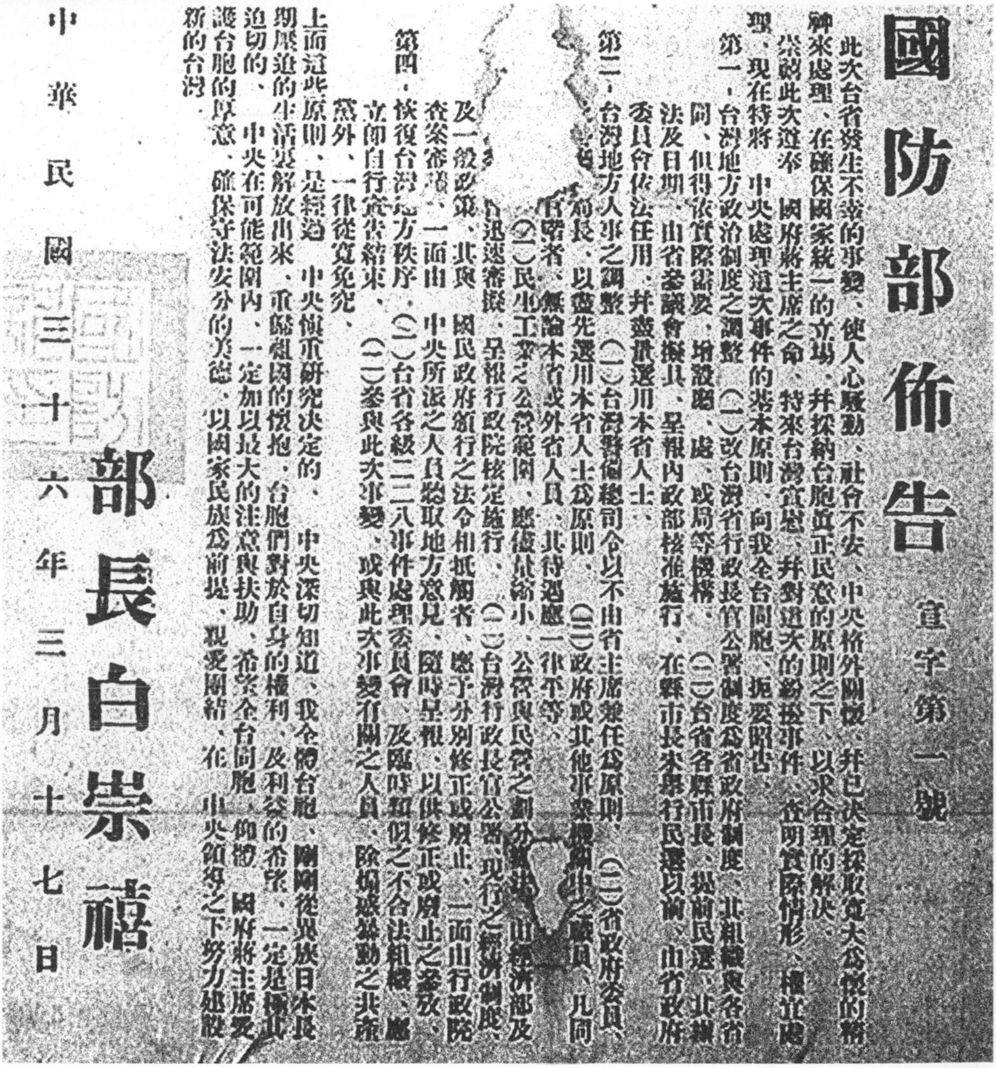

國防部佈告　宣字第一號

此次台省發生不幸的事變，使人心騷動，社會不安，中央格外關懷，并已決定採取寬大公懷的精神來處理，在確保國家統一的立場，并採納台胞真正民意的原則之下，以求合理的解決，崇禧此次遵奉　國府蔣主席之命，特來台灣宣慰，并對這次的紛擾事件，查明實際情形，權宜處理，現在特將　中央處理這次事件的基本原則，向我全台同胞，扼要昭告。

第一，台灣地方政治制度之調整　(一)改台灣省行政長官公署制度為省政府制度，其組織與各省同，但得依實際需要，增設廳、處、或局等機構。(二)台省各縣市長，提前民選，其選法及日期，由省參議會擬具，呈報內政部核准施行，在縣市長未舉行民選以前，由省政府委員會依法任用，并盡先選用本省人士。

第二，台灣地方人事之調整　(一)台灣警備總司令以不由省主席兼任為原則，(二)省政府委員、[illegible]局長，以盡先選用本省人士為原則，(三)政府或其他事業機關中之職員、凡同官階者，無論本省或外省人員，其待遇應一律平等，

[illegible](一)民生工業之公營範圍，應儘量縮小，公營與民營之劃分辦法，由經濟部及[illegible]迅速審擬，呈報行政院核定施行，(二)台灣行政長官公署現行之經濟制度，及一般政策，其與　國民政府頒行之法令相抵觸者，應予分別修正或廢止，一面由行政院查案審議，一面由　中央所派之人員聽取地方意見，隨時呈報，以供修正或廢止之參考，

第四，恢復台灣地方秩序　(一)台省各級二二八事件處理委員會，及臨時類似之不合法組織，應立即自行宣告結束，(二)參與此次事變，或與此次事變有關之人員，除煽惑暴動之共產黨外，一律從寬免究，

上面這些原則，是經過　中央慎重研究決定的，　中央深切知道，我全體台胞，剛剛從異族日本長期壓迫的生活裏解放出來，重歸祖國的懷抱，台胞們對於自身的權利，及利益的希望，一定是極其迫切的，中央在可能範圍內，一定加以最大的注意與扶助，希望全台同胞，仰體　國府蔣主席愛護台胞的厚意，確保守法安分的美德，以國家民族為前提，親愛團結，在　中央領導之下努力建設新的台灣。

部長白崇禧

中華民國三十六年三月十七日

國防部〈宣字第一號佈告〉。

白部長一行結束長官公署的拜會後，回到台北賓館，隨即在下午三時許，有民眾求見陳情。來者是礦業鉅子、瑞芳鎮長李建興（1891-1980）[68]與他高齡八十歲的母親李白娘。此時負責部長安全警衛的，正好是與李建興相識的陳嵐峰，因此能得到延見。去年在國防部大禮堂，白崇禧與參加「台灣光復致敬團」的李建興有過一面之緣，此刻還留有印象。據李建興回憶，在白部長出見之後，李白娘便為台灣人請命：「台灣被日人統治五十年，台胞所受痛苦真是罄竹難書，好容易望到今日慶獲光復，解除桎梏，台灣同胞只有感激政府，哪會喪心病狂，和政府作對？不過事變既已發生，總屬大大不幸，如何善後，則請部長盡量從寬處理。」這一從寬處置的請求，符合白崇禧來台的目的，他立刻允諾。白崇禧又得知，李建興的高堂，娘家也姓白，更加尊敬，白、李兩家就此結下通家之好。[69]

瑞芳鎮長李建興。

白崇禧來台後和李建興平日交往甚密切。（翻攝自《李建興先生紀念集》）

接著，在台灣電影攝製場場長白克（1914-1964）的陪同下，白氏會見具有重要影響力的台灣頭號仕紳，國民參政員兼台灣省參議員林獻堂（1881-1956）[70]。白氏希望聽取的，是林獻堂對二二八事件爆發原因的看法。據林獻堂當天所記的日記，他與白部長的會面情形如下：

> 國防部長白崇禧一時抵台灣，四時餘使白克來喚面會，余即與之同往，告以事變原因：一、國內歸來軍屬被虐待而出報復，二、青年失業、物價騰貴，三、野心份子從中煽動，四、學生純真易於誘惑，五、貪汙官吏被民眾厭惡，有此種種之關係，而遂發生此回不幸之事，請為寬大處置。白部長述蔣主席之意亦如是。[71]

林獻堂是霧峰林家的掌門人，日本時代是體制內抗日路線的主要領導人，在經濟、文化、政治等領域都有一席之地，扮演重要角色。林氏為人謙退圓融，卻不失風骨原則，對台灣事務極有見地。二二八事件初起時，外省公教人員成為民眾追打對象，林獻堂卻甘冒風險，庇護當時恰到台中洽公的財政處長嚴家淦[72]。白崇禧對於林獻堂十分重視，之後到各地宣慰時，還有多次徵詢。

陪同林獻堂晉見白部長的白克，則是白崇禧在台灣遇見的廣西同鄉。白克是廣西桂林人，成長於廈門，能說流利的日語、閩南語。白克畢業於國立廈門大學教育系，曾經獲得廣西省政府頒發的獎學金，抗戰時又曾服務於第五戰區（司令長官是李宗仁），擔任文職少將新聞官；抗戰勝利後，由重慶來台，出任長官公署宣傳委員會委員，負責接收原總督府的台灣映畫協會、台灣寫真報導協會等，改組為台灣電影攝製場。因為有這樣的機緣，白克全程採訪白崇禧來台宣慰之行，拍攝《白崇禧部長蒞台特輯》電影短片，而且充當白崇禧的日、台語翻譯（白克的故事，詳見本書第二三四頁的〈白崇亮先生訪問紀錄〉）[73]。

林獻堂。（翻攝自侯坤宏《研究二二八》）

晚間六時半，白崇禧對全省同胞廣播，廣播內容，大致與〈宣字第一號佈告〉意旨相同。白氏在廣播裡說，他「奉蔣主席的命令，宣慰台灣，除對此次遇難同胞，代表宣慰外，並對二二八事件權宜處理，頃望全台同胞尊重法紀，迅速恢復社會秩序。」至於政治、經濟制度的改良，「在不違背憲法範圍及民族利益的前提下，中央無不盡量採納台胞意見」。「至於此次與事變有關之人民，除共黨份子煽惑暴動，圖謀不軌者，決予懲辦外，其餘一律從寬免究。」最後，「希望我全台同胞，發揚團結精神，確保守法的美德，一致奮發淬厲，在中央政府及賢明領袖領導之下，向建設新台灣，建設新中國的光明大道，勇往邁進。」（廣播詞全文，請見本書第二八二頁。）

白崇禧到台灣後的首次廣播，所發揮安定人心的效果，可以舉吳濁流在《無花果》當中的記述作為證明：

> 三月十七日下午六點半鐘，白崇禧將軍在廣播中發表處理方針。於是秩序因此而立刻恢復了。二二八事件對台灣來說，確實是個大風暴。[74]

白崇禧到台灣之後，隨即拍發電報給南京蔣主席，報告他當天的觀察所得：「全台秩序大致恢復，尚有少數奸黨與武裝暴徒合流，刻正追剿，詳情再報。[75]」到了晚間，白氏判斷台灣現有兵力已經夠恢復秩序之用，於是再拍發一通電報，請蔣中正停調預備開赴台灣鎮壓亂事的第二〇五師[76]。如果我們將這兩通電報，和陳儀三月六日呈給蔣中正的函件、三月七日的密電加以比對[77]，就可以知道：陳儀誇大台灣亂事規模，而實際上台灣暴動的情形，並不需要兩個師的精銳國軍才能鎮壓。

而在同日，陳儀則開始進行他續留台灣的努力。此時他大概已經得知，南京方面準備將他撤換召回，因此在拍發給蔣主席的電報裡，對台灣省人事提出試探性的建議。陳儀稱自己「決意引咎辭職，不能再留」，但是台灣地位緊要，如果繼位人選失當，「則財政將困難，民生將痛苦，奸黨亂徒乘機煽動」，那就不是「少數兵力所能維持」的了。因此，他建議由蔣經國出任省主席，福建籍李良榮（1908-1967）擔任警備總司令。[78]陳儀必定明白：蔣中正不可能同意此議，其目的只在打消南京的內定人事。這是陳儀對中央和白崇禧對台人事安排的又一次反制作為。

58 葛敬恩（1889-1979），字湛侯，浙江嘉興人，民國五年（一九一六）畢業於北京陸軍大學，一九二一年日本陸軍大學畢業。葛氏是陳儀的老班底，歷任國民革命軍總司令部參謀處長、中央航空學校代理校長、浙江省政府委員、國民參政員、立法委員等職。戰後加入陳儀治台班底，先任台灣前進指揮所主任，再任台灣省行政長官公署祕書長兼日僑管理委員會主任委員。二二八事件發生時，長官公署衛兵對請願群眾開槍，葛氏卻向省參議員報告，民眾係因自相踐踏而造成傷亡。二二八事件後，葛氏隨陳儀離台，民國三十八年五月在香港，與五十餘位立法委員通電擁護中國共產黨。見行政院研究二二八事件小組，賴澤涵總主筆，《「二二八事件」研究報告》，頁21，頁53-56.；陳翠蓮，〈葛敬恩〉，《二二八事件辭典》，頁555-556.；全國政協文史資料研究委員會編，《陳儀生平及被害內幕》（北京市：中國文史出版社，1987年），頁169-173。

59 國史館編，《國史館現藏民國人物傳記史料彙編》，第一輯（台北縣新店市：國史館，1987年），頁151-154。在當時的軍界，冷欣雖是中央黃埔嫡系，卻因為被視為何應欽親信，而戰後當權的是陳誠系統人馬，冷欣因而不受重用。參見陳儀深，〈冷欣〉，《二二八事件辭典》，頁122-123。

60 國史館編，《國史館現藏民國人物傳記史料彙編》，第二輯（台北縣新店市：國史館，1988年），頁378-379。

61 馬天綱、陳三井、賈廷詩、陳存恭訪問紀錄，《白崇禧先生訪問紀錄》，下冊，頁559。

62 〈台灣省警備總司令部36.3.23簽報國防部長有關肇事組菸人員已移司法偵辦及逮捕人犯審訊情形〉，《警備總部檔案》，中央研究院近代史研究所編，《二二八事件資料選輯》，第六冊（台北市：中央研究院近代史研究所，1997年），頁275。

63 〈全省鐵路暢通　南北縱貫線均告恢復　省局限期查報損失情形〉，《和平日報》，民國三十六年三月二十日（台北臨時版第九號），頭條三欄題，收於林元輝編註，《二二八事件台灣本地新聞史料彙編》，第四冊（台北市：財團法人二二八事件紀念基金會，2009年6月），頁1979。

64 國防部〈宣字第一號佈告〉，侯坤宏編，《二二八事件檔案彙編（十七）》，頁 279。布告全文請參見本書第二八〇頁。

65 李翼中，《帽簷述事—台事親歷記》，頁 406。

66 許雪姬，〈二二八事件中陳儀對白部長來台宣慰的掣肘〉，《白崇禧與二二八》學術討論會會議論文集（台北市：2013 年 3 月 10 日），頁 45。

67 趙援（1906-1971），湖北人，當時擔任國防部人力計畫司少將司長，後轉任部長辦公室副主任；馬崇六（1902-1998），雲南人，則是土地及建築司司長。趙援後來隨白崇禧轉任華中剿匪總司令部與華中軍政長官公署，擔任副祕書長。據白氏祕書何作柏回憶，馬崇六原為工兵總指揮，係以伊斯蘭教友關係，得到白部長延攬，入國防部服務。見文思（主編），《我所知道的白崇禧》（北京市：中國文史出版社，2003 年），頁 134-135。一九四九年，趙援以第一二四軍軍長身分在四川投共，文革時遭受迫害致死；馬崇六一度代理交通部部長，後旅居日本，兩人均未再來台。

68 李建興，字紹唐，大正五年（一九一六）入侯硐福興炭礦任書記員，並由此發跡。昭和九年（一九三四），與胞弟建川、建和等開設「瑞三礦業」，經營有方，遂以此致富。昭和十五年（一九四〇），日方得報：李建興與重慶國民政府暗中聯絡，欲武裝抗日，於是派憲兵隊逮捕李氏家族與瑞芳地方五百餘人，三百餘人死於獄中，是為「瑞芳事件」。台灣光復後，李建興擔任首屆瑞芳鎮長，二二八事件時，李氏鎮靜處理，並且面見白崇禧為民眾請願。李建興樂善好施，通漢學，能詩文，身兼瀛社社長，與何應欽、白崇禧、于右任等國府軍政高層頗有交往。見李建興先生紀念集編輯委員會（編），《李建興先生紀念集》（台北縣：編者自印，1981 年）。

69 李建興，〈敬悼白上將健生先生〉，《中國一週》，轉引自白先勇，《父親與民國—台灣歲月》，頁 35-36。

70 抗戰軍興之後，原本即將舉辦的制憲國民大會代表選舉未能進行，所以國民政府在民國二十七年（一九三八）七月，為適應對日抗戰的特殊需求，設立國民參政會，遴選國內各黨派及僑外人士組成，以備政府諮詢、向政府提出建議，作為戰時中央政府惟一之民意機關。大戰結束之初，國民參政會已是第四屆，該屆參政員的任期，原於民國三十五年七月屆滿，後又因故延長六個月。依據《國民參政會組織條例》第四條規定，「台灣省得補選參政員八名，參加第四屆國民參政會，選舉人由省參議員擔任。」同年七月，台灣省行政長官公署民政處辦理國民參政員補選，於八月完成投票手續，共選出林忠、林宗賢、羅萬俥、林獻堂、林茂生、杜聰明、吳鴻森、陳逸松八名參政員，楊肇嘉、廖文毅等因故落選。二二八事件發生，八名台籍參政員均涉入其中，林宗賢被拘，林茂生更因而喪命。民國三十七年三月二十八日，國民參政會宣告結束。見曾品滄，〈國民參政會〉，《二二八事件辭典》，頁327-328。

71 林獻堂（著）、許雪姬（編註），《灌園先生日記》，第十九冊（台北市：中央研究院近代史研究所、台灣史研究所，2011年7月），頁165。

72 參見黃富三，《林獻堂傳》（南投市：國史館台灣文獻館，2004年），第二、四、五章。嚴家淦，江蘇吳縣人，抗戰時曾任福建省政府委員、福建省建設廳、財政廳長等職，民國三十四年來台，先擔任台灣省行政長官公署交通處長，後轉任財政處處長。他在二二八事件爆發時，躲藏於霧峰林家的情形，另見侯坤宏，〈嚴家淦與二二八—看外省人在事件中的處境〉，「嚴家淦先生與台灣經濟發展」國際學術研討會會議論文（2013年12月16、17日），頁2-7。

73 白克所拍攝《白部長蒞台特輯》重新出土的經過，以及影片的導演手法、影像風格，詳見鄭梓，〈記憶、傷痕與歷史再現：二二八事件中一位外省編導的「影像札記」〉，收於許雪姬主編，《二二八事件六十周年紀念論文集》（台北市政府文化局，2008年3月）。

74 吳濁流，《無花果》，頁224。

75 〈白崇禧呈蔣主席三月篠電（一）〉，侯坤宏編，《二二八事件檔案彙編（十七）》，頁292。電報全文，請見本書第二八三頁。

76 〈白崇禧呈蔣主席三月篠電（二）〉，侯坤宏編，《二二八事件檔案彙編（十七）》，頁296。電報全文，請見本書第二八四頁。

77 〈陳儀呈蔣主席三月六日函〉，侯坤宏編，《二二八事件檔案彙編（十七）》，頁122；〈陳儀呈蔣主席三月七日電〉，頁138。函件與電報全文，請見本書第二七二頁。

78 〈陳儀呈蔣主席三月霰電〉，侯坤宏編，《二二八事件檔案彙編（十七）》，頁295。電報全文，請見本書第二八三頁。李良榮，福建同安人，黃埔一期生，歷任排、連、營、團、旅、師、軍、兵團司令官等軍職，參與東征、北伐、抗戰等戰役。民國三十五年，擔任整編第二十八師少將師長，在山東作戰；民國三十七年，出任福建省主席；隔年，以第二十二兵團司令官率部參加古寧頭之戰，獲得勝利，來台之後退役從政，因出身閩南，與台灣民眾語言相通，獲得國民黨提名，當選第一、二屆台灣省議員。民國四十六年（一九五七）到馬來西亞經商，任水泥公司總經理，之後因車禍逝世。

三月十八日 來台第二日

上午九時，拜訪省黨部、三青團台灣支團，赴省立博物館、台灣圖書館巡視。

十時半，抵達台灣省警備總司令部視導，對官兵訓話。

下午三時，於台北賓館分別接見警備總部柯遠芬參謀長、省黨部李翼中主委、三青團台灣支團李友邦主任、整編第二十一師劉雨卿師長、空軍台灣區郝中和司令、省參議會黃朝琴議長等。

下午四時，於台北賓館舉行茶會，招待各機關首長、台省國大代表及地方仕紳，長官陳儀、閩台監察使楊亮功等人皆赴會。

下午六時半，赴省黨部李主委邀宴，陳儀長官與楊亮功監察使作陪。

白崇禧來台宣慰第二日的行程，是往台北市的黨政軍各機關巡視，同時對省會各界宣達中央寬大處理台灣事件的態度。白部長一行在博物館參觀很久，對館內陳列的鄭成功、劉銘傳、唐景崧、丘逢甲等人史蹟，甚感興趣。接著，白部長拜會省參議會。根據林獻堂的日記記載：上午十時，「白崇禧部長、冷欣副參謀長、吳石參謀、柯遠芬參謀長外四、五名來訪問參議會，略坐數十分間即辭去。[79]」省參議會議長黃朝琴迎接白部長一行，在會議室交換意見。黃議長對白崇禧表示：「台胞昨聆悉中央處理事件之基本原則後，極表歡迎，謹代表全體台胞表示感謝。」白氏答稱：「台灣淪陷五十一年，人民備嚐苦痛，中央採取寬大政策，加以慰勉。[80]」之後，轉往警備總司令部，對官兵訓話，認為「在台陸海空軍以及少數兵力對機場勤務，要塞倉庫之守護，治安之維持，確已盡忠職守，待增調國軍抵台，始於短期內將變亂大致平定，惟少數共黨暴徒，仍待肅清。」（參見本書第二九二頁。）

三月十八日，白部長在台北賓館舉行茶會。圖中右一為國民參政員、台灣省參議員林獻堂，右三為陳儀長官，右四為葛敬恩祕書長，右五為柯遠芬參謀長。

下午三時，白氏在台北賓館分別召見台灣軍政官員、民意機關代表，聽取事件處理現況匯報。四時，在台北賓館舉行茶會，招待各界代表，到場與會者有陳儀長官、省參議會議長黃朝琴、參議員林獻堂等七十多人。白崇禧強調解釋中央的寬大政策：「此次事件中，多數台胞均係受人煽惑，彼等之行為實為全無意識之幼稚行為，中央寬大為懷，不予追究。」結語時表示：「欲講國防，必須先講邊防，即在余之職務上言，余實極愛台灣」（參見本書第二九〇頁）。白崇禧致詞之後，由林獻堂代表致答詞。「白部長述此回事件，蔣主席將以寬大為懷處置，此後不可有種族之分、內外省人之別，須團結為國家共同協力。余代表致謝詞，言台灣受日本之壓迫、同化教育，青年多變成急性淺量，不能認識國家，故有此舉，此後對於教育須當努力，以造成之真正國民，不可有互相仇視之心。」[81]

參與茶會的，還有監察院閩台監察使楊亮功。楊亮功（1895-1992），安徽巢縣人，畢業於北京大學中文系、美國紐約大學博士。他從民國二十二年（一九三三）起擔任監察委員，抗戰勝利後轉任閩台區監察使。三月八日，楊亮功奉監察院長于右任命，來台灣調查二二八事件，和調台增援的憲兵第二十一團一營於深夜在基隆登陸，四月十一日才搭船返回南京復命。三月十六日，楊亮功視察台灣大學後，曾與當時在台灣養病的監察委員、廣西大學校長白鵬飛（1889-1948）見面。白鵬飛告訴楊氏，台大文學院院長、國民參政員林茂生已被捕失蹤，但林氏其實並未涉入二二八事件[82]。至於白鵬飛對於台灣二二八事件的觀察，是否透過楊亮功轉達給白崇禧，或者親自向有同鄉之誼的白部長面陳？因為缺乏資料，尚待更進一步的查證。

至於南京與台北之間的密電往來，本日蔣中正拍發回電給陳儀，肯定他「收復台灣，勞苦功高」，但「不幸變故突起，致告倦勤，殊為遺憾。」雖然同意他請辭，仍然要他「勉為其難」、負責主持善後[83]。這封覆電，帶給陳儀一線希望，因為在電文中，蔣仍要陳儀「主持」善後；不但如此，蔣中正還命陳儀「將原電抄送白部長同閱」。在同日蔣中正致白崇禧的電文裡，要白氏按照其致陳儀覆電的指示辦理；改組成立台灣省政府的事宜，也「請兄（指白）與公俠長官切商具體辦法」。[84]

這兩通電報裡，透露了幾項訊息：一、對於是否要調離陳儀，或仍由陳儀出任改制後的省主席，蔣中正此時仍然猶豫未定；二、在蔣的安排裡，白崇禧在台灣的角色，只是從旁協助陳儀，真正負責主持善後的，仍是陳氏；換句話說，白氏真能「權宜處置」的權限並不大；三、陳儀不但能直通南京層峰，似乎還有可能繼續出任改制後的第一任台灣省主席。這些情勢，對於白崇禧在台灣的宣慰善後，造成了若干限制和掣肘。對於這些侷限，白崇禧自然有所察覺。礙於自己「協同辦理」的身分，他只得修正若干處理原則。

當夜，陳儀又修書一封，致函給蔣主席。在這封信函裡，陳儀反對由朱紹良出任台灣省主席，因為「一鳴（朱紹良）雖不無才幹，但思想太舊，缺乏現代知識」，不適合出掌經濟、文化都較內地發達的台灣；再者，現在長官公署各局處主管，「皆屬一時俊逸，懷事業之心而來，延攬時煞費苦心。若省政府主席不能志同道合，必定渙然星散，致各種事業大受影響，甚至不堪收拾。」況且，朱紹良是福州人，而台灣人對福州人觀感不佳。陳儀本來建議由蔣經國出任省主席、李良榮出任警備總司令，但連續兩夜，陳儀與蔣面談，「經國兄均堅決拒絕，不肯應承。」因此「不得已而思其次」，建議由國民黨祕書長吳鐵城接掌台省主席，而以現任財政處長嚴家淦調任省政府祕書長。[85]

---

79 林獻堂（著）、許雪姬（編註），《灌園先生日記》，第十九冊，頁170。

80 中央社訊，〈訪問省參議會 並參觀博物館〉，《台灣新生報》，民國三十六年三月二十日，頭版一欄題。引自林元輝編，《二二八事件台灣本地新聞史料彙編》，第一冊（台北市：財團法人二二八事件紀念基金會，2009年6月），頁258-259。

81 林獻堂（著）、許雪姬（編註），《灌園先生日記》，第十九冊，頁170。

82 蔣永敬、李雲漢、許師慎（編），《楊亮功先生年譜》，頁367-368。

83 〈蔣主席手令致陳儀三月巧電〉，侯坤宏編，《二二八事件檔案彙編（十七）》，頁300。電文全文，請參見本書第二八四頁。

84 〈蔣主席手令致白崇禧三月巧電〉，侯坤宏編，《二二八事件檔案彙編（十七）》，頁303。電文全文，請參見本書第二八五頁。

85 〈陳儀呈蔣主席三月十八日函〉，侯坤宏編，《二二八事件檔案彙編（十七）》，頁。函件全文，請參見本書第二八五頁。

來台第三日　三月十九日

上午九時半，由台北往基隆視察。

下午二時，向基隆要塞司令部全體官兵訓話。

晚間六時，林獻堂、黃朝琴、游彌堅、連震東、謝娥、林忠等，在台北賓館招待白部長一行，陳儀、柯遠芬、李友邦等作陪。

蔣經國處長於上午九時飛返南京。

上午，白崇禧一行由台北出發，十時抵達基隆要塞司令部視察。據要塞司令官史宏熹中將、基隆市長石延漢的報告[86]，基隆的要塞在二二八事件爆發時，曾遭受暴徒攻擊，碼頭遭到爆破。白氏一行在要塞各處參觀，對清代首任台灣巡撫劉銘傳設置的二十八吋口徑砲，以及日人在昭和時期架設的十二吋砲，都留下深刻印象。[87]

在基隆港，白氏一行人見到正準備從基隆駛往上海的台南輪。這艘往來海峽兩岸的客輪，只有兩千席艙位，想登記上船的旅客，卻超過數倍之多。船上形色惶懼的旅客，都是基層外省公教人員和他們的眷屬。經過二二八事件，很多外省籍公教人員生命財產遭受威脅，人人自危，急欲離開台灣。在港邊看到這幕景象，白崇禧也為之深深嘆息。[88]

下午二時，白崇禧在基隆要塞司令部（今海巡署光復營區），對該部官兵訓話，訓勉官兵嚴守紀律、徹底與民合作。白崇禧特別要求不可報復，訓話末尾，還以岳飛對軍紀的要求「餓死不擄，凍死不折」二語贈給官兵，叮囑他們，「切不可以怨報怨，否則怨怨相報，將終無寧日。」（訓詞要點，參見本書第二八九頁）。

結束基隆視察行程後，白崇禧一行轉往北投草山（今陽明山）遊覽，傍晚回到台北，參加台灣省參議會在台北賓館舉辦的歡迎晚宴。

今日南京與台北之間，有密電往來。南京蔣主席下達手令，要白部長向整編二十一師師長劉雨卿轉達：需特別注重部隊軍紀，「不可拾取民間一草一木，故軍隊補給，必須充分週到，勿使官兵藉口敗壞紀律。近情如何？盼復。」[89]

台北這邊，白崇禧寫成一函，請本日飛回南京的蔣經國轉呈蔣中正。這封信函是對蔣氏十八日手令的回覆。首先是報告目前秩序的恢復情形：還有少數暴徒「散處新竹、台中、嘉義等市之山地，總數不及二千人，刻正分別剿撫，想不難就範也。」其次，關於長官公署改組為省政府，白表示會遵照主席指示，等到蔣氏對陳儀指示要旨之後，立刻與陳長官研商。信末，白崇禧還附注，贊成陳儀提議，由閩南人李良榮接掌台灣警備總司令[90]。這封信函，表示白崇禧在察覺南京所授給的授權有限之後，為了順利完成宣慰善後的任務，立場稍有修正讓步。

而隨白崇禧來台宣慰的三青團中央幹事會處長蔣經國，在今天早晨搭機回南京。蔣經國來台灣的目的是什麼？他在台灣的三天兩夜，到了什麼地方，見了什麼人？據楊亮功回憶，他與「蔣經國處長原是熟人」，十七日中午蔣經國隨白崇禧抵達台北後，下午四時蔣就到監察使署看楊，主要討論的內容，是三青團台灣支團主任李友邦涉入二二八事件的程度[91]。根據中央社台北分社的報導，蔣經國三月十八日的行程：首先為上午八點五十分抵達基隆要塞，由要塞司令官史宏熹陪同視察，下午返抵台北。下午三時，蔣氏在三青團台灣支團部（今衡陽路合作金庫）召集留台工作之中央幹部學校同學座談，至下午五時許結束，與會人員全體留影誌念。因為南京在同日電召他返回[92]，所以蔣氏留下三青團中央團部組長朱瑞元（1903-1997），續往各縣市分團視察，自己趕返南京。[93]

白崇禧部長乘船巡視基隆港。（鄭梓教授提供）

三月十九日，白崇禧部長視察基隆港要塞。（鄭梓教授提供）

基隆要塞司令部今貌。（廖彥博攝影）

蔣經國在公開行程外，除了前述兩度和陳儀談話，堅拒擔任台灣省主席以外，根據一份寫有蔣氏手跡的中央社台北分社便箋紙，蔣經國似乎曾透過管道，向林獻堂探詢二二八事件發生的原因，據便箋上林氏表示：

原因：1. 海南島軍人，戰後在國內被壓迫；2. 青年失業太多，物價高，生活不安；3. 國內來的不肖官吏，引起台人不滿；4. 青年學生意志不堅，一受煽動，即——；5. 最大者——言語不通，不易了解，引起隔膜。

幸好少數暴動，很快即解決，未牽動大局。希望今後善於處理、改革，希白氏召集公正仕紳求合理之解決。[94]

如果這份便箋可信，我們可以推斷：蔣經國隨白崇禧來台，除了「促行」之外，主要目的在於迅速調查二二八事件的起因，和三青團涉入事件的程度，回京供其父參考[95]。真正負責協助善後、調查真相，並且巡行各地宣慰台胞的，仍然是白崇禧。

隨白部長來台的蔣經國，當時是三青團中幹事會處長。（翻攝自國史館《二二八事件辭典》）

三青團台灣支團今貌。

86 史宏熹（1905-？），江西南昌人，黃埔三期生，歷任砲兵排、連、營、團長等職。來台接收後，擔任基隆要塞中將司令官。民國三十六年十二月調職離開基隆要塞。二二八事件發生時，史氏在三月八日宣布戒嚴，出兵進行綏靖，白部長來台宣慰後，稱許他「沉著果敢，擊破襲擊要塞之暴徒，使台北轉危為安」。但民間則傳言，史宏熹在基隆殺害平民達千餘人。見陳翠蓮，〈史宏熹〉，張炎憲主編，《二二八事件辭典》，頁87-88。石延漢，浙江積溪人，東京帝國大學畢業，歷任中央研究院氣象研究所副研究員、福建省政府參議、建設廳主任祕書等職。民國三十四年十一月來台，任職基隆市長，兼台灣省氣象局局長。二二八事件後離市長職，回到大陸，任教於浙江大學史地系。一九五五年，中國大陸因胡風事件掀起「肅清反革命運動」，石延漢因曾擔任基隆市市長而遭受清算，流放青海勞動改造長達二十年。見黃斌峰，〈石延漢〉，《二二八事件辭典》，頁101-102。

87 馬天綱、陳三井、賈廷詩、陳存恭訪問紀錄，《白崇禧先生訪問紀錄》，下冊，頁560。

88 特約記者，〈二二八事件後的台灣〉，《觀察》，第二卷第六期（1947年4月5日），頁17-19。報導原文是：「二十日台南號輪開出上海的客艙，僅有二千位，但登記的卻超過了數倍，便可證明。難怪乎白部長看到這種情形，也要深深地太息了。」報導原文易令人誤以為白部長是二十日到基隆，不過據白崇禧行程考證，他在基隆港邊看見台南輪的一幕，應該發生在三月十九日。

89 〈蔣主席致白崇禧三月十九日電〉，侯坤宏編，《二二八事件檔案彙編（十七）》，頁322。電報全文，請參見本書第二八八頁。

90 〈白崇禧呈蔣主席三月十九日函〉，侯坤宏編，《二二八事件檔案彙編（十七）》，頁318。信函全文，請參見本書第二八八頁。

91 蔣永敬、李雲漢、許師慎（編），《楊亮功先生年譜》，頁369-370

92 〈蔣主席致蔣經國三月巧電〉，侯坤宏編，《二二八事件檔案彙編（十七）》，頁305。

93 〈蔣經國氏視導團務 指示今後工作方針 前視察基隆昨飛返南京〉，《台灣新生報》，民國三十六年三月二十日，二版三欄題。引自林元輝編，《二二八事件台灣本地新聞史料彙編》，第一冊，頁264-265。朱瑞元，廣東高要人，廣東高等師範學校數理化部畢業後，參加北伐，擔任國民黨廣東省黨部工人部長，在廣州市推廣童子軍運動。抗戰期間，擔任廣西省橫縣、滕縣、柳江縣縣長等職，民國三十二年（一九四三）奉調至重慶，擔任三青團中央團部組長。熊鈍生主編，《中華民國當代名人錄》，第四冊（台北市：台灣中華書局，1978年），頁1。

94 林德龍輯註，《二二八官方機密史料》（台北市：自立晚報，1992年），頁157。但是參查林獻堂的日記，並沒有見過蔣經國，或間接受蔣氏探詢的記載。

95 蔣永敬、李雲漢、許師慎（編），《楊亮功先生年譜》（台北市：聯經出版，1988年），頁370。

來台第四日

三月二十日

上午十時，與陳儀長官舉行會議，冷欣、葛敬恩、柯遠芬、吳石、郝中和、何孝元等人參加，十二時結束。

下午三時，在長官公署大禮堂，向公署及所屬各機構全體職員訓話。

晚間六時半，對青年學生廣播。

上午召開的會議，據中央社電訊，是「由台省軍政官員報告二二八事件之實情。」受到昨日在基隆港所見一幕的影響，白崇禧決定延後南下宣慰行程[96]，改在本日，於長官公署大禮堂，對公署及各所屬機構職員訓話。這次訓話的主要對象，是基層外省公務人員。他們當中大多數人和貪贓枉法的上層官員沒有關連，領著較內地為低的待遇，來到從未踏足過的海疆島嶼。在「二二八」事件初期，很多奉公守法的基層外省公務人員遭到台灣民眾遷怒，受到毆打、侮辱，甚至有喪命者，許多人心灰意冷。白崇禧在基隆港見到大批外省人離台的一幕後，有感而發：

余昨日前往基隆，又聞停泊港口即將駛滬之輪船上，極為擁擠，且皆為諸君之眷屬，余實深有所感。今日願與諸君一談。台省公教人員之待遇，現較內地甚低，諸君抱定服務之初衷，請來協助台胞建設台灣，一年餘來，一切均在進步中。余今仍盼諸君繼續留台工作，勿稍灰心。須知中國不能離開台灣，台灣亦不能離開中國，諸君留台服務，實與前往內地服務無異。且台灣乃新收復之領土，即就教育而言，吾人之工作必須五年至十年始可完成。日前侮辱諸君以及傷害諸君者，僅為極少數之不良份子，極大多數之台胞仍極愛國，且願與諸君精誠合作，二二八事件，純係意外之偶然事件，余信今後決不致再有此事，余並保證今後中央亦絕不容許再有此事（講詞全文，參見本書第二九五頁）。

三月二十日下午三時，白崇禧部長於長官公署大禮堂對外省公務人員訓話。

聽眾的反應，據《台灣新生報》載當天中央社電訊，「全體頗受感動，報以熱烈掌聲，以示敬意。」[97]

昨日白部長在基隆港邊所發出的嘆息，以及今日對外省公務人員的講話情形，不但被在場的記者報導，也在三月二十四日，被呈到南京國防部保密局本部的公文桌上。「軍統」台灣站直屬通訊員董貫志（化名）報稱，白部長因昨日視察基隆要塞，目睹港口即將駛往上海的輪船極為擁擠，都是「因此次事變而將眷屬遣回」的公務員，因此延後南巡日期，特地對外省公務人員訓話。[98]

白部長晚間廣播的主要對象，則是青年學生。二二八事件裡，許多學生或被他人牽連，或者自發加入維持秩序的組織。各地展開武力綏靖之後，涉案學生驚恐萬分，不敢露面，甚至有逃進深山躲藏者。白崇禧特別對學生廣播，宣示不究既往，要學生返校復課，並且要求台灣青年學子變化氣質、明白是非，去除心中偏狹的地域觀念（廣播詞全文，參見本書第二九六頁）。

從今天起，以武力掃蕩肅清為主的綏靖告一段落。明日由警備總司令部布告，開始清鄉。

---

96 白崇禧本定二十日南下宣慰，因故延後。據林獻堂三月二十一日日記：「部長白崇禧本預定昨日來台中，聞有會議，乃改為今日，又改為明日，不知何故而遷延也。」林獻堂（著）、許雪姬（編註），《灌園先生日記》，第十九冊，頁177。

97 〈白部長改期南行宣慰 訓勉公務員應貫徹初衷 昨上午與軍政首長舉行會議〉，《台灣新生報》，民國三十六年三月二十一日，頭版，五欄題。林元輝編，《二二八事件台灣本地新聞史料彙編》，第一冊，頁272-273。

98 〈張秉承呈南京言普承，才迴午政情台三號〉，侯坤宏、許進發編，《二二八事件檔案彙編（二）》（台北縣新店市：國史館，2002年），頁243-244。關於保密局派駐各地的通訊員「通風報信」的運作情形，參見侯坤宏，〈情治單位在二二八事件中的角色〉，收入氏著，《研究二二八》（台北市：博揚文化，2011年6月），頁108。

白崇禧部長巡視繳獲暴動時被奪之武器。

來台第五日
三月二十一日

上午九時，由台北搭乘專機飛屏東宣慰，十時半抵達屏東機場。
下午一時四十分，搭乘火車抵達高雄，巡視高雄要塞與左營軍港。
下午四時三十分，於左營海軍第三基地司令部召開座談會。
下午致電南京，轉達陳儀對台灣省政府組織意見。

白崇禧今日展開各縣市宣慰行程。上午九時，搭機由台北飛屏東。隨行人員除國防部來台隨員外，另有警備總部柯遠芬參謀長、長官公署祕書處鄭國士副處長[99]、空軍台灣區司令部林蔭參謀長等人。

十時半抵達屏東機場，屏東市長龔履端、市參議會議長張吉甫等四十餘人到機場歡迎[100]。白部長一行旋即到市賓館，聽取龔市長與張議長報告事件經過。白氏向歡迎者與市民代表訓話稱：「台灣不幸發生騷亂，賴陳長官沉著處理，駐軍及公教人員亦能明大義，協助力使地方秩序漸次恢復。渠復表示對一般善良台胞應加以愛護，並予參加暴動者一自新之路。凡擕槍前來自首者，絕不再加處罰；對仍執迷不悟之徒，必須跟蹤將其消滅。」[101]

於屏東邀見地方仕紳後，白氏一行在中午乘專車抵達鳳山。下午一時四十分到達高雄，由高雄要塞司令彭孟緝中將陪同巡視要塞及軍港設備。

四時三十分，於左營海軍第三基地司令部召開座談會，各機關首長均出席參加。白氏對於台省南部治安之迅速恢復，頗表滿意。會間曾詳細垂詢煉油、水泥、鋁業、電力、肥料等工廠近況，並囑向傷者致上慰問關懷之意。與會的台籍國大代表陳啟川[102]建議，台灣和內地不該畫有界線，希望教育界

白崇禧部長巡視高雄要塞及港務設施。（鄭梓教授提供）

白崇禧部長召集左營海軍第三基地官兵訓話召開座談會。（鄭梓教授提供）

人士多來台灣傳播祖國教育文化，陳啟川並且主張，應該鼓勵本省外省之間通婚，以增進了解[103]。夜間，白部長與隨員一行人，在左營海軍官舍下榻。[104]

本日，白崇禧將陳儀所擬的台灣省政府組織意見，以密電轉陳南京蔣主席。陳儀所擬訂的台灣省政府組織要點，設省府委員十五人，民政、財政、教育、農林、工礦、交通六廳，祕書、警務、會計三處，人事、統計兩室。而最為台灣民眾所詬病的專賣、貿易兩局，則都予保留，改進措施，只列舉「專賣局長用本省人，副局長外省人，貿易局長用外省人，副局長本省人」[105]。這份組織要點，尤其是保留貿易、專賣二局一項，和中央與白崇禧先前所訂的處理辦法第七項，顯然有所出入。

---

[99] 鄭國士，字河山，浙江江山人，來台後，先擔任長官公署祕書處事務科長，後升任副處長。見台灣省行政長官公署人事室編，《台灣省各機關職員錄》（台北縣：文海出版社翻印，1968年），頁4。

[100] 龔履端（1911-1957），字警初，福建南平人，畢業於上海暨南大學教育行政系，入南京國立中央大學攻讀行政管理，歷任中央大學講師、江西省政府祕書、交通部組長等職。戰後來台接收，先任長官公署參議，隔年（一九四六）派任屏東市市長，考評優異，民國三十七年（一九四八）奉派接任台中縣縣長。章子惠，《台灣時人誌》，第一集（台北市：國光出版社，1947年），頁191。張吉甫（1897-1975），字崧生，新竹新埔人，畢業於台灣總督府台北師範學校，因不滿日人殖民統治，辭職遷居屏東。戰後，於民國三十五年參加丘念台、林獻堂等人的「台灣光復致敬團」，赴大陸致敬。歷任屏東市中區區長、屏東市參議會議長、國民大會代表、三七五減租督導專員等職。二二八事件時，屏東發生「三四」事件，張氏稱病，未參加屏東市「處委會」，故三月十二日整編第二十一師進駐屏東時，張吉甫未受波及。見王御風，〈張吉甫〉，《二二八事件辭典》，頁339。

101 〈白部長昨在台南宣慰 晨在左營召集海軍官兵訓話 午後即轉赴嘉義台中〉，《台灣新生報》，民國三十六年三月二十日，二版頭條五欄題。引自林元輝編，《二二八事件台灣本地新聞史料彙編》，第一冊，頁 308-310。

102 陳啟川（1899-1993），台灣高雄人，為高雄政商實力雄厚之陳中和第六子，曾就讀日本慶應義塾大學、香港大學，回台後曾任高雄市協議會員。二二八事件時，陳啟川並未涉入，三月三十一日，官方組成「高雄市二二八事變嫌疑人犯調查委員會」，審查被捕人員，甄別良莠，陳啟川即為委員之一，使許多被拘捕的高雄市人士重獲自由。國民政府遷台後，陳啟川受蔣中正指令，參選高雄市市長，於民國四十九至五十七年連任兩屆。見王御風，〈陳啟川〉，《二二八事件辭典》，頁 429-430。

103 〈中央社記者陳伯懋左營廿一日電〉，《台灣新生報》，民國三十六年三月二十日，二版頭條五欄題。引自林元輝編，《二二八事件台灣本地新聞史料彙編》，第一冊，頁 309-310。

104 馬天綱、陳三井、賈廷詩、陳存恭訪問紀錄，《白崇禧先生訪問紀錄》，下冊，頁 560-561。

105 〈白崇禧呈蔣主席三月馬電〉，侯坤宏編，《二二八事件檔案彙編（十七）》，頁 326-327。電報全文，請參見本書第二九九頁。

來台第六日

三月二十二日

上午八時，在左營基地召集海軍官兵訓話。

十一時抵台南。參觀延平郡王祠及赤崁樓。接著轉赴台南市政府稍作休息，並對各級機關首長、各界代表講話，同時表示代表中央宣慰台胞之意，接著應台南市長卓高煊歡宴。

下午一時，搭火車離台南北上宣慰。途經新營時，曾蒞站月台，向台南縣長袁國欽及各界致慰問之忱，並宣示中央德意。

下午三時，抵達嘉義，於市政府對各界代表、地方人士及公教人員等訓話。

晚間六時二十分，車經彰化，曾下車宣撫。

晚間七時，應台中各界公宴。

晚間八時半，在台中廣播電台向中部同胞廣播。

晚間十時半，欲見林獻堂受阻。

今日，中國國民黨中央執行委員會通過決議：陳儀撤職查辦。

上午八時，白崇禧在左營基地召集海軍全體官兵訓話，並乘船巡視高雄港。十一時搭乘火車專列到達台南，到車站迎接的有市長卓高煊[106]，以及各機關首長。白崇禧一行首先參觀延平郡王祠及赤崁樓。赤崁樓原來是荷蘭人興建的普羅民遮城（Provintia），鄭成功來台，先攻取普羅民遮城，接著苦戰九個月，才拿下熱蘭遮城（Fort Zeelandia，今安平古堡）。白氏對鄭成功史蹟很感興趣。鄭成功以孤島抗衡中原，在南明永曆皇帝遇害以後，秉持孤忠，仍舊奉明朝正朔，稱延平郡王而不肯稱帝。白崇禧在延平郡王祠題字「忠肝義膽」，又親撰對聯一副：「孤臣秉孤忠，浩氣磅礴留萬古；正人扶正義，莫教成敗論英雄。」[107]

下午一時，搭火車離台南北上宣慰。途經新營時，白崇禧在月台上，向前來迎接的台南縣長袁國欽以及各界仕紳致上慰問之意[108]，並代表蔣主席，宣示中央德意。下午三時五分，抵達嘉義，白部長於市政府對各界代表、地方人士及公教人員等訓話。[109]

延平郡王祠楹柱對聯。

白崇禧題寫台南延平郡王祠楹柱對聯。

車過新營月台，白部長下車宣慰地方仕紳並訓話。（鄭梓教授提供）

晚間六時二十分，列車經過彰化，白崇禧下車宣撫。市長王一麐、省參議員李崇禮等當地仕紳數十人，到場致敬[110]。白氏表示：「彰化各界未受此次騷動之影響，均能安心工作，深為欣慰。今後各望努力本位工作。中央對盡忠職守之公教人員及深明大義之民眾，至為關懷。」[111]

晚間七時，應台中各界公宴，林獻堂以「主人總代」身分，在台中市政府歡宴白部長。林氏致詞時說：「此次事變，使全國同胞與中央關懷，特派白部長前來宣撫，本人謹代表表示最大敬意，台灣在中國國防上地位極為重要，希望政府將台灣青年練成國防勁旅。」白氏起身致答詞，除了重申政府既往不究的原則外，還稱：「此次事變，由於各界通力合作，恢復秩序，甚為欣慰。仍望各界協助軍隊，勸告被脅迫參加暴動之青年民眾，迅速將所劫武器送還自新。」[112]

晚間八時半，白部長到台中廣播電台向中部民眾廣播。在這次廣播當中，白崇禧頭一次將二二八事件發生的遠、近原因，歸咎給「日本對殖民地所施奴化教育的遺毒」，以及「少數共產黨份子的惡意宣傳」。而「反動派的野心，是想要顛覆政府，奪取政權，所以藉專賣局緝私人員取締煙販作導火線，擴大暴動」，台灣青年學生，盲從誤入歧途，令人痛心。處理的辦法，可分為治標與治本兩方面。治標方面，是希望各地「共黨暴徒」與青年學生繳械來歸，政府保證寬大處置，既往不究；治本的作法，則是要從教育著手，加強台灣同胞的國家觀念（廣播詞全文，參見本書第三〇五頁）。[113]

今日傍晚，白崇禧發往南京的密電，陳述他對於台灣事件善後的初步意見和看法。電文中，白崇禧對於二二八事件遠、近起因的解釋，認為是「台胞青年過去受日本五十餘年狹隘偏激教育影響，致國家觀念、民族意識薄弱」；加上「台人有政治野心者，乘機操縱，伺機爆發，故最近以台專賣局緝私事件，藉題發揮，因少數共黨份子及日軍投降後，自海南島遣回之台籍退伍軍人與地方莠民，勾結煽惑叛亂，台省青年學生妄動盲從，省縣市各級民意機關參議員，亦多盲從，起而附和，致叛亂擴大，全面暴動」[114]，大致和晚間的廣播詞相同。

對於本次事件的性質，白崇禧認為「其企圖不僅如在京所聞，係出於不滿現狀，自有關文件中獲悉，彼輩所謂高度自治，及所提無理要求，則直欲奪取政權已無疑義。[115]」白氏會有如此判斷，顯然是受到連日來親身見聞，以及與長官公署官員開會時，讀取陳儀等人提呈資料的影響。

至於今後治理台灣的方針，白崇禧建議採取以下措施：

（一）軍事方面

（1）經常保留一個師兵力駐台，並將現駐台之二十一師充實其裝備，准增編一個砲兵營。

（2）馬公基隆高雄三要塞，各准按原編制不予裁減。

（3）憲兵部隊應經常以兩團分駐台省境內。

（4）今後台省保安警察幹部以由內地編餘之慣戰之轉業軍官遴派為宜，除戶籍、交通警察規定暫時不攜槍枝，可用台籍外，其餘員警仍以外籍充任。因為在此次事變中，台籍警察或倉庫守護部隊，台籍士兵多與暴徒暗通聲氣，致有攜械逃遁及不抵抗將槍械彈藥為暴徒劫持，尤以警察為甚。

（二）政治方面

（1）台省各級民意機關應分別保留或改選，將此次參加事變人員，按其情節輕重，分別淘汰。

（2）縣市長民選，原擬提前實行，現因「暴徒挾械潛逃」，應利用戒嚴時期將奸匪暴徒肅清，已失械彈收回，再斟酌辦理。

（3）台灣行政長官公署改組為省政府，其組織經據陳長官意見，電呈蔣主席核閱在案，至於人事問題，因陳長官對台省情況較為熟諳，已囑速擬定再行呈報。

（三）台省經濟措施，專賣及貿易局制度，據陳長官面告，均經省參議會通過施行，今後應如何改善，待詳查實況以後，再行呈報。

（四）白氏認為，在京所擬具的辦法，「確有修改之必要」，待視察完畢後，與陳長官詳商，再提具體方案。

將來的經濟改進措施中，陳儀以專賣、貿易局制度，都經過省參議會認可而施行，來作為推搪的藉口。白崇禧只能回報「待詳查實況後，再行回報」[116]。看得出白氏用詞雖委婉，但對於陳儀仍想保留專賣、貿易兩局，仍然未完全認可。

對於此電，蔣中正的批復是：「台省政治組織，待兄回京面商後再定。未知兄何日可回？盼復。[117]」這也顯示，關於台灣政治、經濟、軍事等重大事項，白崇禧並未獲得蔣主席「全權處理」的授權。

白部長一行途經嘉義時，嘉義市參議員潘木枝之妻請託市參議會向白崇禧求救不成，企圖請見也告失敗。潘木枝因在二二八事件發生時，出面維持秩序，事後竟遭軍警逮捕。據其子潘英章回憶：「當國防部長白崇禧至嘉義市視察時，家母曾請願嘉市參議會代向白崇禧請願救家父之命，竟被議會無情回絕！先父等遂於三月二十四日，被押送到嘉義市警察局拘禁，……於三月二十五日被五花大綁，在嘉義火車站前槍殺『赴義』。」[118]

據林獻堂日記的記載，今天深夜，發生一件懸疑事情。晚間十時半，回到宿舍的林獻堂，正準備休息，突然接到台中市政府主任祕書沈寅生（福建晉江人）電話，要他「速往」白部長下榻的賓館，「謂白部長欲會余也」。林獻堂應命，立刻乘人力車前往，但是到達賓館門口，卻「有兵把守」，不讓林氏進入。沈寅生入內詢問後出現，對林氏說：「部長已睡」。林獻堂只得折返[119]。照常理來說，白崇禧不可能命人找林獻堂來談，卻不待來客，自行就寢。潘木枝妻子求見不成，以及白崇禧想私下聽取林獻堂的意見卻受阻，顯示他在台灣的行程，以及其所接觸的人員，不但有中央的監視，也有省方的嚴密監控和包圍。

106 卓高煊（1908-1990），福建林森人，畢業於上海震旦大學。戰後來台接收，任職台南市市長，後調任行政院參議，民國四十四年（一九五五）升任福建省政府委員兼祕書長。國史館編，《國史館現藏民國人物傳記史料彙編》，第九輯（台北縣新店市：國史館，1993年），頁140-141。

107 馬天綱、陳三井、賈廷詩、陳存恭訪問紀錄，《白崇禧先生訪問紀錄》，下冊，頁561。白氏在接受中研院口述歷史訪問時，稱「到台南住了一晚」，但是，據白氏二十二日晚間於台中的廣播詞：「台灣各位父老同胞，今天崇禧自高雄來台中，沿途經過台南、新營、嘉義等縣市，除接見各地方機關首長、民意機關議員、各界代表，分別聽取報告，並代表國府蔣主席，面達宣慰外，因為時間所限，未能和台省其他各地父老同胞見面，現在特在廣播中表達幾點懇摯的意思。」可知白崇禧並未在台南留宿。白氏在延平郡王祠所撰對聯，日後（民國四十年代）又修改為「孤臣秉孤忠五馬奔江留取汗青垂宇宙／正人扶正義七鯤拓土莫將成敗論英雄」。

108 袁國欽，福建上杭人，日本中央大學法科畢業，歷任福建省上杭縣黨務指導員、國民黨晉江縣黨部執行委員、福建省民政廳第三科科長、邵武縣長等職。光復來台後，先任長官公署民政處科長，民國三十五年一月派任台南縣縣長。見台灣省行政長官公署人事室編，《台灣省各機關職員錄》（台北市：編者，1947年），頁28。二二八事件發生時，袁國欽躲入阿里山區，曾受原住民高一生的保護，二二八事件平息後，袁辭縣長職返回大陸，一九四九年後投共。參見蔡博任，〈袁國欽〉，《二二八事件辭典》，頁314。

109 〈中央社嘉義廿二日電〉，《台灣新生報》，民國三十六年三月二十五日，二版三欄題。引自林元輝編，《二二八事件台灣本地新聞史料彙編》，第一冊，頁341-342。

110 李崇禮（1874-1951），幼名金墩，號樂山，台灣彰化人，台灣總督府國語學校國語科畢業，昭和二年（一九二七），擔任台灣總督府評議員，昭和五年，成為末代彰化街長（後改制為彰化市）。戰後，以最高票當選代表彰化市之台灣省參議員。二二八事件時，李氏並未列名彰化「處委會」；事件後，長官公署之「台灣省二二八暴動事件報告」裡，稱許李氏「救護外省人員，保全公物，宣撫台民，協助處理事變」。見林正慧，〈李崇禮〉，《二二八事件辭典》，頁168-169。

111 〈行經彰化下車宣撫〉，《台灣新生報》，民國三十六年三月二十四日，二版二欄題。引自林元輝編，《二二八事件台灣本地新聞史料彙編》，第一冊，頁324。

112 〈中央社台中廿三日電〉，《台灣新生報》，民國三十六年三月二十四日，二版二欄題。引自林元輝編，《二二八事件台灣本地新聞史料彙編》，第一冊，頁324。

113 〈白部長前往台中　向全省同胞廣播〉，《台灣新生報》，民國三十六年三月二十四日，二版，三欄題。引自林元輝編，《二二八事件台灣本地新聞史料彙編》，第一冊，頁324-327。

114 〈白崇禧呈蔣主席三月養電〉，侯坤宏編，《二二八事件檔案彙編（十七）》，頁330-335。電報全文，請參見本書第三〇〇頁。

115 同上。

116 同上。

117 同上。

118 台灣省文獻委員會編，《二二八事件文獻輯錄》，頁413。

119 林獻堂（著）、許雪姬（編註），《灌園先生日記》，第十九冊，頁179。

三月二十三日　來台第七日

上午八時三十分，對整編第二十一師官兵訓話。
九時二十五分，於市府接見國大代表、國民參政員、縣市議員林獻堂等十餘人。
九時四十分，在台中市政府禮堂對各機關首長及地方人士訓話。
中午十二時三十分，由林獻堂等人作陪，離開台中，前往日月潭。
下午二時二十分，抵達水裡坑（今南投縣水里鄉），參觀大觀發電所。
下午四時三十分抵達日月潭，夜宿涵碧樓。

上午八時三十分，白崇禧在整編第二十一師師部對官兵訓話[120]。在訓話裡，白部長提到「紀律」處，共計十三次[121]；這顯示出他對部隊軍紀的注重。

據整編二十一師參謀長江崇林回憶，白部長召集師部軍官二百餘人訓話，明白宣示：一、參與暴亂者，不追究動機，只要已解散返鄉，一律給予保護。二、現被拘禁的嫌疑犯，凡犯行輕微，沒有殺人、傷人、搶奪武器者，從速詢明釋放。三、罪行顯著而被逮捕的嫌疑犯，移送台灣高等法院或地方法院處理，不受軍事審判。四、務必清查收回遺失槍彈，並追捕共產黨人。訓話完畢，白崇禧以舊長官身分，再指示江崇林道：「這是一場政治戰，若過度用武，會把人民嚇怕！」並下令解散勞動營，師部所拘禁人犯，情節輕微者交保釋放，情節顯著者，一星期內移交台灣高等法院處理。[122]

九時二十五分，於市府接見民意代表林獻堂等十餘人。九時四十分，在台中市政府禮堂對各機關首長及地方人士訓話。訓詞大意為：一、人民要求政治改革，須依合法政治方式，不可輕舉妄動。二、青年尤不應有排外思想。三、希望父老及各機關首長，以冷靜態度領導民眾，不可為共黨所煽惑。四、今後教育，以學校教育、社會教育、家庭教育三方面竭力充實並進。

今天上午，白崇禧終於能和林獻堂見面談話。根據林獻堂日記，白部長詢問「此回暴動之遠因」，林氏答稱：

> 一、人事之關係，長官公署九個處長，其次、科長無一本省人，縣、市長有四、五人皆重慶同來者。
>
> 二、接收日人之工場、礦山及各種會社，皆為公營事業，多半停頓，以致生產少而失業者多；三、海外歸來之青年，有三、四萬人皆無事業，而政府不為之設法。
>
> 四、米及物價騰貴，無從餬口。
>
> 五、中以下之外省人多貪汙不守法，使本省人看不起；
>
> 六、共產黨及野心家之煽動，有此種種原因，遂乘專賣局緝私賣菸草打死人而起暴動也。[123]

與三月十七日林獻堂向白崇禧陳述的事件原因比較，這次多出「共產黨及野心家之煽動」一項。這新增的第六項因素，和陳儀方面宣稱的暴動近因相合。林獻堂對白部長陳述時，作此更動，是否另有隱情，如今不得而知。不過，由具有共產黨背景的謝雪紅等人領導的民軍「二七部隊」，直到三月十六日都還在埔里一帶山區和國軍整編第二十一師部隊交戰，這確是林獻堂在台中親所見聞，也是白氏將日月潭列入宣慰行程的原因[124]。林獻堂今日此番陳詞，對白部長的影響，不應該忽視。白崇禧在日後接受口述歷史訪問時，便認為二二八事件，本來是緝菸引起的偶發意外，「經謝雪紅操縱變成有政治意義的事變。」[125]

謝雪紅（1901-1970），台灣彰化人。大正十四年（一九二五）赴上海參加「五卅運動」，同年十二月到莫斯科，入東方大學。民國十七年（一九二八）四月，回到上海，參與台灣共產黨成立，五月被日本警察逮捕，遞解回台。一九三一年六月被捕入獄，判處十三年徒刑，但一九三九年四月因肺結核病重，保釋出獄。二二八事件期間，謝雪紅參與「台中時局處理委員會」，並與鍾逸人、古瑞雲等號召青年學生、台籍前日本軍人組成「二七部隊」，和國軍作戰。隨著「二七部隊」被擊散，謝雪紅等人躲入中部山區，五月二十一日，自左營偷渡廈門，從此未再回台。[126]

再回到白崇禧三月二十三日的行程。中午十二時三十分，白崇禧一行由林獻堂等人作陪嚮導，離開台中前往日月潭。先搭乘火車，再換乘汽車代步。下午抵達水裡坑（今南投縣水里鄉），參觀台灣電力公司大觀水力發電所。大觀發電廠原名「日月潭第一發電所」，一九三四年開始發電。在日據時代，該廠是亞洲規模最大發電廠，能發出十八萬千瓦的電力，占當時台灣所需電力之半。二二八事件時，電廠員工同心護廠，使得電廠未受損失，照常供電，因此受到白崇禧的褒獎。電廠主管備妥紙、筆，請白部長題字，白氏題寫「認識宇宙，主宰宇宙；征服自然，利用自然。」[127]

在台中時，白崇禧審閱陳儀呈送的〈警總在押暴動人犯一覽表〉後（報告全文，參見本書第三〇二頁），這份報告是警備總司令部應白部長三月十七日的命令，將逮捕人數、審訊經過、判決及執行情形，向白氏呈報。依照《戒嚴法》第九條，「戒嚴時期，接戰地域內無法院或與其管轄法院交通斷絕時，其刑事及民事案件均得由該地軍事機關審判」的規定，將現行在押、不具軍人身分的人犯，改由軍法審判。陳儀據此條款，向白部長請求以軍事審判事件相關人犯。白崇禧幾經思索，暫且同意陳儀的請求[128]。

同日，白崇禧向南京蔣主席拍發一通密電，認為二二八事件並不單純，「一切善後，尚須審慎處理」，他正「巡行各地，詳加調查研究中。」而近來有些台籍旅大陸團體，「僅憑風說，提出種種要求」，所以白氏懇請蔣中正「勿輕許諾，以免增加善後困難」。[129]

蔣中正的批復是：「准待宣慰工作完成，報告到後再定辦法。現並未有任何之許諾，陳長官查辦案亦已打銷，勿念。」所謂「陳長官查辦案」，指的是二十二日中國國民黨第三次中央執行委員會全體會議（簡稱「三中全會」）所通過，將陳儀撤職查辦的決議案，蔣氏認為台灣局面還沒有底定，這時更動人事，會增加動亂，因此使用總裁的裁量權，逕行打銷查辦案。[130]

到達日月潭後，林獻堂讓祕書葉榮鐘擬稿，準備呈文給白部長，請求保釋林茂生、林連宗、陳炘、阮朝日、吳金鍊等人[131]。這些人，都是三月十日前後突然「失蹤」的台籍菁英。前述白部長電文中，台人旅大陸團體請願，「提出種種要求」，其中一項，就是查明陳儀暗中非法逮捕、殺害台籍菁英的情形[132]。陳儀在向白氏呈報時，並未提及這些人，根據省黨部主委李翼中的回憶，在這個時候，他們早已遭到祕密殺害[133]。已故中研院院士黃彰健認為，陳儀對於涉入二二八事件人犯的處置，並未奉行中央「寬大處理」的指示，反而嚴酷鎮壓，致使難以向中央宣慰大員白崇禧交代，只能對其包圍蒙騙。[134]

---

120 〈白部長前日在台中　對駐軍官兵及各界分別訓話　接見民意代表暨黨團負責人〉，《台灣新生報》，民國三十六年三月二十五日，二版三欄題。引自林元輝編，《二二八事件台灣本地新聞史料彙編》，第一冊，頁341-342。但是據林獻堂日記：「黃市長七時餘又以電話來喚，謂白部長要面談也，遂不待食飯而往。八時半部長始出及冷欣副參謀〔長〕，市長黃克立為通譯。部長問此回暴動之遠因」，則白氏似是先與林獻堂見面。見林獻堂（著）、許雪姬（編註），《灌園先生日記》，第十九冊，頁181。在沒有更確切證據可以釐清以前，姑且將兩說並存。

121 〈白部長對二十一師訓話紀錄〉，轉錄自林德龍輯註，《二二八官方機密史料》，頁169-175。訓話紀錄全文，請見本書第三〇七頁。

122 台灣省文獻委員會（編），《二二八事件文獻輯錄》，頁612-613。

123 林獻堂（著）、許雪姬（編註），《灌園先生日記》，第十九冊，頁181。

124 白克，〈隨白部長宣慰〉，《新聞天地》（1947年5月1日），頁32。另據林獻堂三月十三日日記：「榮鐘電話來，謂市長黃克立本日出任事，台中市內共軍、流氓、學生皆潛逃，國軍午後或明日將進入市內，請速往幫忙。」見林獻堂（著）、許雪姬（編註），《灌園先生日記》，第十九冊，頁156。

125 馬天綱、陳三井、賈廷詩、陳存恭訪問紀錄，《白崇禧先生訪問紀錄》，下冊，頁558。

126 謝雪紅口述，楊克煌筆錄，《我的半生記》（台北市：楊翠華，1997年），頁307-312。

127 馬天綱、陳三井、賈廷詩、陳存恭訪問紀錄，《白崇禧先生訪問紀錄》，下冊，頁562。

128 〈白崇禧呈蔣主席二月二十五日簽呈〉，侯坤宏編，《二二八事件檔案彙編（十七）》，頁527。

129 〈白崇禧呈蔣主席三月二十三日電〉，侯坤宏編，《二二八事件檔案彙編（十七）》，頁341。電報全文，請見本書第三〇四頁。

130 蔣氏當日的日記為：「三中全會對庸之（孔祥熙）要求清查其財產，對公俠（陳儀）要求撤職查辦，對雪艇（王世杰）要求去職等不負責任的挾意報復，只求逞快一時而不問是否不顧大局之行為，不僅為共匪稱快造機會，實為毀滅本黨自身之禍因。」《蔣中正日記》，手稿本，民國三十六年三月二十三日。

131 林獻堂（著）、許雪姬（編註），《灌園先生日記》，第十九冊，頁181。

132 台灣省文獻委員會編，《二二八事件文獻補錄》，頁742。

133 李翼中，《帽簷述事—台灣二二八事件日錄》，頁389。

134 黃彰健，《二二八事件真相考證稿》（台北市：中央研究院、聯經出版，2008年6月初版三刷），頁562-572。

三月二十三日，白崇禧部長在台中宣慰。

白崇禧部長檢閱整編第二十一師官兵。

來台第八日　三月二十四日

上午八時，由台電協理柳德玉等陪同遊潭。八時三十分，視察蕃社（原住民部落）。

十一時四十分，在涵碧樓接見信義鄉長柯桂枝及高山族（原住民）同胞代表全萬盛等五十人。

下午三時半，於原地和隨行高級人員會議。

白崇禧一行於昨晚抵達日月潭，今天上午，白氏先搭乘電廠備妥的遊艇繞湖一匝，在湖內打獵。接著視察蕃社（原住民部落），觀賞原住民歌舞，和人稱「毛王爺」的邵族人毛信孝合影。近午時分，向五十名原住民代表訓話，贈送慰問金，承諾為部落裝設電燈與擴大耕地[135]。稍後，白崇禧對隨行陪同的台電公司柳德玉協理和台中縣長宋增榘[136]說：「我的支票是開出去了，希望你們兌現，否則高山族對政府將失去信任」。日月潭山明水秀，風光明媚，白崇禧似乎心情甚佳，決定在此多住一晚，下午還和隨行記者聊了兩個多小時，並和記者、隨扈憲兵合照留念。[137]

當時擔任白部長外圍警衛任務的整編第二十一師一四五旅四三三團第一營營長賈尚誼，於民國九十八年（二〇〇九）在美國舊金山演說時，回憶曾親聆白崇禧於涵碧樓宣達「蔣公處理方針其中第二條是寬大處理，除首惡外，不可株連太廣，造成冤獄。」[138]

同日，一封以台灣籍國大代表、台灣省參議員、台灣省參議會聯合署名的電報，呈給蔣主席，擁護陳儀，支持由陳儀繼續主持台灣省政。[139]

白崇禧部長對原住民訓話，由白克（右邊戴眼鏡者）擔任傳譯。

135 馬天綱、陳三井、賈廷詩、陳存恭訪問紀錄，《白崇禧先生訪問紀錄》，下冊，頁 562。

136 柳德玉，字亨仲，江西萍鄉人，上海交通大學電機科畢業，赴美留學，入普渡大學（Perdue University）學習高壓電氣工程，得碩士學位。民國十七年返國，在上海任德國西門子電機廠工程師，民國三十三年任上海新安電機製造廠業務總經理，三十四年來台，任台灣電力公司協理。見章子惠編，《台灣時人誌》，第一集，頁 65-66。
宋增榘，湖南湘潭人，日本九州帝國大學農學科畢業，歷任福建省政府技術員、浦城縣縣長等職。民國三十六年一月始接任台中縣縣長。二二八事件後，因年度考績成績敬陪末座，核定「免職」，調職台灣省政府農林廳。

137 白克，〈隨白部長宣慰〉，頁 32。

138 〈賈尚誼將軍之演講〉，收於朱浤源編，《二二八研究的校勘學視角：黃彰健院士追思論文集》（台北市：文史哲出版社，2011 年），頁 302。

139 〈國大台灣省代表等上電〉（民國 36 年 3 月 24 日），《國民政府檔案》，國史館藏，檔號：0500-2330・01。

民國三十九年三月十五日，政府遷台後，
毛信孝及兩位女兒毛玉娟、毛玉秀贈送給白崇禧將軍的照片。

三月二十五日　來台第九日

上午八時離日月潭，下午一時四十分抵新竹市宣慰。
下午二時，於新竹車次，接見美國新聞記者三人。
下午四時十分抵達桃園。
下午六時十分返抵台北，結束五日各地宣撫行程。
晚間，與冷欣、吳石、何孝元、趙援、張鶴齡等人，出席各軍事機關首長公宴。

上午離開日月潭，白部長繼續最後一日的各縣市宣慰行程。從日月潭下山時，在集集，台中縣參議員蔡鐵農帶領該地民眾、學生歡送，據隨行的白克側寫：「白部長高興得很，要記者攝影留念」；這是因為「白部長很想多見到些台灣老百姓，但各地方當局似乎都不大了解這個意思，常常只有幾位參議員代表奉命來見，白氏因此頗有以見不到真正民眾為憾。」[140]

下午一時四十分，白崇禧抵新竹市宣慰。分別向該地陸、海、空官兵訓話，並與各團體、民意機關代表談話。

下午二時，於新竹車次，接見美國新聞記者三人，即美國《時代》、《幸福》及《生活》雜誌記者葛維廉（William P. Gray）、《紐約前鋒論壇報》記者藍德（Christopher Rand）、以及上海《密勒氏評論報》（*Millard's Review of the Far Eastern*）主編鮑惠爾（William Powell）。白崇禧接受中央社記者訪問時表示，改長官公署為省政府、以及縣市長民選等問題，都容易解決，而經濟問題則較為困難。傍晚六時，白部長一行人返抵台北。[141]

晚間，白崇禧與冷欣、吳石、何孝元、趙援、張鶴齡等人，應各軍事機關首長公宴，由陳儀長官、楊亮功監察使、原住民代表多人作陪。席間，由警備總部參謀長柯遠芬即席報告二二八事件經過。

140 白克，〈隨白部長宣慰〉，頁32。林德龍輯註，《二二八官方機密史料》，頁181。

141 林德龍輯註，《二二八官方機密史料》，頁181。

來台第十日　三月二十六日

上午在台北賓館，接見省參議會議長黃朝琴等五人。陳儀長官與楊亮功監察使亦分別趨訪。另外，又接見國大代表鄭品聰、原住民國大代表南志信與台東卑南族總頭目馬智禮等人。

下午二時，召集冷欣、吳石、馬崇六、何孝元等高級隨從人員會議。

下午四時，與陳儀長官和公署各處首長舉行會議，至傍晚六時結束。

晚間七時，於台灣廣播電台向全省高山族（原住民）同胞廣播。

廣播結束後，前往陳儀長官官邸，應陳氏邀宴。

結束各縣市巡迴宣撫行程後，白崇禧於今日上午在台北賓館接見多位官員、民意機關代表，包括省參議會議長黃朝琴、陳儀長官與楊亮功監察使。其中，以接見國大代表鄭品聰、原住民國大代表南志信與台東卑南族總頭目馬智禮等人，值得在此一提。

由白氏的行程記錄來看，他的宣慰行程並未到達台灣東部。但是台灣東部的宜蘭區（當時屬於台北縣）、花蓮、台東二縣，在二二八事件時也有零星傷亡，除此之外，更有若干當局眼中的「暴徒」逃入山區，因此白崇禧召見奉陳儀之命宣慰東部的鄭品聰[142]，以及卑南族的國大代表南志信、總頭目馬智禮等人，其中一項目的，就是希望原住民部落能配合政府清鄉綏靖措施，收繳遺落民間的武器。晚間七時，白部長於台灣廣播電台向全省原住民廣播，「勸導彼等協助政府，檢舉現尚逃逸之暴徒。」（廣播詞全文，參見本書第三一四頁）也是出於這層意思。

本日到台北賓館晉見白部長的卑南族總頭目馬智禮（mateli，1887-1966），本身的故事就十分具有傳奇色彩。馬智禮原來是福建籍漢人，本姓朱，四歲時，閩南故鄉發生族群械鬥，父親朱來盛攜幼子渡海來台避難，獲得卑南部落收容，後來清廷甲午戰敗，台灣割交日本，朱來盛於是隱姓埋名，入贅部落，讓其子取卑南名，從卑南俗。馬智禮從小誦讀詩書，學習打獵，能文善武，身手矯健，深得族人愛戴，以漢人身分，竟然成為卑南八社共推的大頭目。馬智禮沉穩有謀，不但化解卑南和布農兩族之間的宿怨，更在二二八事件擴延到台東時，主動號召卑南、布農兩族青壯男丁，保護外省籍的縣長謝真與其他兩百餘名外省官員、眷屬，並且親到警察局，要求釋放被捕民眾。台東縣在二二八事件裡，雖然也遭受波及，卻成為唯一沒有處決人犯的縣份[143]。白崇禧聽聞這段故事，特意召見褒獎。

馬智禮和其好友、前日本總督府首位原住民醫官南志信（sising，1886-1959），在二二八事件前後，共同發揮穩定原住民社群的力量。馬智禮依白部長之請，往返屏東山地多次，安撫原住民部落；南志信則向高山部落廣播，穩定山區民心，許多被捕的原住民，也因馬、南兩人力保，而得以洗刷冤情，獲得釋放。[144]

根據「軍統」保密局台北站直屬通訊員高登進（即奉警總之命加入「處委會」擔任治安組組長、同時也是「忠義服務隊」總隊長許德輝的化名）在四月十一日向南京拍發的輿情調查密電報告，當中稱：白崇禧召見原住民領袖，當面褒獎，並且請他們協助政府穩定秩序，「以溫和態度，婉言詞意予以勸告，使之理解。翌（廿六）日下午七時後，由廣播台向高砂族同胞再三宣布，撫慰高山族。台北諸智識份子均評白部長此種係最優良而高深之政策，而市內各界均亦表欣羨白部長之賢明。」[145]

本日白崇禧電呈南京蔣主席兩通密電，其一是以國防部長的身分，提出關於台灣要塞兵力部署的意見。在整編二十一師部隊開到以前，高雄、基隆兩人要塞是台灣惟二駐有重兵之處，也最早出兵「平亂」。白崇禧在前幾日巡行各地，聽取基隆、高雄兩要塞司令報告之後，認為「此次事變，（要塞）鎮壓最為得力。」但是各地要塞編制一再縮小，兵種不全，高雄、基隆兩要塞現編的兵力，各只有三千餘人，經白氏實地勘查之後，認為需要補編到各六千人，並配設雷達、工兵、偵測等特殊兵種，

接見有功人員。白崇禧部長與南志信（左四）、馬智禮（左七）等人於台北賓館合影，
右四為警總參謀長柯遠芬。

才能「加強要塞之國防實力，復可增加軍隊力量，以應不時之急」。[146]

白崇禧的第二通電報，則稱「近旬來曾親赴台灣各縣市宣慰，對台灣事變真相與在京所聞者頗有出入」。因此「處理方針與軍事政治經濟等應改善方案，及將來台省人事」，都有修正的必要。[147]

---

142 鄭品聰（1902-1971），福建龍巖人，因其父於花蓮開設中藥行，鄭氏幼年時即隨父親來台，受業於皇漢醫學院。民國十二年（一九二三），西渡中國大陸，加入國民黨，回到台灣後，祕密從事抗日聯絡工作。一九三七年曾被日警逮捕，因而受到嚴密監控。鄭氏以難有進一步行動，只得回大陸參加抗戰。台灣光復後，回台出任三青團花蓮支部幹事長、第一屆台灣省參議員、制憲國大代表等職。二二八事件時，鄭品聰受長官陳儀之託，宣慰宜蘭、花蓮、台東等地。見中央社花蓮港十七日電，〈鄭品聰氏　宣慰東台民眾〉，《台灣新生報》，民國三十六年三月十九日，二版一欄題，引自林元輝編，《二二八事件台灣本地新聞史料彙編》，第一冊，頁 241；台灣省諮議會網站，網址：http://www.tpa.gov.tw/big5/Councilor/Councilor_view.asp?id=680&cid=4&urlID=20。查閱日期：2014 年 1 月 7 日。

143 〈族群和平的實踐者　卑南族大頭目馬智禮〉，《大紀元時報》網路版，2006 年 10 月 23 日，網頁：http://www.epochtimes.com/b5/6/10/23/n1495951.htm，查閱日期：2013 年 10 月 25 日。林德龍輯註，《二二八官方機密史料》，頁 258-260。

144 林德龍輯註，《二二八官方機密史料》，頁 260。

145 〈張秉承上言普誠代電呈報國防部長白崇禧接見南志信等高砂族代表〉，《國家安全局檔案》，侯坤宏、許進發編，《二二八事件檔案彙編（二）》，頁 248。

146 〈白崇禧呈蔣主席三月有電〉，侯坤宏編，《二二八事件檔案彙編（十七）》，頁 351-354。電報全文，請見本書第三一二頁。

147 〈白崇禧呈蔣主席三月二十六日電〉，侯坤宏編，《二二八事件檔案彙編（十七）》，頁 355。電報全文，請見本書第三一三頁。

白崇禧部長與台灣高山族代表南志信（左）、馬智禮（右）合影。

三月二十七日 來台第十一日

上午十時，由教育處長范壽康、台大校長陸志鴻陪同，前往台大法商學院廣場，對台北各校教職員、學生約八千人訓話。

中午與監察使楊亮功、監察委員何漢文共餐，就台灣事件所得觀察及處理辦法交換意見。

下午三時，由民政處長周一鶚陪同，祭圓山忠烈祠。之後，赴台大醫院、省立醫院、鐵路醫院及陸軍醫院，慰問事件中受傷的官兵、公教人員及台北市民。

晚間八時，於台灣廣播電台，對全國同胞及國內外僑胞發表廣播，報告台灣事件。

監察委員丘念台本日上午搭船抵基隆，下午謁見陳長官、白部長。

白崇禧上午對台北各校教職員、學生的訓話，先回顧台灣在民族革命過程中的光榮歷史，接著說到事件的遠因，是「台胞青年過去受日本五十多年狹隘偏激的教育，及其對殖民地所施行的教育」，致使青年輕視祖國；而事件爆發的近因，則是「共黨份子、反動派，假言論自由之名，作種種悖謬不正確宣傳，擅加詆毀中國國民黨、國民政府和國民革命軍，台灣亦同出一轍。因此，藉口專賣局緝私案件，共黨暴徒借題發揮。」一宗查緝私菸事件，演變至此，「完全是小數共黨野心家，利用時機，藉此欲奪取政權。」在事件中，許多來台灣服務的外省籍公務員和眷屬，遭到毆打侮辱，「慘無人道，真是超出人情天理之外。」這種錯誤行為，應該立即停止。最後，說明中央對事件採取寬大處理、以德報怨的方針，「被脅迫盲從的青年學生應從速覺悟，回校上課，由家長保證悔過自新，當不究既往。」白部長並且承諾「負責轉飭軍警，不許擅自逮捕，並絕對保障各學生的安全。」希望台胞青年，一致安心努力學業，恪守校規，成為將來建設台灣和中國的幹部（講詞全文，參見本書第三二二頁）。

聽訓學生，由台灣大學學生葉嘉猷、台北女子師範學生郭月蟾等人代表，向白部長致答辭：「此次不幸事變，大多數人民之動機，只在要求改革政治，那些越軌的行動，僅為一時之衝動。祖國堅苦抗戰八年，解放台灣，台胞除感激祖國，希望祖國更興盛外，絕無任何惡意。世界上，沒有兒女不愛護自己的父母，我們皆為黃帝子孫，哪會不愛自己的祖國！今日所以有本省人和外省人之區別，全國五十一年隔離，在語言上、習慣上及觀念上，彼此皆有若干差異。今後，希望政府設法打破這些隔閡，盡速實現政治改革方案，並請政府保送大批學生前往內地讀書，俾使文化及感情迅速溝通。」[148]

晚間白崇禧在台灣廣播電台（即今天的台北二二八紀念館）所發表的廣播，長度四分半鐘，對象是海內外全國同胞。廣播的要點，首先是引發事件的遠、近因部分，和上午對學生講話的內容一致。地方秩序的現況，經過白氏巡行視察，「曾被暴徒襲擊之基隆、高雄兩要塞，並經過屏東、鳳山、台南、台中、彰化、新竹、桃園各縣市，這些地方，在事變當中，都被暴徒佔據，陷於極度混亂。現在秩序均已恢復，人民復業，照常工作。台東秩序恢復更早，看了十分欣慰。」至於政府今後治理台灣的方針，政治方面，是改組長官公署為省政府，省府各廳處，將優先選用本省籍優秀人才；經濟方面，積極整頓公營事業，扶助民營事業；在教育方面，「當加強國語、國文，積極傳播祖國傳統的道德和文化，一面更徹底剷除日本教育之餘毒，務使台灣與祖國密切連結，增進台胞與全國同胞的情感。」（廣播詞全文，參見本書第三一九頁）

受白崇禧之邀返台宣撫的監察委員丘念台，在今日清晨搭船抵達基隆。此時的台灣，看似已大致恢復秩序，但是檯面下仍然暗潮洶湧。丘念台一到基隆，因為急於了解情況，立刻託人持名片求見基隆市長石延漢。下午則由石市長陪同到台北，先晉見陳儀，再謁見白崇禧，商談安撫事宜。對於事件的善後情況，白部長與陳長官的態度，卻大不相同。據丘念台的觀察，「陳長官甚表樂觀，白部長則懷憂疑」。[149]

白崇禧部長赴醫院探視受傷人員。

丘念台還沒有抵台之前，就得知「台北的林茂生、陳炘、宋斐如和其他六七位地方有力紳仕，在事變幾天後，忽告下落不明，據說已被拘捕。」因此，丘氏在晉見陳儀時，當面向陳長官要求保釋林茂生、陳炘、宋斐如等人。陳儀卻回答：「我不知道這回事，所有拘捕的名單，已送交白部長了，你可去查！[150]」我們可以據此推測：丘念台在稍後謁見白崇禧時，便將林茂生等人失蹤情形，向白氏提及，而白部長隨即會同丘氏檢視警總於三月二十三日呈送的〈在押人犯一覽表〉（也就是陳儀稱已送交白部長的名單），兩相比對之後，察覺內情並不如陳儀所言，所以感到憂疑。

此時白崇禧的憂心疑慮，或許也能從此時「中統」呈給蔣中正的情報裡，得到佐證。在三月二十六、二十七日由「中統」局長葉秀峰具名呈送的台灣情報裡，指稱「陳長官彌亂失策」：

> 自白部長蒞台宣慰，並揭示處理事變四項原則後，台民極為感戴，惟陳長官善後處置仍採高壓政策，凡稍涉事變嫌疑者，每加毒殺，被害者已有四五十人，對青年學生妄殺尤多，

致使人心惶惑，社會益形不安，因之奸黨暴徒裹脅，青年學生逃避山間蕃地，聚集武器糧食，伺機蠢動，隱憂堪虞。

同時，根據「中統」在台運用人員的報告，陳儀「對中央處理台變原則未能誠意接受」，不但私底下四處策動各界人士，希圖製造「留任」的氣氛，並且對白崇禧一行包圍、監視：

> 陳長官對白部長採敷衍態度，對中央處理事變原則似不樂予接受，對白部長行動力加包圍，凡有晉謁者嚴受監視。現局面仍未明朗，學生畏當局仍嚴加追捕，未敢復課，警備部竟公開組織別動隊多組，台民恐懼萬分。陳長官現策動游彌堅、劉啟光等發動聯名向中央請求挽留，但威信已失，民心難服。[151]

透過與丘念台見面，並且綜合連日所見，此時白崇禧已經察覺：陳儀、柯遠芬為首的台灣省軍政當局，表面上口稱遵奉中央寬大方針，暗地裡仍然背著白崇禧、楊亮功，非法濫行捕殺，一直沒有停止。這就是隔日白崇禧作出重大政策宣示，以謀補救匡正的背景。[152]

148 林德龍輯註，《二二八官方機密史料》，頁116。

149 丘念台，《我的奮鬥史》，頁354。

150 同上，頁354-355。

151 〈葉秀峰呈蔣主席三月二十六、七日情報〉，侯坤宏編，《二二八事件檔案彙編（十七）》，頁350。報告全文，請見本書第三一八頁。

152 鄧君，〈二二八蔣君（軍）殘酷屠殺罪證〉，原刊於香港《大公報》，1951年2月28日，轉引自鄧孔昭，《二二八事件資料集》，頁424。

三月二十八日 來台第十二日

上午十時，於台北中山堂召集台省參議員、台北縣市參議員、各區區長、里長等地方基層幹部一千餘人訓話。

下午一時，視察台灣省專賣局所屬之樟腦工廠。

下午三時，召集台灣省警備總司令部參謀長柯遠芬、警總第二處處長林秀欒、憲兵第四團團長張慕陶、整編第二十一師一四六旅旅長岳星明等人舉行會議。

本日上午，白崇禧在台北市中山堂對台省參議員、台北縣市地方基層幹部一千餘人訓話，首先著重善後要點，分別是：一、對於一般被脅迫盲從的青年學生，希望從速覺悟，回校上課，由家長保證悔過自新，當不究既往。二、參與暴動份子，除首要主犯予以嚴辦，以振綱紀外，其情節較輕者，即准具保開釋。三、「共黨暴徒或被裹脅民眾，只要能知覺悟，將武器彈藥，繳送地方政府，悔過自新，出具保證，當予從寬處理」。至於今後治理台灣的措施，白氏宣示：一、今後新成立的省政府各機關，將盡量晉用本省人才。二、經濟政策，重工業應由國家接手，輕工業盡量由台胞興辦。三、貿易、專賣兩局的存廢問題，尚待妥慎研究處理。四、台省公有土地，將盡量分配給耕者，減輕農村負擔與地主剝削。五、教育方面，將建議中央，多派選內地師資來台擔任教育，同時選送台胞學生赴國內求學，以促進文化交流。最後，白崇禧作出結論：「總之現在事變已經大致平定，經過此次事變所得教訓，政府對於治理台灣，必更能求得合法合理方案。」（訓詞全文，參見本書第三二七頁。）

三月二十八日，白崇禧部長在台北中山堂，對台灣各級民意代表、省市政府、基層人員演講宣示。右為台北市長游彌堅。

下午三時白部長召集會議，出席會議的人員，正是目前拘留、逮捕人犯的各單位主官、管。在會議中，白崇禧作出四點指示：一、事件中人犯，應從速依法審判，在部長停留台灣期間，迅速處理完畢，並且將在押及已決人犯姓名、逮捕機關、處理情形造冊呈報，在押人犯除首要者外，其他可從寬處理；二、今後拘捕人犯，應公開依照規定手續為之；三、除警備總部外，任何單位不准逮捕人犯；四、參與事件之學生，准予復學免究；學生即行復課，復課後除共產黨外不得逮捕，如有不軌行為，可由校方依違反校規處罰[153]。同時，白崇禧又以國防部長身分，以上述四項辦法命令兼任台灣警備總司令的陳儀遵辦[154]。這四項指示，代表白崇禧已經得知警備總部仍在暗中進行非法捕殺，因而提出矯正補救，它實質上取消了警備總部的軍法終審權[155]，即時在槍口之下，拯救了許多條性命，其影響效應，我們將在後文中繼續論述。

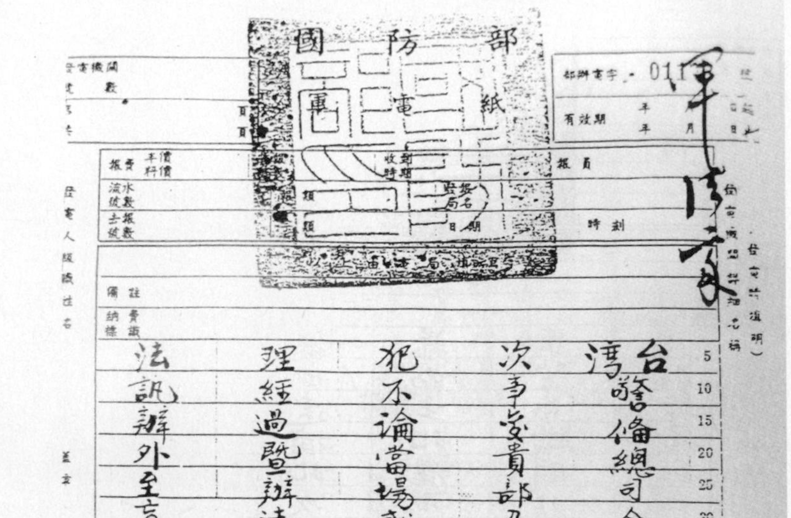

國防部 軍電紙

台湾警備總司令部陳總司令公洽兄勛鑒（一）希將此次事變貴部及所屬各機關部隊所逮捕之暴動人犯不論當場或事後其人數姓名身份案情及其處理經過暨辦法造冊具報（二）拘留人犯除首要應依法訊辦外至盲從附和情節輕微者可准予開釋（三

一　不得濫用加急標識　二　不得濫發非必要電報
三　絕對不准拍發私事　四　絕對不准將符號借他人使用

11

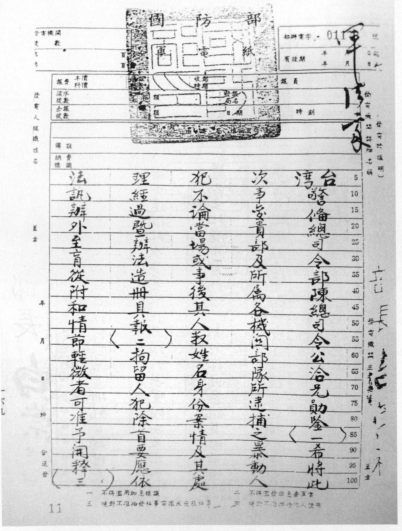

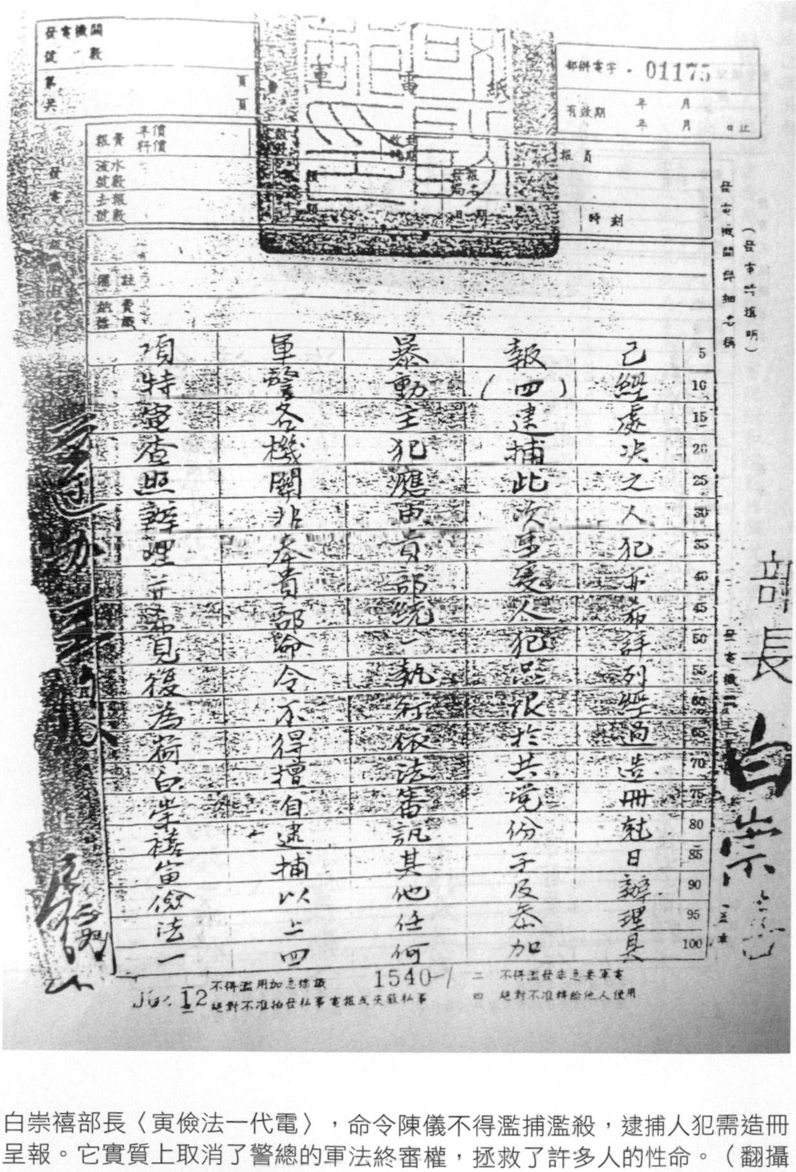

部辦電字．01175

已經處決之人犯亦須詳列經過造冊尅日辦理具
報（四）逮捕此次事變人犯應限於共黨份子及參加
暴動主犯應由負責部統一執行依法審訊其他任何
軍警各機關非奉負責部命令不得擅自逮捕以上四
項特電查照辦理並希見覆為荷白崇禧寅儉法一

部長 白崇禧

白崇禧部長〈寅儉法一代電〉，命令陳儀不得濫捕濫殺，逮捕人犯需造冊呈報。它實質上取消了警總的軍法終審權，拯救了許多人的性命。（翻攝自《二二八事件文獻補錄》）

而就是在今天的會議上，警總參謀長柯遠芬處置涉案人犯的態度，當面遭受白部長的駁斥。按照白崇禧後來受訪時的回憶，事情的經過是：

> 警總參謀長柯遠芬說，警總已命各縣鄉地方實行清鄉計畫，限期年底完成，有些地方上的暴民和土匪成群結黨，他說此等暴民淆亂地方，一定要懲處，寧可枉殺九十九個，只要殺死一個真的就可以，柯還引用列寧說的話，對敵人寬大，就是對同志殘酷。我糾正他，有罪者殺一懲百為適當，但古人說行一不義，殺一不辜而得天下者不為，今後對於犯案人民要公開逮捕，公開審訊，公開法辦，若暗中逮捕處置，即不冤枉，也可被人民懷疑為冤枉。[156]

這段話非常著名，流傳甚廣，日後被眾多著作所引用。白氏所重，在於制止濫行捕殺，以及程序正義。柯遠芬本人，在民國八十二年（一九九三）二月於美國加州接受台灣省文獻委員會人員訪問時，也坦承：

> 白崇禧來台召集將領談話時，我確實引用列寧在紅軍革命時所說過「能夠殺死九十九人，有一個真的就可以」這句話。我的意思是指在動亂時，暴徒傷亡，多在其攻擊軍警機關時所致，誰是共產黨誰不是共產黨，很難說，就像國軍剿匪戡亂時，雙方互殺許多人，難道個個都是共產黨嗎？[157]

比對雙方的回憶，在細節上稍有出入；但是，這番話顯示出當時柯遠芬的心態，不但不認為濫捕錯殺有過失，甚至自認為有功，才會在中央宣慰大員面前如此放言高論，將台胞視為「敵人」，反對寬大善後。柯氏說出今天這番話，確立白崇禧建議懲處他的決心。

這次會議，白崇禧另外作出幾點善後的具體指示，包括地方上的綏靖，由行政人員辦理，軍隊從旁協助，拘捕人犯須速審速決、從寬處理、整飭軍紀等。

153 〈白部長指示 二二八事件人犯 應從速依法審判 參加暴動青年學生免究〉，《台灣新生報》，民國三十六年三月二十九日，四版三欄題。引自林元輝編，《二二八事件台灣本地新聞史料彙編》，第一冊，頁 435。

154 〈白崇禧部長寅儉法一代電〉，中央研究院近代史研究所編，《二二八事件資料選輯》，第一冊（台北市：中央研究院近代史研究所，1992 年），頁 308-309。電報全文，參見本書第三二六頁。〈兼總司令陳儀電復〉，《二二八事件資料選輯》，第一冊，頁 310-314。

155 白崇禧此命令的法源根據，為民國三十年（一九四一）所訂定的《各省高級軍事機關代核軍法案件暫行辦法》（重慶市：軍事委員會軍法執行總監部，1944 年），第一條：「前項案件，經中央最高軍事機關認為有直接審核之必要時，得隨時飭令送核。」轉引自黃彰健，《二二八真相考證稿》，頁 54。

156 馬天綱、陳三井、賈廷詩、陳存恭訪問紀錄，《白崇禧先生訪問紀錄》，下冊，頁 567-568。

157 李宣鋒訪問、記錄，〈柯遠芬先生口述記錄〉，台灣省文獻委員會編，《二二八事件文獻補錄》（台中市：台灣省文獻委員會，1994 年），頁 132。

柯遠芬。（翻攝自國史館《二二八事件辭典》）

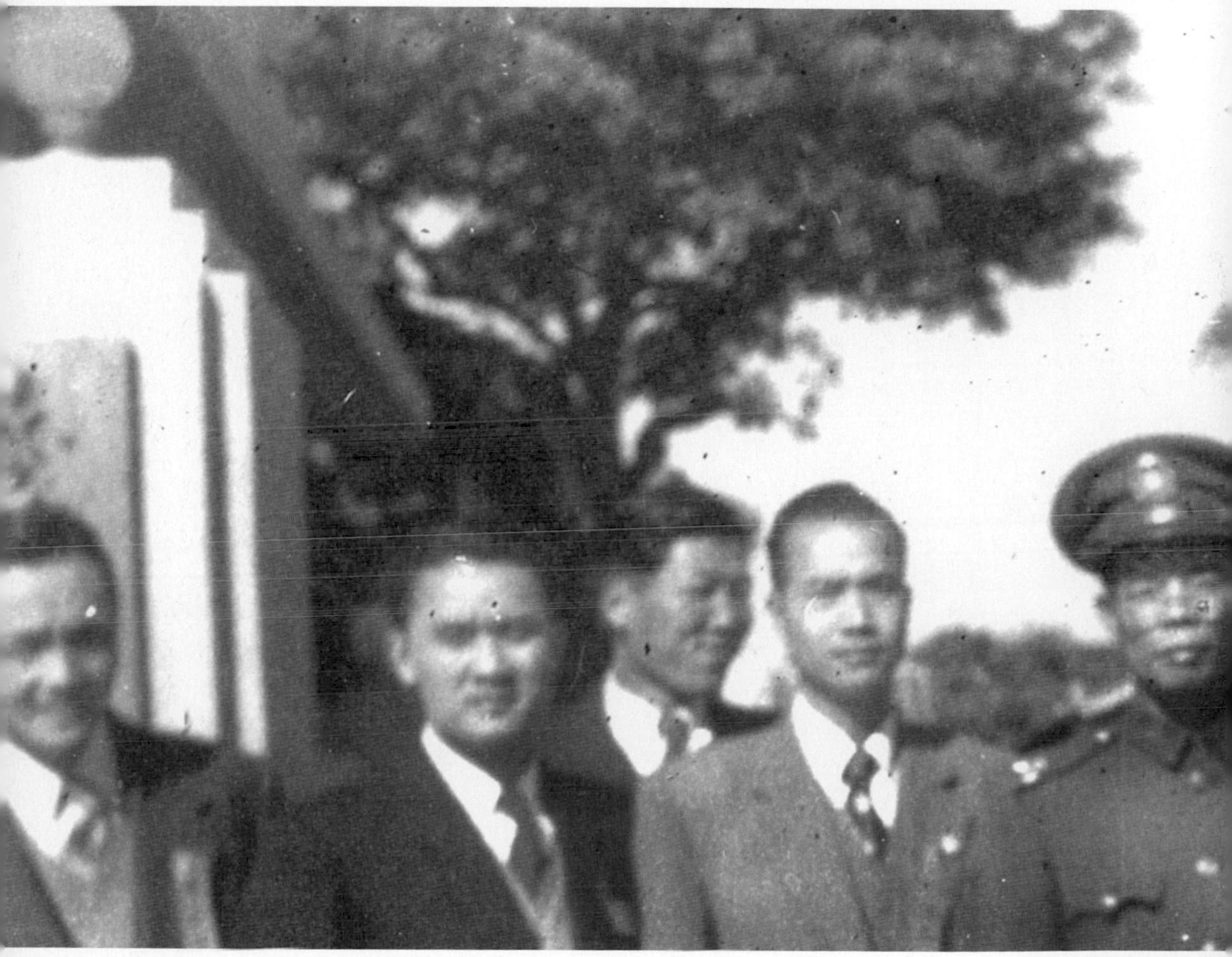

三月二十八日，白崇禧部長（右四）視察台灣省專賣局所屬樟腦工廠。
白崇禧部長對台灣經濟希望詳細了解，故百忙中還去視察樟腦工廠。
後來在向政府提出的台灣經濟改革中，建議將「專賣局」改制為「公賣局」。

來台第十三日　三月二十九日

上午十時，於圓山忠烈祠主持公祭。

下午三時，遊台北市動物園。

下午五時，往台北市植物園視察設於園內之台灣電影攝製場，由白克場長引導參觀。

今天是青年節，早晨氣候晴朗，白崇禧部長與陳儀長官連袂，在台北忠烈祠（即日本時代之圓山護國神社）主持台灣省光復後第二次「抗戰陣亡將士暨革命先烈」公祭。158

據中央社記者報導：白部長來台宣慰進入第十一日，今天是「較獲閒暇」的一日，未有來客拜會，也沒有主持會議。公祭結束後，白部長一行人就近參觀位於圓山的動物園。白崇禧對園中動物的年齡與生活很感興趣，園中有一頭年已二十八歲的印度象，體重達三公噸，每天要吃五百斤草料，白氏要隨員拍照記錄。下午五時，一行人來到南海路植物園內的台灣電影攝製場，由場長白克接待。電影攝製場的工作人員，此時正忙於剪輯白部長來台宣慰影片。白崇禧觀賞了白克所拍攝的「今日之台灣」影片，並由白克親自講解。白部長隨後指示，「該場以後應多攝此種影片，介紹至內地放映，以便內地人士多多了解台灣，以作文化上之交流」。159

白部長回到台北賓館後，省黨部主委李翼中求見。據李翼中的回憶，他這次求見，是向白崇禧報告：「部長赴各地宣慰，所到之處警衛森嚴，人民不敢出戶瞻仰豐采，可謂對官吏宣慰，並未對人民宣慰。」白氏聽後，感到訝異，並且詢問李翼中：他巡行各地，接見許多地方人士，但他們卻大多不願表示意見，這是何緣故（誠或有之，惟見地方人士多矣，均無多言，何也）？李翼中於是建議，個別召見，使他們暢所欲言，或許可以聽取真正的民意。白氏接受了他的建議，才有明日召見林獻堂密談之事。[160]

李翼中的回憶，略有膨脹自己的角色和建議之嫌，因為白崇禧在來台之前，就已注重對台灣民意的了解，並且在到台宣慰後，和林獻堂等人多次會見，並非此時才聽從李氏的建言。但是這則憶述，又為白氏在台行程遭受包圍監視、以及召見林獻堂受阻等情形，提供了一個旁證。

158 〈踏著先烈的血跡 完成台灣的建設〉，《台灣新生報》，民國三十六年三月三十日，四版「台北風情」邊欄，二欄題。引自林元輝編，《二二八事件台灣本地新聞史料彙編》，第一冊，頁 445-447。

159 〈白部長參觀 電影攝製場及動物園〉，《台灣新生報》，民國三十六年三月三十日，四版二欄題。引自林元輝編，《二二八事件台灣本地新聞史料彙編》，第一冊，頁 447-448。

160 李翼中，《帽簷述事—台事親歷記》，頁 392。

來台第十四日
三月三十日

上午，接見范壽康處長、陸志鴻校長。
下午二時，和陳儀長官晤談。召集在台軍政首長，開會討論善後問題。
會後，與監察委員丘念台外出。

上午白崇禧部長召見台大校長陸志鴻、長官公署教育處長范壽康，主要討論的問題，是對於學生返校復課的處理。儘管白部長與長官公署當局再三保證，對參與事件學生既往不究，從寬處置，但是氣氛仍然相當肅殺。「中統」呈給蔣中正的情報，即是證明；另外，據當時一位大陸記者的報導：

全台各地，為了要肅清「暴徒」，每區里鄰，以十家連環保坐法，實施清鄉圍剿工作，大肆拘捕暴亂人犯，尤其對學生防範更嚴。據台灣省警備總司令部規定：凡曾參加暴動之青年學生，必須由其家長或親屬繳交特別保證書及照片，在特別保證書上，必須由學生加蓋指紋，由家長或親屬陪至學校，保證悔過自新後，始准復學。但學生在路上時，因時有失蹤情事發生，故學生皆惶惶然無心讀書。[161]

白崇禧察覺此種情形，於是召集教育相關主管官員商討，簡化復學程序，不需繳交保證書，也不必拍攝照片，「只由其家長負責告誡，率領到校，即可准其復課」。兩日後，經長官公署教育處公告實施。[162]

同日，白崇禧向南京蔣主席拍發密電，報告今日召集台灣軍政官員商討善後問題，即將結束宣慰任務，返京覆命。[163]

---

161 唐賢龍，〈台灣事變內幕記（節錄）〉，引自鄧孔昭（編），《二二八事件資料集》，頁101。

162 〈台灣省行政長官公署教育處公告〉，《台灣新生報》，民國三十六年四月一日，頭版，四欄高，引自林元輝編，《二二八事件台灣本地新聞史料彙編》，第一冊，頁。公告全文，請參見本書第三三三頁。

163 〈白崇禧呈蔣主席三月卅日電〉，侯坤宏編，《二二八事件檔案彙編（十七）》，頁358。電報全文，請參見本書第三三一頁。

來台第十五日

三月三十一日

上午八時許，邀林獻堂前往台北賓館談話。

接著，前往台灣大學宣慰。

下午三時，與陳儀、葛敬恩、柯遠芬等會議。

同日上午，何孝元司長在台北賓館召集「處理二二八事件拘捕人犯小組會議」。

晚間九時，於丘念台陪同下，再與林獻堂相談八十分鐘。

今日白崇禧的行程，除了繼續昨日的關切重點外，還加緊聽取本地仕紳意見，以作為建議改革台灣施政的參考。上午，白崇禧首先與林獻堂會談。根據林獻堂今日日記：上午八時二十分，白部長派車到旅社，接昨日下午抵達台北的林獻堂，到台北賓館去面談。白崇禧一見面即對林氏表示：「學生若有參加暴動者亦一概不追究」。林獻堂回應，他見到「台中新聞有報道學生限至三十一日若不復校，必將其氏名交二十一師以暴徒辦理。」白氏聞後，「即命其訂正，不用寫真（照相），不用保證，不論何時父兄率之歸校則可矣。」林獻堂聽後，「深謝其善於處置。」接著，白部長向林獻堂透露，長官公署已決定改組為省政府，省府採合議制，設省府委員十五人，「請推薦本省之有用人才」。林獻堂告退之後，到省參議會議長黃朝琴處，研商推薦名單，列舉「有才幹者」二十餘人。晚間近九時，由丘念台陪同，並擔任傳譯，林獻堂再次和白崇禧會面，林氏呈上擬妥的省府委員推薦名單，兩人面談八十分鐘。[164]

在晚間的會談中，林獻堂委婉向白部長表達：希望中央撤換陳儀。白崇禧以試探口吻問林獻堂：「陳長官是否需要更調？」據擔任傳譯的丘念台回憶，林獻堂沒有直接答覆，但委婉表示，外界傳聞將擔任台灣省主席的朱紹良，是主政台灣的合適人選[165]。未在現場的省黨部主委李翼中，事後聽丘念台轉述，所記卻更為詳細：「當語及台灣省政時，林氏特舉朱紹良主席之治西北，以為西北民情習俗與中原異，朱氏臨民不擾，民安而順，使中央無西顧之憂，若得如其人者治台，台灣之幸。辭雖婉約而情自見，可謂善於辭令者矣。[166]」林獻堂、丘念台、李翼中三人出身背景、派系各自不同，但是對於陳儀是否應該撤換，卻抱持一致立場。[167]

上午與林獻堂會談後，白崇禧再次前往台灣大學宣慰，此行主要宣慰的對象，是台大的教、職員。台大在二二八事件爆發後，曾停課兩星期，此時已經復課，全校共有學生一千三百三十八人，事件後還有兩百多人尚未返校上課。白部長一行到台大所屬的台灣農業試驗所、工業試驗所、海洋研究所等各單位，宣慰該校教授與高級技師[168]。對於台大日籍教員，白氏認為應當留用，此點與陳儀意見不合。據陳儀虞日（四月八日）呈蔣主席電文，主張將全部留台日僑遣返，台大日籍教授自然包括在內，陳儀與白崇禧就此事進行會商，「而白部長似不同意」。[169]

同日上午九時半，在台北賓館，由國防部法制司何孝元司長主持「處理二二八事件拘捕人犯小組」會議。與會者包括警總軍法處徐世賢處長、整編第二十一師劉雨卿師長、高雄要塞彭孟緝司令、憲兵第四團張慕陶團長等人出席。警總參謀長柯遠芬並未出席。會中，何司長根據警備總部及二十一師、憲四團、高雄要塞等送呈名單，報告本次事件全省在押人犯共七百零四名。而處理在押人犯，以昨日白部長宣示的原則辦理。據會議紀錄，何孝元建議，在押人犯可區分為暴動份子、共黨份子、流氓、學生四類。前三類人犯，首要者，「不論為共黨、流氓、學生、公教人員或人民，均從嚴處辦」；附和者，則由主管機關斟酌情形從寬辦理。至於參加暴動的學生，「念其年幼無知，減等處刑，其盲從附和者，一律予以保釋。」獲得全體與會人員通過。[170]

164 林獻堂（著）、許雪姬（編註），《灌園先生日記》，第十九冊，頁 195。

165 丘念台，《我的奮鬥史》，頁 356。

166 李翼中，《帽簷述事—台事親歷記》，頁 408。

167 陳儀表面向中央請辭，私下則策動台灣各界慰留。林獻堂與丘念台都曾接到來自陳儀方面的暗示，要求代向南京慰留。如林獻堂三月十八日日記：「陳嵐峰少將來訪，言聞說欲挽留陳儀切為不可，乃將昨日李萬倖（居）提挽留之事告之。」林獻堂（著）、許雪姬（編註），《灌園先生日記》，第十九冊，頁 170；丘念台在回憶錄裡提及，長官公署智囊團一直在運作台灣各界發起慰留陳儀，更曾數度徵詢丘氏，甚至以出任省府教育廳廳長，做為交換條件，皆為丘念台婉詞拒絕。見丘念台，《我的奮鬥史》，頁 356。

168 〈白部長昨與陳長官　邀各首長舉行會議　白氏曾赴台灣大學宣慰〉，《台灣新生報》，民國三十六年四月一日，四版，頭條，四欄題，引自林元輝編，《二二八事件台灣本地新聞史料彙編》，第一冊，頁 481-482。

169 〈陳儀呈蔣主席四月虞電〉，侯坤宏編，《二二八事件檔案彙編（十七）》，頁 419。

170 〈處理二二八事件拘捕人犯小組會討論紀錄〉，中央研究院近代史研究所編，《二二八事件資料選輯》，第一冊，頁 395-397。

來台第十六日 四月一日

下午五時，於台北賓館舉行抵台後首次記者招待會，發表書面談話。會後，接見瑞芳鎮長李建興之母李白氏，談話後合影留念。

晚間六時半，於台北賓館招待各機關首長及地方仕紳五十餘人。

今日下午，白崇禧召開離台前記者招待會，發表事先擬就的書面談話，主要內容，首先圍繞涉案人犯的處置程序，共有五項：（一）逮捕人犯須依合法手續。（二）審理務求公允迅速。（三）遇有特殊重大案件，須呈國防部核准施行。（四）逮捕人犯應由警備總部統一辦理。（五）處決人犯應宣布罪狀，當眾執行，以收殺一儆百之效，所有事變中捕獲在押人犯，除共黨暴徒首要份子應依法嚴辦外，其餘盲從附和者，如情節輕微，即准具保開釋，在清鄉期內逮捕人犯，亦僅限於共黨首要暴徒，及私藏武器彈藥遲不繳出者。又高雄市因地方情形特殊，且組織二二八事件嫌疑人犯調查委員會，由當地軍政民意機關司法機關審慎處理，其情節輕微者，即准保釋，情節重大者仍須由軍事機關會同司法人員組織會審，並報告警備總部覆核，以昭鄭重。另外，「在事變中因共黨暴徒煽惑盲從之青年學生，中央為愛護此輩青年，予以自新，以為未來建省建國之幹部，一律從寬免究，只須由其家長負責告誡，率領到校，即准回校復課。」

其次是今後台灣治理措施的建議。白崇禧經過巡視各地訪查，聽取各方人士意見，加上個人觀感，得出下列建議。在政治方面：一、長官公署將改組為省政府，為了適應台灣省的特殊需求，省府委員將增設為十五人，各廳處局將增設副首長，「以便盡先選用台籍賢能人士，培養高級政治人才。」二、各縣市長，將定期民選，在準備未完成以前，應遴選富有資望的地方賢能充任。在經濟方面：一、台灣省重工業應歸國營，或與省合營，輕工業則盡量開放獎勵民營，並以由台民多數集資辦理為原則。二、台灣省公有土地依法放租。三、撤銷專賣局，另設菸酒公賣局，貿易局擬改為類似物資供應局的機構。在教育方面：一、建議教育部選拔內地優秀師資，來台辦理教育，同時也獎勵台籍學生赴內地求學，以培養師資，並促進文化交流。二、台灣省家庭持有收音機達十萬架以上，今後可以利用這項優勢，辦理廣播教育，推廣國語教學。三、利用電影，「應注意運用富有民族思想愛國精神者，以激發台胞對國家觀念，民族意識之增進」。更應注意高山族同胞之教育。結尾時，白崇禧呼籲全省各界人士，不分本省外省，一致精誠團結，協力同心，為建設台灣，建設中國而努力。（談話全文，參見本書第三三六頁）[171]

在記者會結束後，白部長第二次與瑞芳鎮長李建興之母李白娘見面，並合影留念[172]。根據白克的隨行側記：

白部長離台灣的前一個晚上，有一位老太太到台北賓館去看他，這位老太太年已八十五歲，一雙三寸金蓮走路十分不便，家中頗為富有，去年曾捐法幣一千萬元贈中央大學，白部長在百忙中親自接見這位老太太。這位老太太外家姓白，是福建安溪人，嫁給姓李的台灣人。她說：「想不到我們白家出了這樣一位統管陸海空軍的部長，我活得這樣老了，我聽說部長來台灣，我一定要看看他，今天真的讓我看到了。」白部長聽了高聲大笑，隨即和這位老太太談家常一樣談起來，臨行白部長扶著她出門送上汽車，這位老太太撫摸著白部長的手久久不忍釋，帶著一眶熱淚登車而去。[173]

其實，三月十七日當天，李白氏已經在其長子李建興陪同下，求見白崇禧，為台灣民眾請命，求中央寬大處理，白克和其他新聞記者因為未隨同在場，誤以為今日李白氏和白部長是首次見面。[174]

晚間六時半，白部長繼續在台北賓館招待各機關首長與仕紳五十餘人，並就政治、教育、經濟各方面改進措施交換意見[175]。與會者有台北市長游彌堅、省參議會議長黃朝琴、省參議會祕書長、國大代表連震東等人，而由林獻堂再次代表台灣各界致謝詞[176]。在席間，白崇禧表示：「台省過去曾有極光榮之歷史，如鄭成功之反清復明，以台灣作根據地。嗣後光緒甲午年間，先賢唐景崧、劉永福及丘逢甲諸公，內抗滿清專制，外拒日本強權，此種忠肝義膽，革命精神，誠堪敬佩。惟過去在日本統治時代，不准台胞崇祀抗日先賢唐景崧、劉永福、丘逢甲諸氏，余希望由民意機關各父老發起，分別於各縣市，將各先賢名字分別用作路名，或公園名稱，俾褒揚忠烈，激發民族思想，藉留永久紀念。更盼將諸先賢之光榮革命事跡，編纂成文，普及一般學生及民眾，發揚先賢革命精神以作後世之楷模。」宴席在晚間八時許結束。[177]

---

171 〈白部長昨招待記者　發表重要書面談話　說明今後治理台灣措施建議　並與機關首長仕紳交換意見〉，《台灣新生報》，民國三十六年四月二日，四版，頭條，五欄題，引自林元輝編，《二二八事件台灣本地新聞史料彙編》，第一冊，頁 502-505。

172 〈白部長曾接見　高齡白姓老婦〉，《台灣新生報》，民國三十六年四月二日，四版，三欄題，引自林元輝編，《二二八事件台灣本地新聞史料彙編》，第一冊，頁 505-506。

173 白克，〈隨白部長宣慰〉，頁 32。

174 白克所撰〈隨白部長宣慰〉一文，稿成於四月四日，距離四月一日白部長會見李白娘相隔只有三天，所記日期時間與談話情節清晰，應屬正確無誤；而對比李建興〈敬悼白上將健生先生〉一文，記載其母和白部長會面的過程與談話之情節內容，則顯然不同。因此，筆者判斷，李白娘應在三月十七日、四月一日兩次與白崇禧會面。前次是李白娘攜子主動求見，為台民請命，後者則可能是白部長離台前夕，再次約見。

175 〈白部長昨招待記者　發表重要書面談話　說明今後治理台灣措施建議　並與機關首長仕紳交換意見〉，《台灣新生報》，民國三十六年四月二日，頁 502。

176 林獻堂（著）、許雪姬（編註），《灌園先生日記》，第十九冊，頁 202。

177 〈勗勉地方父老　表揚忠烈激發民族思想〉，《台灣新生報》，民國三十六年四月三日，二版，三欄題，引自林元輝編，《二二八事件台灣本地新聞史料彙編》，第一冊，頁 519-520。

民國四十年代初，瑞芳鎮，白崇禧將軍（前排右二）訪李老太太李白娘（前排中），
與李家人、李建興（後排右三）合影，前排右四是何應欽。

白崇禧將軍與李白娘合影。

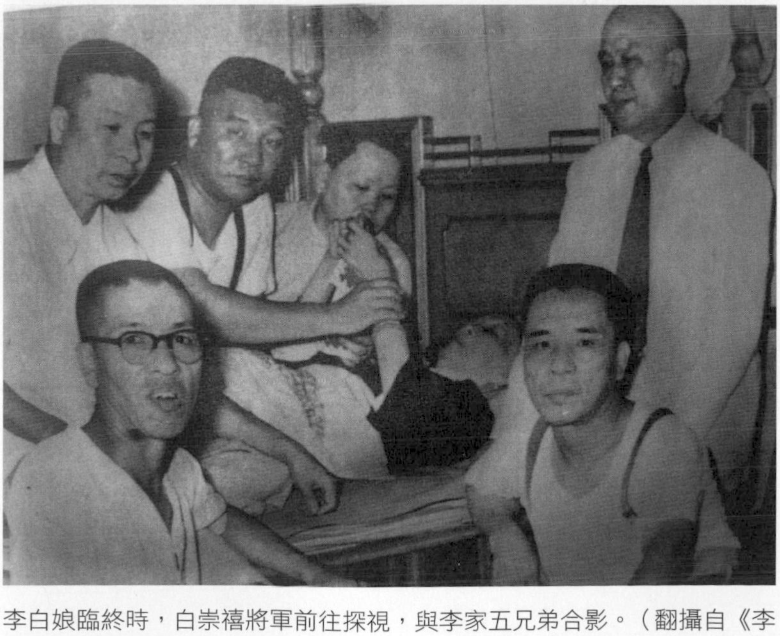

李白娘臨終時，白崇禧將軍前往探視，與李家五兄弟合影。（翻攝自《李建興先生紀念集》）

四月二日 飛返南京覆命

上午九時二十分，搭乘專機離台，返京覆命。丘念台同機赴京。

上午九時，白崇禧部長與隨員在陳儀長官、葛敬恩祕書長等人的陪同下，到達松山機場。空軍兩架專機，已經在機坪等候。長官公署、省黨部、省參議會、三青團等各界百餘人在場歡送。白崇禧在登機之前，對中央社記者發表書面談話：「此次事變中逮捕之人犯，余已囑台省軍政主管機關依法審理，迅速結案。其情節輕微者，一律准予保釋。圖謀叛亂之首要份子，即當依法嚴懲，明正典刑，務求不縱不枉，以安民心。現台省尚在綏靖時期，望我全台父老本軍民合作之精神，一致協力，安定地方，除飭駐台各部隊官兵恪遵紀律外，並由台灣警備總部密切注意。倘有違法擾民情事，即按情輕重，依法嚴懲。並准民眾檢舉申訴。」白氏與隨員隨即在整編二十一師軍樂隊的奏樂聲中，登機起飛，返京覆命。[178]

據同機返回南京的丘念台回憶，在「座機快到南京時」，白部長向他談起台灣善後措施：「陳長官是必須調換的了。」丘氏順勢提出意見，認為「與此次事變相關的在台軍政長官，都應該依據功罪調換一下，才能和緩台胞的情緒，使對中央存有敬畏之心。」[179]

白氏搭乘的專機，於中午十二時半降落南京空運大隊機場，海軍代總司令桂永清、第八綏靖區司令官夏威、國防部次長秦德純等軍政官員到場迎接。白崇禧下機後對中央社記者表示：「台灣現已平靜。此次秉承主席寬大精神，處理台灣事件，現已結束。除確有犯罪行為者外，其餘均已釋放。中央已決定將台灣行政長官公署改為省政府，余曾在廣播中予以說明。[180]」到此，為期十六天的宣慰之行，暫告一段落；而關於後續人事調整與台灣施政改革的各項建議，則正待提出。

---

178 〈白部長昨返京覆命　行前發表書面談話　再度申述肅清叛亂份子方針　並盼軍民一致協力安定地方〉，《台灣新生報》，民國三十六年四月三日，二版，頭條，五欄題，引自林元輝編，《二二八事件台灣本地新聞史料彙編》，第一冊，頁517-519。

179 丘念台，《我的奮鬥史》，頁359-360。

180 〈白部長昨返京覆命　行前發表書面談話　再度申述肅清叛亂份子方針　並盼軍民一致協力安定地方〉，頁519。

四月二日，白崇禧部長完成宣慰，返京覆命，陳儀（右邊臉朝後者）等到松山機場送行。

【返京後建議與獎懲】

白崇禧於晚年接受口述歷史訪談時，簡要總結台灣宣慰之行後的建議：

在台兩周餘，我事畢返南京，我建議將長官公署改為省政府，將台灣警備總司令部改為警備司令部，調高雄要塞司令彭孟緝為警備司令，陳儀及柯遠芬皆應懲罰，陳儀調離台灣。[181]

而詳細考察白氏宣慰之行後對中央提出的人事獎懲建議，以及其餘波，則當中還有更多可以討論之處。

四月二日中午，白崇禧返抵南京，下機之後，先回大悲巷官邸休息。不久，台籍旅居京滬人士楊肇嘉、張邦傑等二十餘人便前往請願，由白部長親自接見。請願人士提出七項要求：

一、立即撤換陳儀、柯遠芬，交付軍法審判。
二、嚴行約束部隊紀律。
三、停止清鄉。
四、履行寬大處理、既往不究諾言，對事變相關人員不再追究。
五、組織調查團，查明人民死傷人數及本案責任者，撫卹被害人民。

六、准各民間報刊復刊，並由政府賠償損失。

七、勸導青年學生返校上課。[182]

白崇禧對上述要求如何答覆，還有待進一步的查考。不過，旅京滬台灣團體似乎對白氏的回答不甚滿意，因為在十天之後，該團體召開記者招待會，發表「台灣事件報告書」，稱台灣恐怖行為仍在繼續，「殺人最多之部隊為陳儀私人武力之特務大隊、別動總隊，與駐防高雄、基隆兩要塞之部隊。捕人最多者為憲兵第四團。」而「蔣主席白部長所一再發表寬大處理之諾言從未兌現，甚至被利用為誘騙台胞出而就戮之工具，白部長離台之前一日尚有參議員及中學校長等五人被捕。[183]」對於這種指控，蔣中正在四月上旬已下令查報，陳儀於旅京滬台人團體發表「報告書」的前一日（十一日），呈報蔣主席密電，稱「自國軍到台，防務加強，白部長亦於寅篠（即三月十七日）蒞台，秩序即行恢復，所有懲捕人犯及處理情形，均經當面詳晰陳報，並承指示辦理。原報所稱二十九日至卅一日期間，多人被殺，及不問情由，槍決格殺各節，純屬奸徒憑空揑造」。軍務局幕僚的簽註意見為：「核與白部長返京後之報告尚屬相符。」[184]

當時謠諑紛傳，台灣情形究竟如何，即使身在台灣，也不易得知全貌。事後看來，違法逮捕與處決最為嚴重、台灣民眾最為恐慌的時期，應該是三月八日國軍援軍登陸後，到十七日白崇禧抵台宣慰之前這九天。陳儀的覆電，係以白崇禧抵台後秩序大致底定的情況，來搪塞南京方面的查報。不可否認，白崇禧在台灣宣慰期間，軍警違法逮捕、不經審判就行刑處決的情況，並未完全停止。但是，白部長到台之後，便致力於秩序的恢復，並且在陳儀、柯遠芬的監視包圍之中，仍然盡力挽救許多無辜被捕的人士（詳下文），也是事實。如前述台籍人士旅居京滬團體領袖之一的楊肇嘉，日後在其回憶錄裡就認為「經白部長在台半月的努力，及遵照蔣主席寬大原則的處理，台灣的秩序總算恢復得很快。[185]」這應是較為公允的評價。

四月六日，白崇禧完成〈宣慰台灣報告書〉，編撰成冊，該報告書內容詳細，共分為三大類：事變原因及其經過與處理、宣慰經過、對今後台政改進意見。報告書的內容，將在下節介紹和分析。

四月七日上午九時，白崇禧在國民政府國父紀念週報告赴台宣慰經過。對於台灣事變的遠因，白崇禧認為有三：第一，過去台灣民眾受日本統治，受日本偏狹教育，因此對祖國的政府、軍隊，均留有不良印象；其次，日人統治時訓練之無業流氓，在光復後返回故里，擾亂社會；第三，受到戰爭影響，台灣經濟衰退，受日本徵調參軍的壯丁陸續遣回，更使失業問題嚴重。[186]

對於二二八事件的近因，白崇禧在報告時指出：

一、經濟方面，日本戰敗後，無力繼續對台灣提供肥料，致使台灣原有的米、糖生產大受影響，加上戰後工廠生產尚不能完全恢復，工人失業者為數不少。在此情形下，人民不滿現狀，自不待言。而貿易、專賣兩局統制範圍太廣，民營工商業範圍日狹，使得人民生計困難，也使失業人數增加。

二、人事行政方面，長官公署八處正副主管當中，台籍只有一人；全省八縣九市首長當中，台籍只占二人。而各級行政人員當中，雖然頗多廉能之士，亦存在操守低劣者。對上述問題，台人皆甚為不滿。

三、共黨份子與少數野心家利用光復後台灣之言論自由，詆毀政府，挑撥台胞與內地來台服務公務人員間的情感。遠因與近因交織，便藉由緝菸事件，作為擴大暴動之導火線。

對於台灣施政的改善，白崇禧經過在台實際觀察，以及徵詢各方意見後，在報告中提出下列各項建議：

一、長官公署應改組為省政府。

二、省府委員人數略增，省府各廳處增設副首長。

三、台灣省重工業歸國營或與省合營，輕工業開放民營。
四、台省公有土地應按法規放租，分配給真正農民耕種，以裕民生。
五、撤銷專賣局，改設菸酒公賣局，撤銷貿易局，另設物資供應局。
六、各縣市各級主管，以台籍賢能優先任用。
七、建議監察院在台灣專設監察使署，以充分行使監察職權，澄清吏治，杜絕貪汙。187

同日下午四時，白崇禧部長出席國民黨中央宣傳部舉行的記者會，就台灣宣慰之行，回答中外記者詢問。白崇禧的答覆，可歸納為下列幾項：

一、台灣省行政長官公署改組省政府，原任陳儀長官去留，以及新任省政府主席人選，留待蔣主席決定。
二、對台灣省政改革所提出的各項建議，是綜合蔣主席指示、加上個人在台觀察所及而成，相信大部分都能為政府接受。
三、《密勒氏評論報》報導稱，台灣事變時，台人傷亡約五千餘人，數字不確；確實數字為死亡三百零四人，受傷一千五百五十六人，另外官民傷亡四百四十人。
四、事變時，地方政府被暴徒劫持去的軍火，多數已經繳回。
五、局勢平靖後，潛逃入山區的暴徒人數，約有四十餘人，以女共產黨員謝雪紅為首。
六、報載政府於三月初派遣第十四師、第十七師前往台灣，並無其事；政府派往台灣的是整編第二十一師，在上海、海州兩地登船。
七、白氏在台時，並未下令封閉報館，並且「生平並未封閉一個報館」。
八、事件所捕人犯，均依法審問。188

四月十一日，白崇禧自南京拍發密電給台灣省參議會，談到此次所提出的各項台灣省政改革措施，在蔣主席返回南京後，會呈其核定實施；而目前最為切要者，是調整台幣的匯兌比率，以及放寬台糖出口之限制。[189]

台灣各界對於白部長來台宣慰的反應，已如前文所述。四月十四日，蔣中正結束返鄉掃墓行程，自上海搭乘專機返抵南京。當日下午五時半，在官邸接見白崇禧，聽取台灣之行報告[190]。蔣主席對於白部長此次宣慰台灣之行，似乎頗感滿意。據桂系要員程思遠回憶：「白返南京後，蔣擬以白任張群內閣的副院長仍兼國防部長以酬其功，但白力辭。這是蔣白關係比較融洽的一個時期。」[191]

181 馬天綱、陳三井、賈廷詩、陳存恭訪問紀錄，《白崇禧先生訪問紀錄》，下冊，頁 568。

182 〈南京二日電〉，《申報》，民國三十六年四月三日，轉引自黃嘉謨，〈白崇禧宣慰台灣紀實〉，頁 21。

183 〈台灣旅京滬七團體關於台灣事件報告書〉，收於台灣省文獻委員會編，《二二八事件文獻補錄》，頁 693-697。

184 〈陳儀呈蔣主席四月真電〉，《二二八事件檔案彙編（十七）》，頁 420。電報節錄，見本書第三七五頁。

185 楊肇嘉，《楊肇嘉回憶錄》，頁 361。

186 〈今後治理台灣方針　白部長提六項建議　陳儀日內離台晉京述職〉，《申報》，民國三十六年四月八日，頭版，第一張。

187 同上。

188 〈白部長告記者　從未封閉報館　否認鮑威爾之言〉，《申報》，民國三十六年四月八日，頭版，第一張。按：鮑惠爾結束台灣採訪回到上海後，發稿稱台灣事件死者至少在五千人以上；並指出台中《和平日報》因刊載國民黨全會陳儀撤職查辦案，令白部長「不悅」（displeased）而遭勒令停刊。見 John W. Powell, "Taiwan's Blood Bath," China Weekly Review, Vol.105, No.5 (March 29, 1947), 115, and Powell, "Good Government, Common Sense

Needed in Administrating Taiwan," China Weekly Review, Vol. 105, No. 6 (April 5 1947), 143. 在白氏反駁鮑惠爾報導不實之後，該刊於隔週再次回應，稱白部長雖然確未親自下令查封報館，但是卻「默許」（gave his consent）《和平日報》的停刊。見" General Pai' s Denial," China Weekly Review, Vol.105, No.7 (April 12 1947), 168.

189 〈白崇禧返京建議目前台灣最切要者為調整台幣比率及台糖出口限制〉，《台灣省參議會檔案》，識別號：001_21_400_36003，查檢日期：2013 年 12 月 27 日，台灣史檔案資源系統，中央研究院台灣史研究所。

190 〈主席昨午安返首都　接見白崇禧聽取台灣事件報告　離滬前垂詢經濟狀況〉，《申報》，民國 36 年 4 月 15 日，第一張。

191 見文思（主編），《我所知道的白崇禧》，頁 153-154。

【建議撤換陳儀】

白崇禧在提出善後措施意見以後，接著就是提出台灣軍政首長人事的獎懲建議。台灣省行政長官兼警備總司令陳儀的去留，自然最受到矚目。白氏返回南京後，並未再就省主席人選，向蔣主席上簽呈報告。但是根據前述丘念台的回憶，白部長在宣慰過程中，便已經認定「陳長官是必須調換的了」；白崇禧對於陳儀必須離台的看法，在宣慰成行前後始終一致，不曾更改。另據丘念台憶述：

> 中央對於陳儀長官，原無更換之意，迨至白部長回京報告後，中央覺得情勢不佳，始才決定換人。[192]

可見陳儀之所以無法續留台灣，出任改組後的台灣省主席，白崇禧的看法起到重要作用。

民國三十六年三月二十八日，台灣省行政長官陳儀正式提出辭呈，三十一日，蔣主席批准。四月二十二日，行政院第七八四次院會通過決議，撤銷台灣省行政長官公署，設立台灣省政府，首任省政府主席，經蔣中正核定，由當時的立法院副院長魏道明（1900-1978）出任[193]。四月二十九日，行政院院會決議台灣省政府委員十五人名單，當中本省籍人士占七人（丘念台、南志信、游彌堅、陳啟清、林獻堂、杜聰明、劉兼善）；各廳處正副首長二十二人，本省籍人士占十二人，有「首席廳」之稱的民政廳，則規劃由中央、地方都能信賴的丘念台接掌[194]。五月十六日，台灣省政府委員會正式開始運作，省主席魏道明於同日宣布戒嚴解除，清鄉結束。[195]

五月十一日上午九時半，陳儀搭乘「自強號」專機離台飛南京[196]。陳儀雖黯然離台，卻於不久之後復起，出掌浙江省政。但是，不到兩年的時間，他便遭到免職，隨後被逮捕軟禁，最後更被槍決。陳儀之所以突然被捕，原因與二二八事件關連不大，乃是他見國共內戰局勢漸對國民黨不利，在三十八年一月底，遣其外甥丁名楠到上海，向與他情同父子、此時擔任京滬杭警備總司令的湯恩伯遞送親筆信函，要湯停止抵抗，改編部隊，迎候中共接收，遭到湯的密告[197]。陳儀隨即遭到免職，並且被保密局人員扣押，送至台灣軟禁。民國三十九年六月十四日，「復行視事」已經三個月的蔣中正總統，在國防部軍法局檢呈的「陳儀叛亂案」卷宗上批示：「准處死刑可也」。六月十八日上午五時，陳儀遭到槍決，享年六十八歲。[198]

[192] 丘念台，《我的奮鬥史》，頁360。

[193] 魏道明之所以出線，據說也與白崇禧返京後，建議「以文人擔任台省主席」有間接關係。見劉弼，〈談「小諸葛」白崇禧〉，《傳記文學》，第十二卷第三期（1972年3月），頁72。

[194] 但是丘念台不願出任，僅欲以監察委員、黨職身分作為台灣與中央之間的溝通橋梁，因此稱病不就職，於是民政廳長一職，由台灣省政府委員朱佛定代理，一直到民國三十八年十二月方才卸任。朱佛定（1889-1981），江蘇江陰人，原名文黼，字佛定，以字行。朱佛定早年留學歐洲，獲得巴黎大學碩士、日內瓦大學法學博士，並擔任巴黎和會中國代表團祕書。朱佛定與桂系的關係極為密切，是李宗仁、白崇禧延攬建設廣西的外省人才。他從民國十七年起，擔任北伐軍第四集團軍（即廣西軍）祕書長，歷任廣西大學校長、桂系長期主政的安徽省政府代理主席（原主席為李宗仁）等職。見千家駒，《從追求到幻滅：一個中國經濟學家的自傳》（台北市：時報文化，1993年），頁98-99。朱佛定被任命為台灣省政府委員，必定與白崇禧的推薦有關，相關證據，還有待進一步查考。

[195] 林獻堂（著）、許雪姬（編註），《灌園先生日記》，第十九冊，頁289。

196 《台灣新生報》，民國 36 年 5 月 12 日，二版，林元輝編註，《二二八事件台灣本地新聞史料彙編》，第二冊，頁 1057。

197 湯恩伯（1899-1954），原名克勤，浙江武義人，畢業於私立杭州體育學校，曾在援閩浙軍服役，受當時擔任浙軍第一師師長的陳儀資助盤纏，得以赴日本留學，湯對此終身感恩，不但視陳儀如父，並將名字改為「恩伯」以表示永銘於心。湯恩伯畢業於日本陸軍士官學校，回國後投身國民革命軍，歷任軍校學生總隊大隊長、旅長、師長、軍長、軍團長、方面軍司令官等職。抗戰初期，湯恩伯率領中央嫡系之第二十軍團，參與察哈爾、綏遠戰役，以及徐州會戰。抗戰中期，湯恩伯以第一戰區副司令長官職銜，長期駐守河南，但所部戰力低落，軍風不肅，備受河南民眾指責。抗戰勝利後，湯氏奉命接收上海，並升任陸軍副總司令。見吳相湘，〈湯恩伯奉行以德報怨國策〉，收於氏著，《民國百人傳》，冊二（台北市：傳記文學出版社，1982 年 10 月再版），頁 307-317。由於湯恩伯與李良榮為中央系將領當中，深受陳儀信任者，故陳儀曾經電請中央，派湯氏來台指揮平息二二八事件，而以李良榮任台灣省警備總司令。見〈陳儀呈蔣主席三月七日電〉、〈陳儀呈蔣主席三月霰電〉。湯恩伯舉報陳儀勸其投共書信之後，曾上書請求蔣中正免陳儀一死而未成，「故自陳（儀）伏法後，湯在其（台北縣）三峽鄉寓中，如喪考妣，終宵繞室彷徨，心情痛苦不能自己，連續數日夜，其後復在私宅堂屋設置靈堂，一連自書輓章多幅」。見劉道平，〈湯恩伯與陳儀〉，《傳記文學》，第十卷第三期（1967 年 3 月），頁 57-60。

198 見侯坤宏，《研究二二八》，第五章「二二八事件以後的陳儀」，頁 161-176。

【簽呈查辦柯遠芬】

民國三十六年四月十七日，白崇禧向蔣中正上簽呈：

查現任台灣警備總部參謀長柯遠芬，處事操切，濫用職權，對此次事變，舉措尤多失當，且賦性剛愎，不知悛改，擬請予以撤職處分，以示懲戒，而平民忿。當否？乞核奪。[199]

這份簽呈，卻被留置在軍務局，直到二十四日才呈蔣核閱。軍務局在送呈時，附上擬辦意見，對柯遠芬加以迴護開脫。該簽註引用二二八事件時派往台灣視察之上校參謀陳廷縝意見，雖認為「柯參謀長於二二八事變以前，對台省情況判斷錯誤，以致警備疏忽，事變既起，警察全部瓦解，實為事變擴大之主因」，但是台灣事變「文職過失多而責重，軍人僅聽命行動」，所以「實非柯之過失，對彼未宜苛責」[200]。對此，蔣中正的批示是：「應先調回候審」。

柯遠芬，原名桂榮，以字行，廣東梅縣人，黃埔四期生，因為曾任福建省保安處長的緣故，受陳儀的邀請，來台任職警總參謀長。在二二八事件告一段落時，他也隨著長官公署和警備總部改組而去職，不過並未受到任何審判。蔣中正原來採信白崇禧的第一線觀察，認為柯氏「在台不法妄為，應嚴處為要」，但是在民國三十六年十月，陳儀請參謀總長陳誠轉呈函電，力保柯遠芬，說他「作事負責，遂致怨謗叢集。」陳誠也認為柯「仍屬有用之材」，為他緩頰，建議調至陸軍大學任教[201]。柯遠芬遂轉往陸軍大學任教，之後又派往東北，擔任戰地視察官。

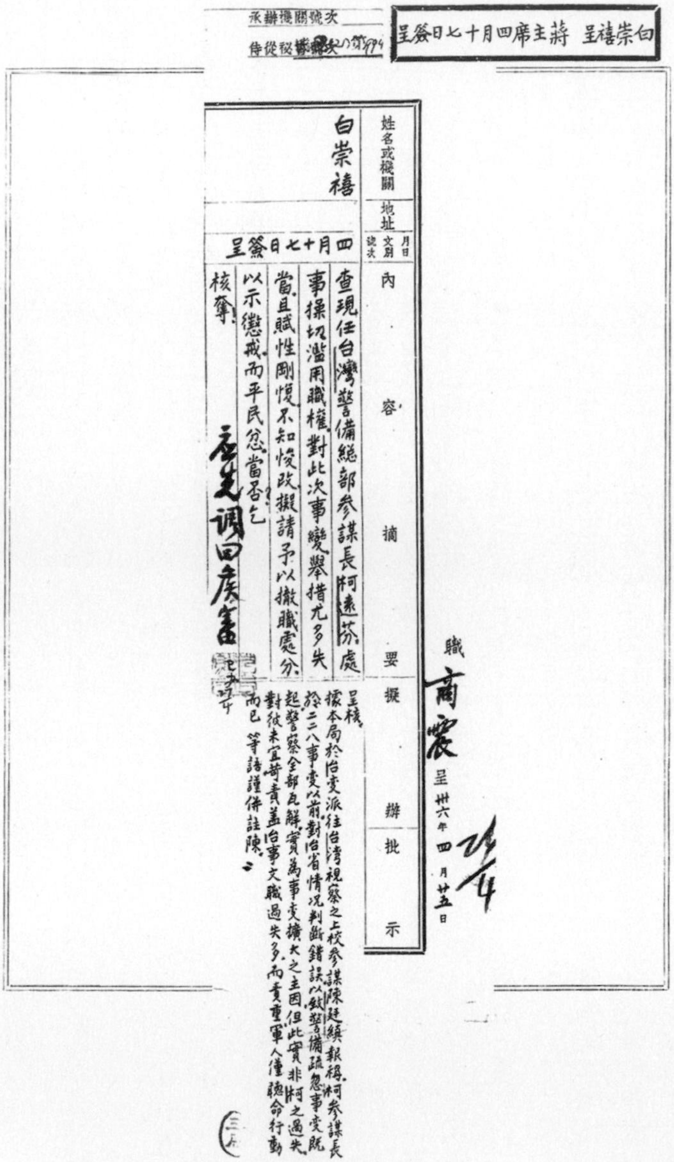
白崇禧 呈 蔣主席四月十七日簽呈

承辦機關號次
侍從秘書室號次

字第七二號 計一頁件

姓名或機關：白崇禧
地址
月日 文別 號次：四月十七日簽呈

內容摘要：
查現任台灣警備總部參謀長柯遠芬處事操切濫用職權對此次事變舉措尤多失當且賦性剛愎不知悛改擬請予以撤職處分以示懲戒而平民忿當否乞
核奪

呈核
據本局於台變派往台灣視察之上校參謀陳廷縝報稱柯參謀長於二二八事變以前對台省情況判斷錯誤以致警備疏忽事變既起警察全部瓦解實為事變擴大之主因但此實非柯之過失對彼未宜苛責蓋台事文職過失多而責重軍人僅聽命行動而已 等語謹併註陳

職 商震 呈 卅六年四月廿五日

辦批示

〈白崇禧呈蔣主席四月十七日簽呈〉，認為「柯遠芬處事操切，濫用職權，請予撤職處分，而平民忿」。

對於白崇禧上簽呈建議將他撤職查辦，柯遠芬並不認為自己在台作為有任何過失，反而將白氏建議懲辦他的原因，歸咎於桂系和中央間的傾軋：

> 因為我當過蔣委員長的侍從，而白氏又是出身桂系，蔣主席的下野，桂系都扮演相當的角色，他們過去一向都反蔣的……。[202]

不過，從白崇禧建議獎勵同屬黃埔系統的彭孟緝看來，就可以證明柯氏將白崇禧建議懲處他，歸因於派系的說詞，並不具有說服力。

白崇禧認為柯遠芬「處事操切，濫用職權，對此次事變，舉措尤多失當，且賦性剛愎，不知悛改」等情形，與柯遠芬處置二二八事件時種種違法作為有密切關聯。白氏來台，到各縣市巡行宣慰期間，受到包圍監視，林獻堂與白部長會面，橫生波折等情形，全程隨行陪同的柯遠芬，可能就是幕後主使者。另外，柯遠芬還承陳儀命令，暗地逮捕台灣菁英人士，或是非法拘捕人犯、對家屬勒索等情形[203]。前面提及陳儀力保柯遠芬不受審判與嚴懲，便為這項推論提供了一個旁證。

陳儀、柯遠芬等人，對於白部長詢問人犯處理狀況時，閃爍其詞，或當面應承遵辦，實際上依然故我的情形，可以由他們回應楊亮功質詢時的態度推想一二。閩台監察使楊亮功，在四月十一日離台返（南）京時，向陳儀辭行，詢問「在此次事變中警備總部到底逮捕多少人，處決了多少人？」陳儀的答覆是：

> 我正要向你說明，外邊報紙上說我處決了一萬人，都是亂說。殺人是有屍體的。這一萬多人的屍體在哪裡？但他（陳儀）並未告訴我（楊）到底處決了多少人，只說要他的參謀長柯遠芬見我向我報告。稍後柯遠芬來見我，我再問他到底拘捕和處決了多少人，他即交給我一張名單……我一看這名單就是報紙上公布的被通緝的三十幾人的名單，當時我很生氣，我問柯除了名單上的三十幾人外，還有多少人被捕或被處決。他並未答覆我。我說：「你提這張名單，等於未向我報告，這名單是沒有用的。」他也沒再說什麼，即辭去。[204]

而陳儀、柯遠芬不按法律、不遵奉中央「從寬處理」指示，嚴厲鎮壓，私自處決台籍菁英，並且試圖蒙騙中央大員，造成台灣民眾惶恐驚懼等情事，正是白崇禧建議查辦柯遠芬的主因。

隨著省政府成立、台灣軍政分治，省主席不兼任警備司令，新任警備總司令的人選，就成為各方競相舉薦的焦點。先是，白崇禧於來台宣慰前，曾薦舉國防部史料局長吳石擔任警備總司令，陳儀則建議以閩南籍的李良榮出掌；在陳儀確定離台之後，國防部長白崇禧向蔣中正舉薦同往台灣宣慰的陸總部副參謀長冷欣出任警備總司令，而參謀總長陳誠則推舉其麾下得力部屬、國防部次長林蔚（1890-1955）接任。蔣氏在思考後，對人事案作出批示：警備總部暫不撤銷，但是改為全省警備司令部，不加「總」字；警備司令人選，由原高雄要塞司令彭孟緝升充。[205]

---

199 〈白崇禧呈蔣主席四月十七日簽呈〉，侯坤宏編，《二二八事件檔案彙編（十七）》，頁435。

200 同上。

201 〈陳誠呈蔣主席十月三日簽呈〉，《蔣中正總統檔案：一般資料．呈表彙集》，國史館藏，典藏號：002-080200-00540-025。

202 李宣鋒訪問、記錄，〈柯遠芬先生口述記錄〉，頁132。

203 如國民參政員、板橋鎮長林宗賢，於四月十日被捕，據學者研究指出，即柯遠芬事前脅迫林寫悔過書，承認參與暴動，事後再以悔過書所載罪名將其逮捕，向家屬勒索贖金。見陳翠蓮，《派系鬥爭與權謀政治：二二八悲劇的另一面相》，頁276-277。林宗賢之妻向白部長陳情，請求釋放，白崇禧批示要法規司向台灣警備司令部查處的情形，見〈國防部法規司36.7.16 (36) 字劍字第三四〇號函〉，《二二八事件資料選輯》，第一冊，頁607-608。

204 蔣永敬、李雲漢、許師慎（編），《楊亮功先生年譜》，頁373。

205 〈陳誠呈蔣主席四月十一日簽呈〉，侯坤宏編，《二二八事件檔案彙編（十七）》，頁421。

【建議獎升彭孟緝】

四月十七日白崇禧上蔣中正的簽呈，除了建議懲處柯遠芬之外，還擬請獎勵高雄要塞司令彭孟緝、基隆要塞司令史宏熹、馬公要塞司令史文桂、嘉義空軍地勤第二十九中隊隊長魏聚日、整編第二十一師獨立團團長何軍章等五人。其中，以建議獎升彭孟緝，受到最多議論。

彭孟緝（1908-1997），字明熙，湖北武昌人，廣州中山大學肄業，入黃埔軍校第五期砲科，後奉派進日本野戰砲兵學校進修，抗戰初期，任重砲第十團團長，參加松滬會戰、南京保衛戰；抗戰後期，先後擔任野戰砲兵第一旅旅長、陸軍總部砲兵指揮官等職。抗戰勝利後，砲兵單位裁撤，彭奉派到台灣，擔任高雄要塞司令。[206]

二二八事件爆發時，除了分散駐紮各地的整編二十一師獨立團，彭孟緝與基隆要塞司令史宏熹，是全省唯二握有「重兵」的指揮官，兩地很早就出兵「平亂」。三月六日，彭孟緝兵分三路，由壽山出發，收復高雄市政府、第一中學。並且於市區秩序恢復後，建議組織軍法、司法聯席調查委員會，甄別良莠。白崇禧在簽呈中，以軍事作戰的角度，認為彭「獨斷應變，制敵機先，俘虜滋事暴徒四百餘人」，擬請給予獎勵。白氏的建議，嘉獎彭孟緝「獨斷應變」，這是來自於來台宣慰期間，聽取彭氏關於事件經過的報告。據白崇禧晚年回憶：

要塞長官報告陳長官，要在開始暴動時撲滅，陳長官不許，待暴民攻擊要塞前三百多人開會，他自行圍捕，將暴動份子一網打盡，彭孟緝報告我這件事，我很嘉許，要不然，將來攻擊要塞，受害的人更多。207

彭孟緝本人，則在民國四十二年（一九五三）奉蔣中正命撰寫二二八事件回憶錄時，提及在三十六年四月初，收到一位任職於南京國防部的朋友來信，轉述白崇禧對彭的稱許：

我（白氏）這次奉命去台灣宣慰民眾，經十餘日的考查研究，除有關軍事、政治、經濟、輿情等，另行書面報告蔣主席，不在此處提及外，要對大家談談的，是高雄要塞司令彭孟緝中將在此次事變中的措施。他是真領會了「獨斷專行」的精神，把握了獨斷專行的時機，和至忠至勇的行為；最初不為人所諒解，終能擇善固執到底而削平全省大亂，誠功不可沒，實在是負責的軍人，說得上優秀人才，要特別提升重用才是。我已將這點意思報告了蔣主席。208

彭孟緝自二二八事件以後，官運亨通，先出任台灣省警備司令，不數年，升遷為參謀總長、一級上將。二二八事件中，彭孟緝在高雄恢復秩序的作為，之後引來許多爭議。例如，行政院二二八事件研究小組指出，彭氏平亂措施，從政府角度來說固然有功，但是士兵進入市區後，「無差別的掃射」，造成大量傷亡，彭孟緝不能迴避其責任209。而另有學者卻認為，彭孟緝在二二八事件初起時，處置果斷，出兵平亂亦實有其正當性210。雙方觀點差異很大，連帶以軍事角度建議獎勵彭孟緝的白崇禧，也遭到牽連。持批判角度的學者，認為白氏建議獎升彭孟緝，故「應列入被譴責的對象之一。」211這種爭議情形，自然是當時白崇禧建議獎懲時，所無法預見的。

彭孟緝。（翻攝自國史館《二二八事件辭典》）

206 見熊鈍生（編），《中華民國當代名人錄》，第一冊（台北市：中華書局，1978年），頁143；賴澤涵、許雪姬訪問，蔡說麗記錄，〈彭孟緝先生訪問紀錄〉，收於許雪姬、方惠芳訪問，《高雄市二二八相關人物訪問紀錄》，上冊（台北市：中央研究院近代史研究所，1995年）。

207 馬天綱、陳三井、賈廷詩、陳存恭訪問紀錄，《白崇禧先生訪問紀錄》，下冊，頁561。彭孟緝於民國八十二年四月八日接受賴澤涵、許雪姬兩位教授訪問時，回憶說：「白部長這個人，你們都曉得他是個小諸葛，以前我與白崇禧部長並無關係，他曉得二二八的情形，他對我說：『你要是今天沒有這個舉止，那高雄以後死傷更慘重，台灣就將亂掉了，還會不會有這樣的富庶，都成問題。』」意思相同。見賴澤涵、許雪姬訪問，蔡說麗記錄，〈彭孟緝先生訪問紀錄〉，頁109。

208 彭孟緝，〈台灣省「二二八」事件回憶錄〉，中央研究院近代史研究所編，《二二八事件資料選輯》，第一冊，頁88。

209 行政院研究二二八事件小組，賴澤涵總主筆，《「二二八事件」研究報告》，頁410-411。

210 黃彰健，《二二八事件真相考證稿》，頁15-16。

211 張炎憲、陳儀深、陳翠蓮等編著，《二二八事件責任歸屬調查報告》，頁139、144。

【宣慰報告書的評析】

白崇禧部長的《宣慰台灣報告書》（以下簡稱《報告書》）完成於民國三十六年四月六日，因為內容詳長，另有摘要簡版，將台灣施政亟待改進的部分，先行呈給蔣主席。蔣主席閱後，交「黨中央及政府各院會切實參照辦理。」[212]

發生原因與事件經過

《報告書》分為三大部分，首部分是二二八事件發生的遠、近因和事件經過，以及官方肆應處理的過程。關於《報告書》中對事件遠、近因的認定，與之前白崇禧在宣慰期間歷次廣播、演講的內容大致相同。遠因分為教育、社會與經濟三項。教育方面，認為台灣民眾受「日本狹隘偏激教育」，因此養成輕視祖國人民、軍隊之習性，國家民族觀念薄弱。

社會因素方面，認為日本時代，台灣社會構成，只有「御用紳士」、平民、流氓三階層而已。而日本則以嚴密之警察管制這三大階層。光復之後，「御用紳士大多一變為民意代表，對社會之領導權並未沒落」，而流氓則失去控管，「蔑法犯紀，變本加厲。」

經濟方面的遠因，是戰爭後期造成的經濟衰敝，此時尚未復原，而光復之後，受日本徵調的台灣壯丁十餘萬，回到台灣，造成嚴重的失業問題。

對於直接導致事件爆發的近因，《報告書》將「共黨份子煽惑」列為首要原因。台灣光復之後，「台省政府當局對政治上亦扶植民主，各縣市普遍成立民意機關，准許言論自由，遂致共黨及少數野心家之反動言論亦與國內共黨同出一轍，影響所及，亂源滋生。」

次要因素，《報告書》則委婉指出陳儀治理台灣一年多以來，諸多政、經失當之處，例如台籍人士參與政治管道的壅塞、外省籍官員貪汙舞弊、貿易、專賣兩局與民爭利，導致「人民生計困難，失業增多」等。在這些背景之下，「少數共黨份子及野心家與暴徒浪人，藉專賣局緝私人員取締菸販做導火綫，煽惑脅迫，遂有一部分台胞青年學生群起盲從，乘國軍調防之際，擴大暴動，造成叛亂。」而《報告書》認定暴徒之野心，「絕非單純之不滿意現狀，乃欲企圖顛覆政府，奪取政權。」在事件當中，外省籍公教人員「不僅精神受其威脅，物質遭受損失，甚至生命失却保障，在事變中被暴徒擊斃或擊傷者約達千人，此種排外行為野蠻殘忍，實達極點。」

事件經過部分，由二月二十七日「緝菸血案」發生開始，到三月九日為止。這個部分側重二方面的描述，一是外省人在事變中的傷亡，二是「反動派」與「暴徒」煽惑暴亂的情況，以及「處委會」於三月七日所提出的三十二項要求。

官方肆應過程，則由二月二十八日開始，敘述至三月二十日止。《報告書》以官方立場為基調，認為三月一日至三日，長官公署對於台灣各界人士所提要求，均已答應，但是各地混亂情況並未緩和；三月七日，「二十一時，警備總部於營房附近捕獲匪徒兩名，搜出攻擊台北軍政機關供應局等路線圖，從各方證實，奸黨暴徒叛國企圖，昭然若揭，絕非政治改革所能獲得解決」，陳儀於是決定改採武力鎮壓。三月十日，解散「處委會」與「一切非法團體」。三月十二日，國軍推進至台中，與謝雪紅部民軍交戰。此後到三月二十日，各部陸續推進，追剿「奸匪」，收繳武器。

《報告書》詳列在二二八事件中各機關損失，如被服、彈藥、人員傷亡。另外，對於全省公教人員及平民在事件中的傷亡，也做出統計：死亡人數三百零四人，受傷者為一千五百五十六人，合計為一千八百六十人。不過，《報告書》中也註明，「表列人員包括官民總數，細數待查」，且統計時間，至三月三十一日為止。更有「台灣省警備總司令部綏靖部署要圖」一份，詳列綏靖兵力部署與使用，對於今日研究者來說，極具史料價值。

宣慰與省政改革建議

《報告書》的第二部分，即是宣慰過程。本部分的敘述，與其他兩部分相比，較為簡要。除到台當日即對全台廣播、發布〈宣字第一號佈告〉，並於三月十九日到二十五日，分赴基隆、屏東、高雄、台南、嘉義、彰化、台中各地宣慰之外，「計在台灣十七日，廣播五次，對長官公署全體職員及警備總部全體官兵訓話各一次；對省市各級公務員、民意機關代表、民意代表訓話共十六次；對高山族代表訓話二次；對駐台陸、海、空軍及要塞部隊訓話五次。與台灣軍政官員舉行會議十二次，邀集地方仕紳、民眾代表聽取意見八次。」

第三部分，是對台灣施政方針的改進意見。共分為行政、經濟、教育、軍事及其他等五項。首先在行政方面，要點為：

（一）長官公署改組為省政府。省政府採委員合議制，原規定為十一人，可增為十五人，並酌增必要廳、處。

（二）各廳處增設副主管，以台籍人士擔任。各縣市也可比照辦理。

（三）各級民意機關代表，如為暴動中首要參加者，交由司法機關檢舉，另行補選。

（四）地方秩序完全恢復前，各縣市首長民選暫緩實施。

（五）原有閩台區監察使，可專設台灣監察使，以勤求民隱，澄清吏治。

（六）各級公務人員在服務之前，應先加以短期訓練。

經濟方面，《報告書》認為原長官公署施政時，「民生工業尚未能適應台民所需求」。因此，建議修正若干陳儀統制經濟做法，如公營事業範圍盡量縮小，接收自日商工廠，給予台人優先承租等。並落實若干原來陳儀所推行的政策，如公有耕地放租，救濟失業等。關於台灣民眾所詬病的專賣、貿易兩局，報告書建議：專賣局改為菸酒公賣局，貿易局改物資供應局。「統制出口之糧食、五金、肥料、酒精、木材、紙張、水泥、煤炭、酸鹼等九種物品，或以產量不多，或以本省需要，如管理得法，實無明令統制之必要。」另外，台幣與法幣兌換匯率需機動調整；以及三年之內，中央不向台灣索取資源。

在教育方面：主旨在於推行「台胞祖國化」教育。《報告書》認為台灣一般民眾受到日本時期偏狹教育影響，養成輕視中國之觀念。但「平民教育及職業教育相當發達，尚有守法勤勞之習慣，其最大要求為社會之安定與衣食之豐裕」。因此，《報告書》建議：

（一）從速培養師資。
（二）推行國語運動。
（三）鼓勵台灣民眾與內地人士通婚，增進文化交流。

在軍事意見方面：《報告書》主張軍民分治，健全體制，以利平日控制與戰時防衛。具體的建議：

（一）駐台國軍以一個整編師為宜。已以國防部長職權，撥發一個山砲營給目前駐台的整編第二十一師。
（二）充實高雄、基隆、馬公三要塞守備兵力。
（三）台灣師團管區司令部，於秩序尚未恢復前暫停徵兵。
（四）成立保安團，士兵由各省募集，原有台籍警察，若干「意志薄弱，認識不清，不但不能盡忠職守，且有參加暴動者」，應該篩選淘汰。

（五）駐台憲兵以一到兩團為宜，並增強其武器。

（六）調整駐台海陸空軍軍人待遇，以維持軍紀，並鼓舞士氣。

（七）簡化在台軍品倉庫。

《報告書》其他的改革意見，主要共計四項：

（一）改革三青團。

（二）鐵道、港灣、通信等交通運輸機構，一律改為國營，增加內地員工。

（三）恢復加強原日本時代建立之衛生防疫機構。提高台大教職員待遇。

（四）准許台灣封存之糖出口運銷，以吸收法幣，調劑台省金融。

《報告書》是國民政府對於二二八事件的初步調查報告。報告屬於內部性質，而不是對外宣傳、公布之用。由《報告書》的基調，可以看出國共內戰格局下的官方觀點，即擴大中共在事件當中的角色與作用。暴動主要原因當中，列入中共煽動，即「少數共黨野心家，利用時機，藉此欲奪取政權。」反之，對於台灣軍政當局所應負的責任，較少直接批評，但已委婉點到陳儀施政的諸項缺失。《報告書》中對於二二八事件係「共黨煽惑」的認定，與閩台監察使楊亮功、監察委員何漢文的看法相符，形成政府往後數十年官方對「二二八」觀點的基礎[213]。由此角度來看，白崇禧的《報告書》具有高度的史料意義。

《報告書》的傷亡損失統計，只到三月三十一日，當時清鄉綏靖尚未結束，軍警的違法濫捕行動，雖已大部分受到遏制，但並未完全停止，因此對於事件當中官民傷亡數字，不免有所缺漏。

《報告書》當中對於改革台灣省政的若干主張，因國共內戰的影響，而無法落實。但是幾項重要方面的改進措施，例如改組長官公署為省政府、擴大台籍人士參政、專賣局改為菸酒公賣局、將公有土地放租等，均發生立竿見影的效果，對日後台灣也有深遠影響。

制止捕殺影響重大

儘管白崇禧對台灣省政的諸項改革措施，因為國共內戰局勢逆轉，而無法獲得徹底落實，但是白氏來台宣慰，在即時「止痛療傷」這一層面，仍然發揮極為重大的影響。這些影響，時過境遷數十年，猶存在於民間耆老的記憶裡。以下分為對軍警紀律的約束、搭救台籍菁英、制止濫捕濫殺、及時搶救人民性命等四項來說明。

■立即約束軍紀

三月十七日，白崇禧抵達台北。國防部長抵台宣慰，對於在台各軍警單位的不法違紀舉動，立刻產生震懾約束的效果。舉例而言，前述「八堵火車站事件」受難者周春賢的胞弟周秋金回憶：

光復後，來台灣的國軍有兩種。一種是陳儀的兵，我們都叫他們「豬兵」或「土匪兵」，另一種是白崇禧的兵，叫治安兵，軍紀比較好。214

其實，白崇禧到台，除國防部十三名隨員之外，沒有帶來一兵一卒。而同樣的軍隊，在民間的觀感，竟由「豬兵」、「土匪兵」一變而為「治安兵」，可知白部長的威望對軍紀維繫與約束的重要作用。三月二十日起，警備總部公告：各地開始進行清鄉，搜繳遺失武器彈藥，辦理戶口查實登記。據台北縣萬里鄉民王添福回憶：

二二八之後，軍隊有進駐萬里鄉，我嚇得不敢出門，兵仔一戶一戶查。白崇禧的兵看起來較莊嚴，較公道，會說台灣話，可以溝通。215

配合執行清鄉措施的軍隊，軍紀較為嚴整，注意與民眾溝通，保持良好軍民關係，使得原來擔心國軍肆行報復，「嚇得不敢出門」的百姓，給予「莊嚴」、「較公道」、「可以溝通」的正面觀察評價。

這是白氏「寬大處置、不得株連」命令在基層得到貫徹的一項證明。基隆民眾周水旺說得更加明白：

（二二八）事件發生後，不管是好人或壞人，只要是有名氣的人都是他們（編按：即軍警）捕捉的對象，後來白崇禧的部隊適時趕到，否則死的人會更多。[216]

台東耆老劉琦也表示：

在白崇禧將軍部隊抵台後，此一不幸事件終告結束，但事件過程已足足經過了一個月。[217]

可見在民間回憶裡，「白崇禧的部隊」往往扮演匡救矯正的角色，又如一位劉姓父老的口述回憶：

事件發生不久，白崇禧將軍來台處理，……這時來的軍隊既具水準，紀律又嚴明，人民印象改變，也就沒有事了。[218]

民間所留存的集體印象，是白崇禧到台宣慰，使國軍軍紀得到有效約束的有力證明。

■制止濫刑拘捕

白崇禧來台，也使得軍警濫捕的情況大為改善。白崇禧到台灣當天，便發布國防部〈宣字第一號佈告〉，明白宣示參與事件者，除首惡外，一律免究。民眾有遭受冤屈者，鼓勵申訴。除此之外，白部長還注意拘捕人犯的處理是否合法適當，要求警備總部、整編第二十一師、憲兵團等單位呈繳拘捕犯人名冊，並移交地方法院審理。三月二十八日、三十一日、四月一日，更接連明確宣示，人犯的拘捕，應統一由警備總部，公開執行；情節輕微者，准交保釋放。這些措施，對於事件初期已經遭到逮捕的人員來說，起到重要的作用。他們雖然遭受拘捕，至少生命安全受到了保障。

首先以三月七日遭逮捕的高雄市台籍警員王大中為例。王大中，原名王源趕，軍方以「意圖行劫並煽惑暴動」為名，將其逮捕。在拘押期間，幾經刑求，接著遭檢察官求處死刑。

> 幾天後，白崇禧來台，禁止再執行死刑；不多久，我們這些被執者齊聚廣場等候宣告徒刑，那時我聽到宣判：「王源趧判無期徒刑，褫奪公權終身。」（按：判決罪名為「意圖行劫並煽惑暴動與擾亂公安，處無期徒刑，褫奪公權終身。」後以「事實未明，撤銷原判移送法院辦理」）聽判後，我就安心了，曉得自己絕對可以活見天日。[219]

另一位二二八事件時在高雄擔任傭役的王天煌，也遭到逮捕，被囚於警察局，遭受「極度的刑求」。但是「時因白崇禧已宣布政治犯不得任意槍決，我乃得活命。」[220]

再以高雄煉油廠被逮捕員工的遭遇為例：在二二八事件波及高雄地區後，該廠員工曾自組巡邏隊以維持秩序。軍隊下山平亂之後，參加巡邏隊的員工，都被高雄軍政當局認為是「暴徒」，以「搶奪武器」、「危害治安」的罪名，將其逮捕、羈押。煉油廠員工周石在三月十日被捕，被囚於左營大台，據他回憶：

> 左營大台曾叫我承認簡奢兌為隊長，曾下令搶槍，如此可用他頂罪，把我們都放了。但是，簡奢兌只不過是個工人，只是要他聯絡一下其他工人而已，他不可能有所活動。在左營大台關了六天，後來他們向我說，白崇禧來了，已無槍決之判刑，移去要塞好嗎？才於三月十六日將我們移往壽山要塞。[221]

周石的回憶，在時間細節上稍有誤差（白崇禧係三月十七日到台），但是由此一例可以看出，即令白崇禧尚未來台，軍警逮捕人犯的行動，只因聽聞消息，便立即有所收斂，刑求，甚至槍決的情況也為之減少。

上引文中同案被捕的簡奢兌，於前一日（九日）被捕，遭到刑求，身心受創。後來，原來的軍法判決竟然得以撤銷，全案移送地方法院審理，據他推測原因：

山下看守所設有軍事法庭，很多人被判以「妨害治安」的罪名。後來可能是白崇禧來台後，了解二二八事變是因陳儀施政引起人心不滿所致，台灣人並非叛亂，才使原判撤銷，移交地方法院。[222]

基隆市民朱麗水，在二二八事件發生隔天，在高砂戲院前目睹本省民眾毆打外省人的情況。軍隊開到之後，開始搜捕，朱麗水與其胞弟雖然躲進戲院藏身，也不能倖免，遭軍警拘捕，刑求審問之後，分別囚禁於不同單位：

> 我被送到基隆警察局第三科，被他們以槍托拷打審問，後以「未決案」送基隆拘留所監禁。我弟弟則被送到憲兵隊拘禁。……基隆市警察局當時有十多間「牢房」，每天晚上都約有五、六人被捉出去，然後聽到一陣槍聲，出去的人就沒有再回來。直至白崇禧來台後，我們才被放出來，我釋放後未曾再被找過麻煩。[223]

由上述各人的遭遇，可證明在白崇禧抵台之後採取的各項措施，雖未能完全阻止違法濫捕，但仍然起到重大的遏止作用。

此外，二二八事件中，許多青年學生參加其中，「揮舞著棍子，擊人要害；闖入人家的住宅，以搜槍為名，劫取財物，甚至荷槍實彈，跟隨著流氓叛徒搶劫軍械，圍攻政府」[224]。綏靖開始之後，學生恐懼萬分，不敢返校復課。白崇禧對於青年學生也採取寬大措施，放寬原有具保規定，並且再三保證安全，不許軍警擅自逮捕，要學生盡速返校復課。因此，賴澤涵教授認為：「白崇禧三月十七日來台宣慰後，決定寬免事件中的學生後，只要他願意辦理自新，則既往不究。因此在被逮捕的名單中學生並不多見。」[225]由朱昭陽創辦的延平學院，師生在二二八事件時多人涉案；在台籍仕紳如林獻堂的建議下，白部長命令軍警解除對延平學院的查封[226]。白崇禧在二二八事件後對學生的寬大善後態度，確實對人心的穩定，發揮不小的效用。

保全台籍菁英

「菁英」一詞，在這裡指的是台灣光復初期的知識份子，他們其中許多人服務於政府機關、擔任民意代表，或者加入國民黨、三青團。白崇禧抵台宣慰後，既能夠遏止軍警對於基層民眾的濫施拘捕，社會經濟地位較高的台籍菁英人士，自然也會尋求白部長的協助與搭救。台灣本地菁英，在二二八事件發生前，或批評長官公署施政遭到忌恨，或於事件發生初期，參加各地「處委會」，因而在鎮壓伊始，就被羅織入罪，許多人被憲兵、軍警搜捕，暗中處決殺害，僥倖逃脫者，也都處在風聲鶴唳、朝不保夕的緊張惶恐情緒之中。

對於這些台籍菁英，白崇禧抵達台灣之後，得知這種情況，只要力之所及，大多給予保護與協助，許多人直接或間接獲得保全。例如國民參政員、律師陳逸松（1907-1999），曾經參加「台灣光復致敬團」，二二八事件時，是台北「處委會」的核心人物。軍警展開搜捕時，他因為友人及時通知，得以走脫，保住性命，但遭受通緝，只得四處躲藏，直到三月十七日，白崇禧到台之後，撤銷其通緝令，他才敢露面[227]。延平學院的創辦人朱昭陽（1903-2002）也有類似遭遇[228]。他在鎮壓開始時，因奔母喪而得以逃過軍警追捕，之後一直躲在胞妹家裡，直到白崇禧來台，「要會見台灣的地方人士」，當中包括朱氏在內，他才敢現身[229]。

瑞芳鎮長李建興之幼弟，在二二八事件時因涉嫌參加暴動，鎮壓開始時，被軍警抓走。三月十七日，李建興與其母李白氏到台北賓館請見白部長時，當面求情，白崇禧命令警備總部查核此事，並且將其立即釋放。瑞芳鎮因「暴動」罪名而被軍警拘押的民眾，因此也有多人因此獲釋。[230]

澎湖軍醫許整景，也因白部長的協助，而得以保全無事。許整景任職馬公要塞軍醫處主任，與要塞司令史文桂中將相處友善。二二八事件初起時，許整景被推舉為澎湖縣「處委會」主任委員兼治安組組長。據許氏回憶：陳儀曾電令馬公要塞司令史文桂，船運兩營要塞守備士兵到高雄增援，風聲為民眾所聞，由於高雄地區有不少澎湖移民，有人便揚言在兵船出港時，以漁船包圍，阻撓軍隊調防。許整景便勸阻史文桂停止調兵，以免引發澎湖暴動。三月十日，國軍展開鎮壓行動後，許整景因曾名列澎湖縣長候選人名單，因此而蒙上嫌疑，「被視為危險人物，」此時史文桂建議許寫陳情書，交由史氏，在其赴高雄晉見白部長時，順道面呈。許整景立刻照辦，「幸蒙白部長明察，始免於難。」[231]

台南市參議員、耳鼻喉科醫師蔡丁贊，在二二八事件時出任台南「處委會」委員，極力安撫民眾，恢復秩序，卻在三月十一日下午遭到軍警逮捕。先是以軍法審判，指控蔡氏藉由台南第一中學校友會長名義煽動暴亂，「並內定死刑」，蔡丁贊以自己並非南一中校友會長，大力聲辯；幾天之後，改判

許整景。（翻攝自國史館《二二八事件辭典》）

蔡丁贊。（翻攝自國史館《二二八事件辭典》）

兩年徒刑；遭此冤枉，他不禁當場痛哭流涕。直到「白崇禧銜命來台宣慰，鼓勵犯案人員上訴，我（蔡氏自稱）亦辦理，至（同年）十月三日獲釋。」[232]

對於抵台宣慰前後，不幸失蹤或遇害的台籍菁英，白部長也暗中調查案情，並且謀求查明實情，慰問補救。例如台北高等法院推事（法官）吳鴻麒，三月十三日在院處理公務時，被兩名著便服人員強行帶走，院長攔阻無效，求見警備總部參謀長柯遠芬，也未得要領。三月十六日，台北南港橋下發現八具屍體，其中一人赫然就是吳鴻麒。據吳妻回憶，白崇禧得知此案，曾下令調查。[233]

三青團台灣分團花東支團幹事兼第四股股長許錫謙，於三月二十日被捕，二十七日遭到處決。許錫謙被害，與前面提及的嘉義市參議員潘木枝一樣，是在白部長到台之後，仍然發生的軍警違法處決案例。所不同的是，白崇禧在得知情形後，謀求補救，減輕家屬的痛苦。據許錫謙外孫，即知名作家楊照引述母親的回憶：許氏遺體運回花蓮後，許家周圍有憲兵看守，昔日花蓮首富，頓時門前冷清，無人敢靠近；就在此時，白崇禧親自前來上香，並撤走包圍許家的憲兵[234]。查白氏的宣慰行程，並未到達台灣東部，但就許錫謙親屬所留記憶，卻清楚指稱是「白崇禧將軍來了」，由此推論，則不無可能是白崇禧得知情況之後，遣人致祭，並下令撤走看守的憲兵，因此而讓家屬對「白崇禧將軍」留下清楚印象。

白崇禧結束在台灣十六天宣慰行程，飛返南京覆命之後，仍然持續關心台籍菁英，並且間接給予協助。國民參政員、板橋鎮（今新北市板橋區）鎮長林宗賢被捕一案，可以作為例證。林宗賢在四月十日突被憲兵帶走，下落不明[235]；其妻林雪香四處奔走求救，包括遞呈陳情書給白崇禧部長。白部長命法規司何孝元司長查明案情，何司長即行文改組後的台灣警備司令部，要求回報該案案情，以及處理情形[236]。林宗賢在不久後便獲釋。林氏獲得釋放，固然是各方努力奔走的結果，白崇禧部長表明關切，促使警備司令部注意此案，不敢等閒視之，相信也是促成釋放的原因之一。

台中地方法院書記陳長庚，與該院推事饒維岳，以及另外數名法院文職人員，在四月十六日突然遭整編第二十一師拘押，半年之後方才釋放。扣押期間，只在四月十六日當天開過一次軍法庭，之後便毫無動靜。但是據陳長庚獲釋之後，向其子女透露，「獄卒似乎有向他暗示、透露，白崇禧將軍曾經頒下幾道命令和公文，因此他才能獲得公開審判的機會。[237]」這也可以做為白崇禧雖然離台，其取消警備司令部軍法終審權、「公開審判」的指令，仍然發揮影響的證明。

■拯救眾多人命

白崇禧到台灣宣慰，寬大善後，制止濫捕，許多人因而直接、間接獲救。這裡，首先以當時《大明報》記者蕭錦文在二二八事件中的遭遇為例。[238]

蕭錦文於昭和二年（一九二七）出生台北，父親早逝，母親改嫁，他和弟弟蕭慶璋由祖母接回苗栗撫養。在新竹中學校輟學之後，蕭錦文被徵召入伍，到南洋作戰。在緬甸時罹患瘧疾，被送至柬埔寨療養，在當地聽到日本宣布戰敗的消息。他於民國三十五年（一九四六）乘船回到台灣。同年九月，蕭氏的舅舅鄧進益和數人在台北集資創辦《大明報》，延攬蕭進他所開設的印刷廠，同時兼理報社採訪和編務。

二月二十七日「緝菸血案」發生隔天，蕭錦文在台北街頭，隨著抗議隊伍採訪，一路目睹外省人被本省人毆打、長官公署衛兵開槍等情況。事件爆發後，台北市首先成立官民合組的「二二八事件處理委員會」，鄧進益因為能夠提供購米資金、解除台北米荒，受到商工銀行總經理周菩提推薦，擔任「處委會」委員，兼財政組副組長。三月八日深夜，國軍援軍在基隆登岸，當局的鎮壓與搜捕旋即開始。當夜一名台籍刑警，手持一張油印名單，向鄧進益通風報信，表示鄧的姓名，就列在逮捕名單之上，排名第八。鄧進益於是連夜出逃，躲藏於桃園角板山一帶。[239]

三月九日上午，軍警到《大明報》社搜捕鄧進益，在無所獲的情形下，便將當日於報社值班的蕭錦文帶回位於延平南路的警察局拘押[240]。兩名刑警，將蕭押入地下室，對其嚴刑拷打，逼問鄧社長下落。刑求者「用鉛水管打、戳我的胸、背部，還灌水，我暈過去兩到三次。」蕭自忖，如不趕緊脫離

擔任《大明報》記者時的蕭錦文。（蕭錦文先生提供）

刑求，必定被折磨至死，於是對拷問者謊稱，鄧社長可能躲在報館樓梯間。警方一面派人去查看，一面將他拘押於警局地下室的囚籠內。和他同囚一處的，還有另外十幾個人，其中包括延平學院的學生在內。

蕭錦文因為遭到刑求，導致身發高燒，幸虧看守囚犯人員裡，有一名台籍獄卒，他請求其向住在台北的母親告知被捕，並送來傷藥。後來：

不知過了多久，有一天，我們被叫出去，手腳綁著，眼睛蒙布，身後插上一塊「驗明正身」的木條名牌，被推到大卡車上去，要載去刑場槍斃。我們在半道上停下來兩次，但是因為眼睛被蒙著，我不知道為什麼要停下來，也不清楚停車的地點。卡車後來又轉回警察局，我又回到地下室。

這是一段生死交關的恐怖經驗。在此之前，被叫出去、上大卡車的人犯，都沒有回來。蕭錦文在被蒙眼推上卡車時，必定有強烈的感知：此去將有死無生。但是，包括蕭錦文在內的一車人犯，明明已經五花大綁、身插名牌，卻又被送回警局。他不明所以，對於為何竟然能死裡逃生，究竟被誰搭救，心裡懷著疑問。直到後來獲釋之後，一位「消息靈通」的本省刑警對蕭錦文表示：

正是因為白將軍來台宣慰，下命令：任何人未經過審判，不得槍決處死，我才能保住性命。鄧社長在事件平息回來之後，也曾經告訴我：因為白部長來台灣，我才沒被載往刑場槍決。

蕭錦文的這番遭遇，透露出許多訊息。第一，軍警在鎮壓期間，濫行拘捕，並且羅織罪名。蕭錦文直至獲釋，都不知其罪名為「承印反動傳單」，尚以為自己是因具記者身分而被捕。以此推斷，罪名應該是事後羅織。

第二，由蕭錦文的口述回憶，參照前引許多民間人士被捕的經驗，幾乎大部分人都遭到軍警的刑求拷打。官方文書檔案裡所謂「交保釋放」者，實際上也歷經身心的極大煎熬。

第三，根據蕭錦文的回憶，他和另外數人被蒙眼、身插木牌，五花大綁被推上卡車，而之前被叫走的人，則「都沒有回來」，這應是準備將其處決，而被捕與處決，竟沒有經過任何審判，完全不符法律程序。

第四，蕭之所以能死裡逃生，推算時間，與白崇禧於來台宣慰的各項宣示密切相關。白氏到台當天，就發布〈宣字第一號佈告〉，宣告涉案有關人員，一律免究，從寬免死；之後更以部長身分，在三月二十八日宣布，二二八事件在押人犯，需「從速依法審判」，情節輕微者，准予開釋，並且嚴令一切逮捕行動，必須遵照法律程序辦理，並將拘留人犯造冊呈報。正因有此重大宣示，大幅杜絕各軍警單位濫行捕殺，包括蕭錦文在內的許多性命，才在行刑的槍口之下獲得保全。

類似蕭錦文「死裡逃生」者，因為白崇禧到台宣慰，因而從行刑隊槍口下獲救的人，可以推想決不在少數。例如在台中，一位親身經歷事件的耆老，回憶白崇禧的手令即時趕到刑場，在槍口之下救人的情況：

> 國軍登陸後開始進行安撫，自衛隊解散，安撫期間曾到處抓人，在梧棲抓的人又放回來。有一位老師陳瑞年是日據時期文化協會成員，被抓後，原本已押赴刑場要槍斃，由於白崇禧的命令及時趕到，才未被槍斃。[241]

省立宜蘭醫院院長郭章垣，於三月十八日夜間，在自宅被士兵會同警察破門而入，強行將他架走。其家屬與醫院醫師四處求救，找上省參議會祕書長連震東（因宜蘭市長朱正宗為連氏大陸舊屬），連震東並且進謁白崇禧報告此事，獲白部長發下「特赦令」，只可惜為時已晚，未能在軍警行刑前救下郭院長[242]。

誠如林獻堂對某位「事變嫌疑者」詢問中央處理態度時的回答：「白部長奉蔣主席之意，以寬大處置，但軍、警方面恐未能盡如其意」[243]，白崇禧固然無法阻止所有濫行拘捕、違法處決，但是在重重困難之中，能力所及之處，無不盡力謀求補救。這樣的態度，不但在宣慰期間如此，返回南京之後，對於台灣的關心，也沒有改變。[244]

民國三十七年（一九四八）二月，白部長簽呈蔣主席，稱台灣二二八事件中受軍法審判的人犯十三案，共三十四人，當中原判為死刑者十八人，經過國防部覆核，全部予以減刑。白崇禧在簽呈中交代此事的首尾經過：在其奉命赴台灣宣慰時，台灣「社會秩序異常紊亂」，已經宣告戒嚴，而「該省警備總司令部（按：指陳儀），請對暴亂案內人犯，暫由軍法審判，以資鎮攝。」這些「暴亂案」人犯，都不具軍人身分，本應移送地方法院審理；經白氏「一再權衡，期於切合實際需要，兼不違背法律之原則下，求一適當辦法」，批准請求，由警備總部「得依戒嚴法第九條規定自行審理」。但是，自民國三十六年三月二十八日之後，白崇禧為了制止軍警的濫行拘捕，實質上已取消了警備總部的軍法終審權，「並令依法製判檢卷呈核，以昭鄭重，而資補救。[245]」雖然考慮到如果將這些案件移送法院重新審理，會「影響政府威信」，故在同年十一月，徵得台灣省主席魏道明同意後，將所有案件留在軍法審判體系之內進行覆審，但是，「揆衡犯情，原其心跡」，全部加以覆核減刑[246]。經蔣中正批示、徵詢魏道明意見之後，於民國三十七年三月二十四日，國民政府以代電知會國防部白部長，「姑准如擬辦理」。[247]

在案件中原判為死刑的人犯，在國防部覆核之後，全部減為無期或有期徒刑。由於新任台灣省主席魏道明也抱持寬大處理的態度，故實際上大多人犯所服刑期，都比原判刑期少上很多。例如前述的板橋鎮長林宗賢，也在同一批減刑人犯之列，之後交保獲釋。他實際受到羈押的時間，約為三個多月。在這份簽呈中，「補救」二字，實為關鍵精神所在。

覆核軍法審判案件，是白崇禧與二二八事件相關的最後一份公文。民國三十七年三月，國民大會舉行副總統選舉，白崇禧為李宗仁輔選，與蔣中正屬意的人選孫科激烈競爭，最後李宗仁獲勝，當選副總統，輔選大將白崇禧因而與蔣氏關係破裂。同年五月三十一日，白崇禧離開國防部，以總統府戰

白崇禧呈 蔣主席二月二十五日發呈

呈核

白崇禧 國防部 二月廿五日發呈 字第九五號 言四頁件

台灣二二八案件請免移送法院審理。

查卅六年台灣省二二八事變社會秩序異常紊亂，該省經宣告戒嚴，當職奉命赴台宣慰時，該省警備總部請對暴亂案內人犯暫由軍法審判，以資鎮攝，經職一再權衡，期於切合實際需要，准如所請，將暴亂案內人犯依戒嚴法第九條規定自行審理，并令依法製判檢卷呈核，以昭鄭重。嗣據該部先後呈核非軍人簡檀堉等在戒嚴區域實施暴動及搶劫殺人等十三案，卷判前來，經簽奉

鈞批飭一併解送台灣高等法院訊辦，遵即飭據該部呈以事變戒嚴時所發生之暴動案件依戒嚴法規定均分別處理，上項各案如移送司法機關審理，則已執行之各案亦將發生重大糾紛，影響政府威信甚重，為適應台灣特殊環境，配合行政設施，請予以核准免移司法機關，從准魏主席亦請仍維持原定辦法由軍法審判迅予結案，並經政務局召集司法行政部及本部研討，咸以上項案件既係依戒嚴法規定由軍法審判，仍應以軍法程序予以審核，以維政府威信，謹就各案原判本

鈞座寬大德意，逐案詳加審核，按衡犯情，原其心跡，依法分別予以改判或核准，理合簽請

核備，并乞

示遵。

謹按戒嚴法第九條規定接戰地域內關於刑法上之內亂罪得由軍事機關自行審判，惟台灣並非接戰地域，自無適用此項条文之餘地。且同法第十四條又明白規定國內遇有非常事變對於某一地域施行戒嚴時，在該戒嚴地域內不得妨害司法機關之職權，關於刑事案件應由司法機關依法辦理。本案被告簡檀堉等或係國民參政員，或係市參議員，均無軍人身份，依據上開法條應由司法機關審判，極為明顯。前據白部長檢同簡檀堉等卷判請核示前來，經呈奉批：應一併解送台灣高等法院訊辦等因，茲復據白部長簽復如上。謹註

查白部長所稱本案若再移歸法院審理，則已執行之各案亦將發生重大糾紛，影響政府威信亦極重大，確屬實情，茲為適應台灣特殊情形，迅予結束懸案，俾期安定秩序起見，擬姑准如擬辦理。

此件電魏主席向予寬大爲要

第九五號之附件

台灣省警備總司令部呈核二二八事變期內由軍法訊結暴亂案件審核意見表

姓名	職業	罪名	原判罪刑	備考
簡檀堉	台北市參議員	共同意圖暴動顛覆政府而着手實行	處有期徒刑十年褫奪公權十年	改判處有期徒刑三年六月褫奪公權三年
黃火定	〃	〃	〃	〃 一案
林宗賢	國民參政員	〃	〃	〃
李捷步	台北工業職業學校教員	〃	處有期徒刑五年褫奪公權五年	〃
吳博	工	搶劫	處死刑褫奪公權終身	〃 一案
楊東隆	無業	〃	〃	〃
施金魚	工	〃	〃	改處有期徒刑十二年褫奪公權十年 一案
林[illegible]	[illegible]	〃		改處有期徒刑十三年褫奪公

紀水工	工	擄人	處有期徒刑十五年褫奪公權十年	一案 改處有期徒刑五年褫奪公權五年
駱昆烈	商	強刦	處死刑褫奪公權終身	改處有期徒刑十年褫奪公權七年
賴天福	無業	〃	〃	改處有期徒刑七年褫奪公權七年
賴安林	農	〃	〃	〃
吳慶榮	無業	〃	處有期徒刑十五年褫奪公權八年	改處有期徒刑四年褫奪公權四年
江瑞慶	農	〃	處死刑褫奪公權終身	一案 改處有期徒刑七年褫奪公權七年
謝炎山	〃	〃	〃	〃
黃阿水	工	〃	〃	〃
張阿露	〃	〃	〃	改處有期徒刑十二年褫奪公權十年
張國基	商	〃	〃	改處有期徒刑十五年褫奪公權十年
黃水旺	〃	〃	〃	〃
陳阿水	工	〃	處有期徒刑九年褫奪公權六年	改處有期徒刑十二年褫奪公權十年
陳天生	商	〃	處有期徒刑八年褫奪公權六年	一案 〃
朱瑞德	無業	〃	處有期徒刑十二年褫奪公權八年	〃
陳仁	商	〃	處有期徒刑九年褫奪公權六年	〃
陳福生	土	〃	處死刑褫奪公權終身	改處無期徒刑褫奪公權終身
黃光澤	商	〃	處無期徒刑褫奪公權終身	一案 改處有期徒刑十二年褫奪公權十年
謝金龍	〃	〃	處死刑褫奪公權終身	改處有期徒刑十五年褫奪公權十年
高三福	工	〃	〃	一案 〃
潘木生	車夫	強刦	處死刑褫奪公權終身	改處有期徒刑十五年褫奪公權十年

以上共計十三案

白崇禧呈蔣主席原件簽呈，民國三十七年二月十五日。
原來處死者十八人，經國防部覆核，全數予以減刑。

台灣省警備總司令部呈核二二八事變期內由軍法訊結暴亂案件審核意見表

姓名	職業	罪名	原判罪刑	備考	
簡檉堉	台北市參議員	共同意圖暴動顛覆政府而著手實行	處有期徒刑十年褫奪公權十年	改判處有期徒刑三年六月褫奪公權三年	一案
黃火定	台北市參議員	共同意圖暴動顛覆政府而著手實行	處有期徒刑十年褫奪公權十年	改判處有期徒刑三年六月褫奪公權三年	
林宗賢	國民參政員	共同意圖暴動顛覆政府而著手實行	處有期徒刑十年褫奪公權十年	改判處有期徒刑三年六月褫奪公權三年	
李捷步	台北工業職業學校教員	共同意圖暴動顛覆政府而著手實行	處有期徒刑五年褫奪公權五年	改判處有期徒刑三年六月褫奪公權三年	
吳博	工	搶劫	處死刑褫奪公權終身	改判處有期徒刑三年六月褫奪公權三年	一案
楊東隆	無業	搶劫	處死刑褫奪公權終身	改判處有期徒刑三年六月褫奪公權三年	
施金魚	工	搶劫	處死刑褫奪公權終身	改處有期徒刑十二年褫奪公權十年	一案
林上全	商	搶劫	處死刑褫奪公權終身	改處有期徒刑十三年褫奪公權三年	
周有德	台北煤砂公司七星煤砂業務課長	搶劫	處死刑褫奪公權終身	改處有期徒刑十二年褫奪公權十年	一案
紀水	工	殺人	處有期徒刑十五年褫奪公權十年	改處有期徒刑五年褫奪公權五年	
駱昆烈	商	搶劫	處死刑褫奪公權終身	改處有期徒刑十年褫奪公權七年	
賴天福	無業	搶劫	處死刑褫奪公權終身	改處有期徒刑七年褫奪公權七年	一案
賴安林	農	搶劫	處死刑褫奪公權終身	改處有期徒刑七年褫奪公權七年	
吳慶榮	無業	搶劫	處有期徒刑十五年褫奪公權八年	改處有期徒刑四年褫奪公權四年	

江瑞慶	農	搶劫	處死刑褫奪公權終身	改處有期徒刑七年褫奪公權七年	
謝炎山	農	搶劫	處死刑褫奪公權終身	改處有期徒刑七年褫奪公權七年	
黃阿水	工	搶劫	處死刑褫奪公權終身	改處有期徒刑七年褫奪公權七年	
張阿露	工	搶劫	處死刑褫奪公權終身	改處有期徒刑十二年褫奪公權十年	
張國基	商	搶劫	處死刑褫奪公權終身	改處有期徒刑十五年褫奪公權十年	一案
黃水旺	商	搶劫	處死刑褫奪公權終身	改處有期徒刑十五年褫奪公權十年	
陳阿水	工	搶劫	處有期徒刑九年褫奪公權六年	改處有期徒刑十二年褫奪公權十年	
陳天生	商	搶劫	處有期徒刑八年褫奪公權六年	改處有期徒刑十二年褫奪公權十年	
朱瑞德	無業	搶劫	處有期徒刑十二年褫奪公權八年	改處有期徒刑十二年褫奪公權十年	
陳仁	商	搶劫	處有期徒刑九年褫奪公權六年	改處有期徒刑十二年褫奪公權十年	
陳福生	工	搶劫	處死刑褫奪公權終身	改處無期徒刑褫奪公權終身	一案
黃光澤	商	搶劫	處無期徒刑褫奪公權終身	改處有期徒刑十二年褫奪公權十年	
謝金龍	商	搶劫	處死刑褫奪公權終身	改處有期徒刑十五年褫奪公權十年	一案
高三福	工	搶劫	處死刑褫奪公權終身	改處有期徒刑十五年褫奪公權十年	
潘木生	車夫	搶劫	處死刑褫奪公權終身	改處有期徒刑十五年褫奪公權十年	

■以上共計十三案

略顧問委員會主任委員，兼任華中剿匪總司令（後改稱華中軍政長官公署），駐節漢口，和共軍劉伯承、鄧小平部對峙。隨後，內戰局勢快速逆轉，民國三十八年（一九四九）一月，徐蚌會戰失敗，蔣中正總統宣布「下野」，總統職務由副總統李宗仁代理。四月，國共和談破裂，中共大舉渡江。白崇禧率部與改稱「人民解放軍」的中共軍隊一路血戰，先由湖北退湖南，再退故鄉廣西，最後至海南島。民國三十八年（一九四九）十二月底，白崇禧由海口飛台北，再一次來到台灣。在白氏而言，毅然入台，是與民國共存亡，「向歷史交代」；然而，白氏晚年在台的歲月，卻隨時都處在情治人員的監控之下。[248]

民國三十八年，當初勝利收回台灣的「祖國」，如今反而走進了台灣的懷抱。在台灣，白崇禧和其他大陸撤退來台將領一樣，投閒置散，只有名譽職銜（總統府戰略顧問委員會副主任委員），而且謹言慎行，並未和海外桂系人物有所串連。但在各省來台將領之中，卻惟獨他遭受當局的嚴密監控，究其原因，很可能與白氏在二二八事件時，受命來台宣慰有關[249]。蔣氏父子初到台灣，有威而無德，對於能得台灣民眾感戴的白崇禧，自然十分提防畏懼，擔心其與本省勢力串連。於是，民國三十六年白崇禧奉命來台宣慰的事蹟，到了民國三十八年以後，竟反而成了被掩蓋、避談的禁忌。[250]

白崇禧在二二八事件時的措施，雖然在「白色恐怖」時期，受到當局的刻意抹煞，但是他保全諸多無辜民眾的恩澤，卻仍存留在民間記憶當中，對於日後台灣社會族群對立情結的化解，留下一線生機[251]。據曾擔任台北、台中榮民總醫院院長、蔣經國總統醫療團召集人的彭芳谷醫師回憶：他於民國四十年代就讀國防醫學院時，暑假在木柵信步閒逛，便見過台灣民眾私下為白氏所立的長生牌位。當時的木柵，還是一片鄉間景色，彭氏看到路旁一棟低矮的老屋，門扉敞開，房廳正中央擺張小桌，上頭供著一簇新牌位，牌位上寫的，赫然有「白崇禧將軍」字樣。[252]

民國五十五年（一九六六）十二月二日，白崇禧在台北松江路寓所因心臟病發逝世，享年七十三歲。到靈堂致祭的各方人士裡，有許多台籍人士。據白先勇回憶：「父親過世的時候，有許多本省人士來弔唁。大部分我們並不相識，中小學校長、鄉長、鎮長，還有一些白髮蒼蒼的台灣父老扶杖而來。

[253]」前文中被捕的高雄台籍警員王大中，「隱名王雲平，也前往祭拜，包了五百塊的奠儀，其家人不知我是誰。[254]」公祭靈堂中，更有不少台灣父老的輓聯、輓詩，當中都提及白崇禧在二二八事件時，處在謠諑紛紜、諸多掣肘的困難情形下，力籌善後、制止捕殺，澤惠台灣民眾的往事。例如，曾兩度偕母請見白部長的瑞芳鎮長李建興：

宣慰初來急定危疑處變救民千萬家一時生佛
哀矜不喜盡行切實歌功頌德士君子有口皆碑

台灣櫟社成員莊幼岳的輓聯：

憶當年蓬瀛事件微將軍及時趕到台民早已成冤鬼
痛此日禹甸淪胥正王師準備反攻天上漢河殞巨星

又如二二八事件時，擔任台北「處委會」委員兼宣傳組副組長（後為組長）的張晴川[255]所擬輓詩：

悼白上將健生先生
胡塵遍地正橫行。遺恨未曾復兩京。
八桂名揚嚴紀律。七鯤星隕失干城。
位膺上將猶勤學。功蓋中原善治兵。
二月年年逢廿八。三台父老感先生。

以及署名林子惠的輓詩：

敬悼白崇禧先生靈右

七十三齡棄俗塵。記曾仁德拯斯民。

宣勞撫慰憶當日。瀛島甘棠遺愛新。[256]

然而，一切典故辭藻，似乎不比一位親身經歷二二八事件的基隆雜貨店東廖文英所說，更為直接明白：

二二八事件錯的是陳儀，救人的是白崇禧。[257]

話說得素樸簡單，但或許正代表了當時眾多台灣百姓的感受與心聲，足見：公道仍存人心。

[212] 高素蘭編，《事略稿本》，民國三十六年四月十五日，頁299。
[213] 即所謂「共黨煽動論」，見侯坤宏，《研究二二八》，頁35。
[214] 張炎憲、胡慧玲、高淑媛採訪、記錄，《悲情車站二二八》，頁21。
[215] 張炎憲、胡慧玲、高淑媛採訪、記錄，《基隆雨港二二八》（台北市：吳三連台灣史料基金會，2011年3月），頁253。
[216] 台灣省文獻委員會編，《二二八事件文獻輯錄》，頁661。
[217] 同上，頁198-199。
[218] 同上，頁233。
[219] 〈王大中先生訪問紀錄〉，許雪姬、方惠芳訪問記錄，《高雄市二二八相關人物訪問記錄》，中冊，頁129。
[220] 〈王天煌先生訪問紀錄〉，同上，頁411。

221 〈周石先生訪問紀錄〉，同上，頁16。

222 〈簡耆兌先生訪問紀錄〉，同上，頁32。

223 台灣省文獻委員會編，《二二八事件文獻輯錄》，頁656。

224 〈雪學生界之恥〉，《台灣新生報》，民國36年3月23日，頭版，社論，三欄題。引自林元輝編，《二二八事件台灣本地新聞史料彙編》，第一冊，頁304-305。

225 行政院研究二二八事件小組，賴澤涵總主筆，《「二二八事件」研究報告》，頁320。

226 林獻堂（著）、許雪姬（編註），《灌園先生日記》，第十九冊，頁265。

227 許水德等口述、陳柔縉紀錄，《私房政治：二十五位政治名人的政壇祕聞》（台北市：新新聞週刊，1993年），頁115。

228 朱昭陽，台北板橋人，板橋公學校畢業，考上東京第一高等學校，一九二五年，入東京帝國大學經濟學部，大二通過高等文官考試行政科及格，大學三年級，通過司法科及格及大藏省就職考試。一九二八年，入大藏省服務，一九四四年，任專賣局總局主計課長，位階高等官二級，是日本時代行政官最高階的台灣人。戰後回台，為了建設台灣，培養人才，籌設延平學院，以林獻堂任董事長。民國三十五年雙十國慶，延平學院在開南商工操場舉行開學典禮，這是本省第一所私立大學。但二二八事件旋即爆發，延平學院遭勒令停辦。朱氏雖不斷奔走，只能先以補校之名復校，即今日之延平中學。國史館編，《國史館現藏民國人物傳記史料彙編》，第二十六輯（台北縣新店市：國史館，2003年），頁97-101。

229 朱昭陽（口述）、吳君瑩（記錄）、林忠勝（撰述），《朱昭陽回憶錄：風雨延平出清流》（台北市：前衛出版，2009年2月修訂新版），頁108。

230 台灣省文獻委員會編，《二二八事件文獻輯錄》，頁284。

231 同上，頁174-176。

232 同上，頁424；許雪姬訪問、記錄，〈蔡丁贊先生訪問紀錄〉，《口述歷史》，第三期：二二八事件專號（台北市：中央研究院近代史研究所，1992年2月），頁143。

233 張炎憲、胡慧玲、黎中光採訪、紀錄，《台北南港二二八》，頁66。

234 見〈楊照先生訪問記錄〉，本書第二二二頁。

235 張炎憲、高淑媛採訪、記錄，《混亂年代的台北縣參議會》（台北縣板橋市：台北縣立文化中心，1996 年），頁 122。

236 〈國防部法規司 36.7.16 (36) 字劍字第三四〇號函〉，頁 607-608。全文見本書第三七九頁。

237 〈陳永壽先生訪談記錄〉，見本書第二一二頁。

238 以下蕭錦文的遭遇各節，取材自〈蕭錦文先生訪談記錄〉（見本書第一九八頁），不另附註。

239 鄧進益逃亡一節，參見張炎憲、胡慧玲、黎中光採訪、紀錄，《台北南港二二八》（台北市：財團法人吳三連台灣史料基金會，1995 年），頁 249-259。

240 官方說法，蕭錦文係因「承印反動傳單」罪名，遭台北市警察局逮捕。據陳儀以台灣省警備總司令身分，於三月二十三日向白崇禧呈送的〈兼台灣省警備總司令陳儀報告〉，附件二「交保開釋暴動人犯名冊」裡，蕭錦文列名交保開釋之一百一十七人名冊：

姓名	年齡	籍貫	職業	拘案日期	案由	處理情形	備考
蕭錦文	21	新竹縣		三月十五日	承印反動傳單	交保釋放	台北市警察局主辦

另據《警備總部檔案》中〈警總致國防部代電〉（民國三十六年六月五日），附件四「交保開釋暴動人犯名冊」，蕭錦文之名亦被列其中，惟姓氏誤植為「葉錦文」：見台灣省文獻會編，《二二八事件文獻補錄》，頁 222，頁 278。

241 台灣省文獻會編，《二二八事件文獻輯錄》，頁 232。

242 同上，頁 367-374。

243 林氏三月二十七日日記，林獻堂（著）、許雪姬（編註），《灌園先生日記》，第十九冊，頁 189。

244 據林獻堂同年九月二十八日日記，白部長遣國防部參議劉仲容到台灣，訪見林氏，「並問台灣近況，如有欲對中央陳述之事，（白）部長願代為傳達云。」可見其對台灣一直保持關切。見林獻堂（著）、許雪姬（編註），《灌園先生日記》，第十九冊，頁 491。

245 〈國防部長白崇禧呈台灣二二八事變內由軍法訊結暴亂案件擬予審核簽請備查〉，侯坤宏編，《二二八事件檔案彙編（十七）》，頁 527-530。

246 〈白崇禧呈蔣主席二月二十五日簽呈〉，侯坤宏編，《二二八事件檔案彙編（十七）》，頁 542-544。

247 〈國民政府致國防部長白崇禧代電〉，侯坤宏編，《二二八事件檔案彙編（十七）》，頁 550。

248 白氏撤退來台後，長期遭受情治人員監控的情形，見白先勇，《父親與民國—台灣歲月》，頁 150、238、頁 188-191。

249 同上，頁 186-187。

250 〈粟明德先生訪談紀錄〉，見本書第二五四頁。

251 陳存恭，〈族群融和的典範—白崇禧將軍〉，《廣西文獻》，第 74 期，頁 14。

252 〈彭芳谷先生訪問紀錄〉，見本書第二四八頁。

253 白先勇，《父親與民國—台灣歲月》，頁 16。

254 〈王大中先生訪問紀錄〉，許雪姬、方惠芳訪問，《高雄市二二八相關人物訪問紀錄》，中冊，頁 129。

255 張晴川（1901-？），字漢澄，台北市人。幼年隨父親旅居廈門，回台後與胞兄張晴波經營綢緞行。一九二五年加入台灣民眾黨，兼任《台灣民報》記者。期間曾被日本警察逮捕十餘次。台灣光復後，當選台北市參議會參議員。民國三十六年三月二日，張晴川是「處委會」推派會見警總參謀長柯遠芬的代表之一。軍隊展開鎮壓後，張晴川四處躲避，逃過一劫，但直至四月十八日，仍列名「二二八事變首謀叛亂在逃主犯名冊」，見李筱峰，〈張晴川〉，《二二八事件辭典》，頁 354。

張氏與白崇禧在二二八事件時的來往關係，因資料欠缺，尚待進一步查考。但是，如果張氏沒有受到白部長的保全搭救，當不會有這樣發自肺腑的輓詩。

256 所引輓聯、輓詩，按照引用次序，見白先道編，《陸軍一級上將白公崇禧榮哀錄》（台北市：白崇禧上將治喪委員會，1966 年），頁 98、135、185、184。

257 台灣省文獻委員會編，《二二八事件文獻輯錄》，頁 548。

【結語】

民國三十六年，台灣發生二二八事件，蔣中正決定派兵恢復台灣秩序，並且派遣中央大員到台灣宣慰、查明事件原因，以及協助善後。這時南京具備足夠軍政資歷、可堪承乏宣撫使命的文武官員，並不在少數，但是蔣中正卻於三月八日，選定由當時正在華北巡視綏靖區政務的國防部長白崇禧承擔宣慰使命，並且急召回京。白崇禧奉命，以寬大原則擬具處理事件辦法，並且準備在三月十二日到台宣慰。但是因為台灣秩序尚未恢復，白氏延後到十七日才成行。

白崇禧部長抵達台灣後，立即發布國防部〈宣字第一號佈告〉。前三日的活動，分別於省會台北市視察駐台各機關，對各部官兵訓話，並且慰勉外省籍公務人員。三月十九日起，巡行台灣各地，先到基隆視察；二十一日，搭機飛往屏東，之後的四天，由南至北，分別宣慰屏東、高雄、台南、彰化、台中、新竹等地，到二十五日結束。三月二十六日起，回駐台北，對於二二八事件後原住民社群秩序的恢復、青年學生返校復課、地方清鄉綏靖、台灣省政改革等問題，詳細考察研究，謀求寬大妥適的善後處理。三月二十八日，召集在台軍政首長會議，指示四點：現行拘捕人犯，從速從寬依法審判；拘捕人犯，必須遵循合法手續；除警備總部外，各機關一律不准逮捕人犯；參加暴動之青年學生從寬免究。四月一日，白崇禧於台北賓館召開記者招待會，宣示逮捕人犯，需經合法手續，如有重大案件，必須呈國防部核准之後，方能施行。

四月二日上午，白崇禧搭乘專機飛返南京覆命。四月六日，完成《宣慰台灣報告書》，上呈蔣主席；四月七日，奉命出席中樞紀念週，報告赴台宣慰經過。四月十七日，上簽呈建議撤換警備總部參謀長柯遠芬、獎升高雄要塞司令彭孟緝等人。民國三十七年二月，覆核台灣警備司令部軍法審判案件，將案件內人犯刑度減免，多人免除死刑，國民政府照准實施。由民國三十六年三月八日緊急受召返京，到隔年三月二十四日國民政府代電國防部，照准覆核案件判決為止，白崇禧與台灣二二八事件產生關係的時間，共計一年有餘，而實際在台灣的時間，則為十六天。這十六天，對於白氏來說，只是其軍政戎馬生涯的一小段插曲，但是對台灣歷史發展而言，白部長十六天宣慰之行，卻相當的關鍵。

白崇禧的《宣慰台灣報告書》，對於二二八事件遠近起因的看法，構成日後官方對「二二八」的長期解釋觀點。《報告書》是政府內部文件，代表的是當時官方對於事件的認知理解；當中認為二二八事件爆發的直接原因，雖然將「共黨份子煽惑」列為首要因素，但同時也委婉指出陳儀治台的諸項缺失。職是之故，白崇禧對於陳儀、柯遠芬的撤換離台，實扮演了重要的角色。固然白氏在台期間，為了謀求宣慰善後的順利開展，多次稱許陳長官的處置「敏捷」、「適當」，但是他對於陳、柯等人在台施政的缺失，事件後諸項違法行為，大都能夠察覺；因此在白崇禧返南京覆命一個多月後，長官公署撤銷、成立省政府、陳儀與柯遠芬調離台灣、專賣貿易兩局撤廢等重大善後措施，均能一一實現。另外若干措施，因為受到國共內戰的影響，無法實施，則是白氏當時所無法預料的。

二二八事件發生之後，陳儀口稱寬大，實際上殺機大動，請兵來台平亂之後，隨即對台灣民眾展開報復，濫行捕殺，許多菁英因而罹難送命，平民百姓也無端遭禍。白崇禧奉命來台灣宣慰，在台灣民眾的眼中，他是口啣天憲的「特使」；然而，他實際所奉到的使命，只是「協助辦理」；在蔣中正的處理方略裡，白氏的角色，只是「先用兵後安撫」的後著。所以，白崇禧並沒有「全權處置」的授權，在台期間，他必須事事向南京報告，並且在表面上和與主要負責的陳儀長官維持和諧關係。陳儀處理二二八事件無法平和落幕，所以對於白部長到台灣，十分忌憚：先是將白部長派遣的「台灣慰問團」原機遣返，在白氏到台後，對於其行動與接見，暗中阻撓，並包圍監視。同時，陳儀在白部長到台宣慰之後，違背中央寬大政策，仍然暗中捕殺台籍菁英仕紳，試圖蒙騙中央，並且謀求續掌台灣省政。

處在這樣多方侷限、掣肘的情形下，白崇禧對於台灣局面，力謀匡正補救，並且保全許多無辜民眾的性命。先是在奉命宣慰之後，便多方了解台灣民意，並邀請監察委員丘念台回台協助宣撫；抵台當天，白崇禧即發布國防部〈宣字第一號佈告〉，聲明參與事件人員，除共黨外，一律從寬免究。之後多次廣播、講話，宣示中央寬大措施，對於涉及事件人士既往不究，並且指斥柯遠芬做法失當。最後，更於三月二十八日，以國防部長身分，收回台灣省警備總司令部的軍法終審權，要求各機關呈繳拘捕人犯名單，對於情節輕微者，一律准許交保釋放。而白氏本人，因為其「小諸葛」的威名，在到台之日，就使得軍警的紀律，與違法拘捕濫殺的情形，大幅獲得約束、改善。白崇禧在台灣宣慰時，採行的各種措施，使得眾多無辜受難的民眾得以獲救，性命得到保障。蕭錦文的遭遇，就是最好的例證；而由蕭錦文的例子，又可以推知，當時類似情況而獲救的人，必定不在少數。

在當時各種阻礙與困難並存、謠言與恐懼紛飛的情況下，白崇禧到台灣宣慰，對於二二八事件所造成的傷害與痛苦，發揮了非常關鍵而立即的「止痛療傷」作用。白氏不只在精神上穩定台灣民眾的情緒，更以實際作為阻止了台灣軍政官員的蠻橫愚昧行為；他的宣慰舉措，既顧及外省籍人士的處境，對於本省同胞受害遭難，也心存悲憫，盡力施救。在民間社會的集體記憶裡，對於他即刻救難所留下的恩澤，仍存有印象，因此，這關鍵的十六天，也不應該在歷史記載上缺席。

口述訪談

白崇禧將軍與二二八事件

王大中

高雄市民，警察

王大中（原名王源趕），曾赴日本念中學，回來後在高雄當警察，「二二八」發生當日，王大中在大哥家中，一群士兵來搜家，莫名其妙把他逮走，他遇到一個腐敗的檢查官，把他狠打一頓，在牢裡吃盡苦頭，最後還判了死刑，過著膽戰心驚的日子，直到白將軍來台。「幾天後，白崇禧來台，禁止再執行死刑，不多久，我們這些被執者齊聚廣場，等候宣告徒刑。那時我聽到宣判：『王源趕判無期徒刑。』聽判後，我就安心了，曉得自己絕對可以活著見天日。」王大中只關了七個多月，出獄後王大中活在「二二八」的陰影下，過著埋名隱姓的生涯。

「民國五十五年十二月二日，白崇禧先生過世時，那時我隱名王雲平，也前往祭拜，包了五百塊的奠儀，其家人不知我是誰。」

——〈王大中先生訪問紀錄〉，《高雄市二二八相關人物訪問紀錄》，頁129

王天煌

高雄市民，傭役

被捕後，先關在高雄市警察總局，在此受到極度的刑求。因我與軍人發生衝突，故以軍法審判。高雄法院判我死罪，我上訴到台南高等法院，但也判死刑，乃被送到台北市青島東路的保安司令部，時因白崇禧已宣布政治犯不得任意槍決，我乃得活命。

——〈王天煌先生訪問紀錄〉，頁411

葉榮鐘

詩人、作家、林獻堂祕書

我們一行由偏門退出禮堂，只見丘念台先生向林獻堂先生說剛才報告的那位軍官就是白崇禧將軍。喔！那位就是白部長？大家都感覺著意外，一位先輩感嘆地說，真是百聞不如一見，據他所想像的白崇禧將軍，應該是一位弱不禁風的斯文人，若不客氣地講還要帶一點蒼白的面龐才對，不意竟完全與所想像者正相反，乃是一位魁梧奇偉、溫而厲、威而不猛的將材，這真叫大家重新加一層敬意，同時對於中華民國的國防登生一種切實的信賴感。

——葉榮鐘，〈白部長的印象〉，收於氏著，葉芸芸編，《台灣人物群像》（台中市：晨星，2000 年初版），355-357

許整景

澎湖馬公要塞軍醫

……至於我，則因在事件中被推選為縣長候選人，被認為有政治野心，而被視為危險人物，幸蒙白部長明察，始免於難。

——台灣省文獻委員會編，《二二八事件文獻輯錄》，頁 176

蔡丁贊

耳鼻喉科醫師、台南市參議員

事件中，台南市政府並未「失陷」，市長及主管人員走避，本省籍職員照常上班也。三月十一日上午，參議會被包圍，湯德章等被捕，我於午後到參議會（我為參議員）亦被捕。十二日上午被送至刑務所，十四日上午，在刑務所開軍事法庭，刑務所所長蔡姓在旁，第一個審問者為湯德章，第二個即我。湯被判死刑。原先誣告我以一中會長煽動叛亂，並內定死刑，我因告以非南一中會長，軍法官說可以保出去，及家人往刑務所，卻稱軍法官（審議我以後即不見）未留下准予交保案卷，無法辦理。三個月後給我判決書，略以：參加叛亂團體，詆毀政府，判處徒刑二年。閱畢，不禁哭號。從此在獄中當「看護夫」，在獄中還自由可以看報。及白崇禧銜命來台宣慰，鼓勵犯案人員上訴，我亦辦理，至十月三日獲釋。

——台灣省文獻委員會編，《二二八事件文獻輯錄》，頁 424

朱麗水

基隆市民

約在二二八事件發生之第二天晚上，我適在高砂戲院看戲，散戲時看到很多本省人遇到外省人就打，連本省女人嫁給外省人的也照打，且罵她們為「豬公架」。當時有一外省軍人被打死，屍體被踢到高砂戲院門口前排水溝裡，並且用高砂戲院之招牌將屍體覆蓋起來。不久之後軍隊開到，並開槍大肆搜捕。當年我二十一歲，我弟弟朱文熙十九歲，因想自己家是木造房屋，不能阻擋槍彈，深恐有危險，故兩人當晚借宿高砂戲院內，於半夜軍隊來搜查戲院時被逮捕，我被送到基隆警察局第三科，被他們以槍托拷打審問，後以「未決案」送基隆拘留所監禁。我弟弟則被送到憲兵隊拘禁。……基隆市警察局當時有十多間「牢房」，每天晚上都約有五、六人被捉出去，然後聽到一陣槍聲，出去的人就沒有再回來。直至白崇禧來台後，我們才被放出來，我釋放後未曾再被找過麻煩。

——台灣省文獻委員會編，《二二八事件文獻輯錄》，頁656

白先勇教授與見證人蕭錦文訪談

當時台北《大明報》記者

白先勇：您是運氣好，天保佑。後來您是怎麼得知，因為我父親的命令，才讓你得以逃過死劫呢？

蕭錦文：我心裡一直有疑問，所以不斷打聽，打聽之後才知道是白崇禧先生來了，發布這一道命令之後，救了我。前一天被拉出去的，通通沒有回來。我想，他們可能是在送我們去槍決的途中，才接到白將軍的命令，救了我一命。所以，要不是您父親救下了我這條命，我哪能活到八十幾歲！真的很感謝白將軍。

——蕭錦文先生訪談紀錄，見本書第一九八頁

口述訪談

大明報記者

【蕭錦文】

第一次

時間 民國一〇二年四月三日

地點 台北市中山堂

訪問 白先勇

記錄 黃啟源、廖彥博

第二次

時間 民國一〇二年九月二十五日

地點 蕭先生新北市林口自宅

記錄 廖彥博

蕭錦文先生與白先勇教授進行訪談。（許培鴻攝影）

蕭錦文先生，台北市人，台籍日本兵，曾派赴南洋戰線。民國三十五年（一九四六）才回到台灣。二二八事件發生時，他正在台北《大明報》擔任記者，二月二十八日下午，隨行採訪抗議人群，親眼見證「長官公署衛兵開槍事件」。三月九日，軍警到《大明報》印務廠，欲逮捕報社社長鄧進益未果，反將當時值班的蕭錦文帶回，並且對其嚴刑拷打，追問鄧社長下落，蕭先生甚至一度被雙手反綁、眼矇布條，欲執行槍決，幸得白崇禧來台宣慰，宣示嗣後拘捕人犯，必須依照手續公開進行，才能逃脫性命。蕭先生後來隱姓埋名，開設工廠，退休之後，因日語流利，且親歷台灣歷史重大事件，在台北市二二八紀念館擔任日語解說志工至今。

民國一〇二年四月三日，高齡八十六歲的蕭錦文老先生，在台北市中山堂接受白先勇的訪問。在二二八紀念館裡人稱「蕭老師」的蕭錦文先生，身歷動亂，而且遭到刑求，卻能保持公允，不偏不倚，娓娓道來。訪談末尾，他說「我能夠活下來，到現在八十幾歲，除了天命，也要感謝白將軍的庇佑。」真情流露，在場的人都深受觸動。

本篇訪談，即以蕭先生四月三日受訪為基礎，加上同年九月二十五日補訪所記，補充整理而成。

白先勇：（以下簡稱白）我先想請教您的背景。您是哪裡人？家在哪裡？二二八事件的時候，您擔任什麼職位？

蕭錦文：（以下簡稱蕭）昭和二年（一九二七），我出生於日本統治時代的台北。我的父親在台北第一師範擔任助教，他在我四歲的時候便過世了。我母親當時只有二十五歲，便再婚，我與弟弟被接到苗栗去，由我的祖母撫養長大，祖母以摘菜葉為生。我和弟弟慶璋在父親過世後相依為命，生活很辛苦，不過祖母因為我是長孫的緣故，對我仍舊是疼愛有加。

當時，整個新竹州只有一所新竹中學校，我因家窮，沒有參加準備入學考試的補習班。我的老師是客家人，早年是父親的學生，他很重視我，注意到我沒有參加考試班，就來問我原因。後來他得知我因為經濟因素，祖母沒辦法給付學費，便來勸祖母，讓我參加考試，學費由他來想辦法。祖母答應，允許我去參加考試，我考上了新竹中學。頭一個學期，老師已經為我付了學費，但是到了第二個學期，我不好意思再向老師開口要錢，所以就跑到台北來。被這位老師責問，為什麼輟學？我以「不想繼續讀下去」當做搪塞的理由。

我當過日本兵，被派到海外四年。我在緬甸前線作戰的時候生了病，後送到柬埔寨療養，在那裡待了四、五個月的時間，也就是在那裡，聽到日本天皇廣播，宣布日本戰敗投降。之後我又被送到曼谷，住在軍醫院裡。我生的病是瘧疾，當時很多人都得這個病而死，我也差一點死去。

在金邊的時候，我聽到天皇投降廣播，才知道日本戰敗，之後我們解除武裝，被送到西貢，住在一個戰俘營裡，接受職業訓練，大概有半年的時間，之後，一九四六年五月，我才回到台灣來。

白：你剛回台灣時，所看到的情況如何？

蕭：情況很慘。我回到台灣，看到的高雄港，景況與戰前完全不一樣，港口都被盟軍飛機炸平了。回台後找的第一份工作，是在燒瓦片的工廠做工，一天工資五角。後來，就是民國三十五年（一九四六）的九月，舅舅叫我上台北，在印刷廠找到一份工作。之後，舅舅和幾個人一同創辦《大明報》，我也幫忙做一點事情。

二二八事件發生的時候，我在《大明報》報社做事。我雖然是記者，但是報社規模很小，所以我也兼做許多雜事。我報導的新聞，以社會新聞占多數，那時候我二十一歲。在當時，我處理的讀者投書裡，都是那些台灣人被前來接收的祖國同胞欺負的故事。

舉例來說，有一位住在南部的讀者投書說，他們的工廠在「阿山」來接收之後，派來接收的「阿山」對工廠完全外行，外行還不要緊，原來在工廠服務的台灣籍技工，「阿山」全都棄而不用，導致工廠沒辦法生產，反而將機器賣掉。都是這類的事情。

當時我們一般人的感受，都以為台灣脫離日本的統治，回到祖國的管理之下，不會再受人欺負，結果實際上卻不是如此。大家都很失望，為什麼失望呢？從中國大陸派來台灣的官員也好，一般的平民百姓也好，教育程度都很低，文化水準也很低。至於在台灣派駐的軍隊，根本就不是正規軍，欠缺訓練。還有一些人，當自己是政府派來的，可以為所欲為，這就造成社會上不平等的現象。

白：二二八事件發生的原因是很複雜的，從另外一個方面來看，那個時候整個中國的情況，使我覺得二二八事件這個事情，幾乎是必然會發生的，因為當時有各種的衝突：歷史上的，文化上的，經濟上，甚至語言上的各種衝突。而且那時候來台灣這邊的軍隊，或者人員，都是第三、第四流的了。

那時候你二十一歲，去過海外，然後回來台灣，看到台灣的情形，而且你身在報社，等於是代表人民的聲音。所以在那時候，是不是你就覺得，想要寫出一般人民所訴告無門的事情？

蕭：是的。我牽涉進二二八事件，並導致被捕的情形，比較特殊。《大明報》的創辦人兼社長鄧進益是我的親戚，他也參加二二八事件處理委員會，列名委員[258]。他和蔣渭川等人成立了一個團體，這些人想要出面處理事件。

二月二十八日當天早上八點多，我人跟在抗議的遊行隊伍裡，隨行採訪。我們聽廣播，知道事件爆發（緝私員打死人），第二天，有位里長，拉來一群人，還有一輛拖板車，他在拖板車上放了一面大鼓，由一位青年在上面敲打，旁邊有人敲鑼。那個時候，我跟著這個率眾抗議的里長身邊，人數大約有五、六十人。這些參加遊行抗議的人，都是些青年。我跟著他們，從延平北路，到忠孝西路，轉個彎，到了位於今天重慶南路上的專賣局分局。當時的重慶南路，馬路兩側都有大水溝，要到建築的騎樓，必須先經過一截短橋。有些專賣局的外省職員已經來上班了，他們穿著中山裝，一被發現，就被這些青年揪住毆打。這些職員躲進大水溝裡去，有些年輕人，手上拿著不知從哪裡找來的石頭、磚塊，丟擲這些躲到水溝下方的職員。

後來隊伍來到襄陽路，然後再到台大醫院，轉過彎，一部分的年輕人就跑進在公園路上的廣播電台，去拿麥克風，廣播號召市民一起參加遊行抗議。在常德街台大醫院門診部那裡，一輛人力車上面載的人，碰上了這群抗議隊伍。車上的人身材矮小，操東北口音，被群眾問：你是哪裡人？他當然答不上來，於是就被群眾毆打。實際上，二二八當天是外省人比較吃虧，很多人被打。

附近有一間印教科書的台灣書店，裡面有一個上海人，看到這種情況，嚇得半死。我正好認識這個人，就跑過去對他說：你不要開口講話，然後帶他到中山南路那附近，救了他。回來之後，我就一直在今天的外交部（當時是公務員宿舍）附近，到了第一師範學校，也就是今天的氣象局那邊，有一群警察守在那裡，領頭的是一位班長模樣的人，阻擋抗議隊伍繼續前進。敲大鼓的號召大家衝進去，這位班長就號令後面的警察舉槍，做要開槍的預備。但是過了幾秒鐘，或是一分鐘，並沒有聽見開槍。敲大鼓的那人就告訴人家：別害怕，不要緊，大家向前進！這時候，抗議遊行的隊伍裡也有女孩子加入。自從隊伍經過廣播電台以後，很多老弱婦孺都來參加。因為班長不讓遊行隊伍入內，隊伍裡的女孩子就站出來，脫下腳上穿的木屐，一面打這個班長，一面要搶他的佩槍。

這個時候，軍警還沒有對群眾開槍。此時，抗議的隊伍感覺群龍無首，就集合到南門前面，排成一排，在專賣局前面休息。本來隊伍有抗議書要交給專賣局，但是專賣局的職員都跑光了，沒人出面收抗議書。

等了幾個小時，在專賣局本部的陽台上，王民寧在那裡現身[259]。他對下方的抗議隊伍說，這裡沒有人在，我帶你們去長官公署，和陳儀談判。

王民寧說，要帶領我們去長官公署找陳儀談判，這件事情，以後的媒體既沒有報導，史籍上也沒有記載[260]。他領著我們，到了中山南、北路和忠孝東、西路交界處，那裡有一個圓環，是給老百姓休息的地方，後來拆掉了。我也跟去。在那個地方，前面的拉車進去，長官公署三樓上面的機關槍就開火了。當場打死好幾個人。我看見打死人了，水溝裡都是血，嚇得要命，趕緊跑掉。在這之後，我就沒有再參加與二二八事件有關的活動。

白：請您談談被捕和因為父親的命令而獲釋的經過。

蕭：三月九日的早上，軍警要來抓《大明報》的社長（鄧進益），因為他列名「二二八事件處理委員會」的委員。而鄧社長在前一夜已經逃走了。他是如何知道有人將要來逮捕，而提早跑掉的呢？後來我才得知，有一位博愛路派出所的管區警員，在光復初期生活困難時，鄧社長曾經施以援手，接濟他一家的生活，於是這位警員向他通風報信，要他快走。所以他連夜離開台北。他在驚惶害怕的情緒下，自然沒想到要通知報社的人。

社長不在，而那時我正好在報社輪班當值，於是兩名外省籍的刑警，就把我帶回位在延平南路的警察局。一名姓李的局長，以及那兩名刑警，將我帶到地下室，把我反手綁起來，問我社長的下落。我實在是不知道，於是他們便用鉛水管打、戳我的胸、背部，還灌水，我暈過去兩到三次。我是真的不知道社長到哪裡去。他們還拿毛巾蓋住我的臉，用熱水瓶裡的熱水，當頭澆淋下去，讓我無法呼吸，這樣來逼問我。他們不放過我，說如果我不吐實交代，就讓我「作台灣皇帝」。

我被刑求拷問，昏倒了兩次或三次，我心裡想，要是再這樣下去，若不趕緊設法脫離此地，大概會在這裡被刑求到死。於是我就騙刑求的刑警，稱（報社）樓梯底下有放東西，可去查看，人是否躲在那裡。這樣，他們一面派人前去查看，這才將我帶往地下室的囚籠關押。地下室裡關了大約一、二十人，其中有一位彭姓年輕人，我知道他是延平學院的學生。當時我已經被刑求到發燒，看守我們的獄卒裡，有一位是台灣人，我趁著看守輪班，對那位獄卒說自己家在哪裡，請他向我母親拿一些傷藥來讓我服用。他依我請求，從我母親那裡拿到了傷藥（大七字散），我服用以後，燒才慢慢的退了。

不知過了多久，有一天，我們被叫出去，手腳綁著，眼睛蒙布，身後插上一塊「驗明正身」的木條名牌，被推到大卡車上去，要載去刑場槍斃。我們在半道上停下來兩次，但是因為眼睛被蒙著，我不知道為什麼要停下來，也不清楚停車的地點。卡車後來又轉回警察局，我又回到地下室。

當時我不曉得為什麼能逃過一劫，後來才知道，是您的父親白崇禧將軍發命令的緣故。蔣介石派白將軍到台灣來，他到之後看情況很平靜，台人並沒有暴動，既然沒有暴動，就不准任意處死我們台灣人。我聽說，他發布命令，如果未經審判，不得任意槍決。就是因為這道命令，我才能活到今天。

白：您在當時，聽過我父親白崇禧的名字、知道他是國防部部長嗎？您被關進去，大概是多久的時間？

蕭：聽過，我知道他是國防部的部長，也有風聲，說他要來台灣視察。但是他到台灣的時候，我因為被關押，因此並不知道。後來我出獄後才知道，白崇禧先生來到台灣，發布一道命令，才使我得以活命。

我被關進去，大概有一、兩個星期的時間，有一天，樓門大開，同行有四、五個人，被拉出來，手腳立刻被綁著，要帶去槍斃。他們先是將我們的手綁起來，然後再用黑布蒙住我們的眼。這時我們心想：蒙住我們的眼，就是預備要槍斃了，心底很亂，也沒有辦法再思考什麼，只想著，我就這樣要死掉了。但是卡車出去之後，停了兩次，司機和人說了些話，但說的什麼，我沒聽清楚。後來又轉回警察局地下室。

白：您是運氣好，天保佑。後來您是怎麼得知，因為我父親的命令，才讓你得以逃過死劫呢？

蕭：我心裡一直有疑問，所以不斷打聽，打聽之後才知道是白崇禧先生來了，發布這一道命令之後，救了我。前一天被拉出去的，通通沒有回來。我想，他們可能是在送我們去槍決的途中，才接到白將軍的命令，救了我一命。所以，要不是您父親救下了我這條命，我哪能活到八十幾歲！真的很感謝白將軍。

我出獄之後，是如何得知白將軍來台救命呢？鄧社長有一位堂兄弟，原本混跡黑社會幫派「蜘蛛黨」，國民黨政府來接收台灣時，運用這些人，擔任刑警，來對抗「十二生肖」組織，收到「以黑治黑」的效果。這位刑警消息靈通，他告訴我，正是因為白將軍來台宣慰，下命令：任何人未經過審判，不得槍決處死，我才能保住性命。鄧社長在事件平息回來之後，也曾經告訴我：因為白部長來台灣，我才沒被載往刑場槍決，那真是好險。

在軍隊還沒有派來鎮壓之前，我們說實在話，是台灣人打外省人的情況，也有打死的。外省人都躲藏起來，軍隊還沒來，這時候大街上到處晃蕩的，都是台灣人，抓到外省人，就是一頓毆打。白崇禧來台之後，看見台灣市面已經恢復平靜，而陳儀政府卻不照法律程序，以致有許多台灣人，仍然持續被軍警逮捕、打死，所以才下命令，要求如未經過審判，不得處決人犯。當然，這些事情，我都是後來才知道的。當時關在牢籠裡面，也不知道軍警為什麼要抓我，還以為自己身為記者，可能是因為採訪二二八事件而被捕的，哪裡能知道這其中的許多緣故？

白：那您在被釋放之後，過著什麼樣的日子呢？

蕭：我出來以後，覺得自己這條命算是撿回來了。但是，身後時常有人尾隨跟蹤，以後就不敢再公開露面，我的母親跟我說，從此千萬不要講和「二二八」有關的事情。從這以後，我換了名字，把過去的事情埋在心底，隱姓埋名。只是，在心裡的結，一直都沒辦法放下。要我放下，我辦不到。一直和我相依為命的弟弟，在二二八事件時沒有遇難，卻在白色恐怖的時候被槍決了。

我的弟弟當時是檢字工人，參加了左派讀書會。我們的父親早逝，想讀書沒有機會，所以他只能參加讀書會。他被捕之後，關在青島東路的軍人監獄裡，因為他寫信出來，要我們家屬送東西進去，才知道他被關在那裡。關了一年之後，以叛亂罪的罪名槍斃。他死後，我的心很痛。我們四歲喪父，兄弟兩個相依為命，弟弟是我唯一的親人，他就這樣死掉，我的心裡很難過。他死的時候，還沒有結婚成家，沒有子孫祭祀，這樣的命運，要從何說起？因為這樣的刺激和打擊，使我對國民黨恨之入骨。

現在我在台北市二二八紀念館，擔任口語講解義工。我常常對來參觀的日本遊客解說當年不幸的事件。我是親身經歷過戰爭的人，跟他們解說過去的情形，教他們日本在以後，絕對不能打仗，這個是最要緊的，打仗不是好事，打仗沒有得到好處，戰勝戰敗的兩方都是一樣，得不到好處，因為在前線去打仗的時候，什麼都不認了，自己會死也不知道，真的，為了要戰勝，就是要殺死對方，殺得片甲不留，即使死也沒有關係，也是一直大家彼此戕殺。

白：我想，在二二八事件的時候，也有很多互相救助的例子。人的天性，都不願意看到別人死，這是很自然的事。我父親來台宣慰的時候，也是基於這個道理的。他來了以後，親眼所見，知道很多台灣人犧牲了。他還跟我講的，他有關於這方面的情報。父親說，有些人在基隆港那邊，被裝在麻布袋裡面，就這樣丟到海裡面去了。

我父親來台宣慰的時候，心裡面存著一種很悲憐的想法：既然不幸的事件已經發生了，那麼在他的職權範圍、發布的命令裡面，他能夠救多少人，就救多少人，所以我在想，這個也很要緊，如果那時候來的不是父親，是比較糊塗或者是處事比較極端的人，或者不敢，如果有些膽小，也怕了，做得不好，那更糟糕，會死更多人。

蕭：如果換一個人來台灣的話，我現在已經不在人世了。我聽說，在我被卡車載出去前一天，被帶出去的人，通通沒有回來。我的歲數大了，不一定什麼時候就離開這個世界。我能夠活下來，到現在八十幾歲，除了天命，也要感謝白將軍的庇佑。實在講，我所經歷過的事情，應該老老實實、原原本本的說出來。

---

258 鄧進益（1911-1996），台北縣新莊人，日據時代為國語家庭，日本名為「戶山藤吉」，初為印刷廠學徒，後自行開設「大明印刷廠」。台灣光復後，於台北市漢口街任里長，並與朋友集資成立《大明報》，聘東北人艾璐生為總編輯，創刊後第三個月，每月銷路達三萬份（當時省營的《台灣新生報》，每月銷量為一萬份）。二二八事件爆發後，以商工銀行總經理周善提引薦，以鄧能提供資金購米、解決北市米荒為緣故，出任台北市二二八

事件處理委員會委員，兼財政組副組長。據鄧進益回憶，三月八日夜，受過他資助的呂姓客家籍刑警夤夜造訪，手持「一張手寫油印紙，上頭有我（鄧氏）的名字，排名第八」，要他趕緊避難。於是鄧連夜逃往桃園角板山躲藏，其妻於隔日早晨被憲警逮捕，總編輯艾璐生也遭到殺害。四月，躲藏已一個月有餘的鄧進益，由基隆搭船到南京投靠朋友，在中國大陸居住一年之後，回台灣辦理自首。見張炎憲、胡慧玲、黎中光採訪、紀錄，《台北南港二二八》，頁 249-259。

259 王民寧（1905-1988），原名長裕，台北縣樹林鎮人，一九二二年赴大陸，先入北京法政大學經濟系，後投筆從戎，民國十四年（一九二五）入日本陸軍士官學校。民國二十七年（一九三八），任獨立工兵第五團少將團長。抗戰勝利後回台接收，「二二八」事件時，任職警備總司令部副官處長。事件後升任省政府警務處處長，為台籍人士擔任警政重要職務的第一人。民國三十七年當選國大代表。民國三十八年升任東南軍政長官公署中將工兵指揮官、總統府參軍等職。民國四十一年（一九五二）擔任台灣省政府委員，同年創建中國化學製藥公司，任董事長。民國四十三年，與高玉樹競選台北市長失利，民國五十三年，創辦中國化學合成工業股份有限公司。見薛化元撰，〈王民寧〉，《國史館現藏民國人物傳記史料彙編》，第八輯（台北縣新店市：國史館，1993 年），頁 33-34。

260 此即「長官公署衛兵開槍事件」。二月二十八日午後，有民眾代表七、八人在警備總部副官處長王民寧引見下，向警總參謀長柯遠芬提出數項條件，要求包括當眾槍決前一日緝菸血案肇禍兇手、專賣局負擔死者治喪費並發給撫卹金、保證今後不再發生類似不幸事件、專賣局長親自向民眾講話並道歉、當局應立即將專賣局主管官員免職等。不料下午一時許，請願民眾隊伍四百多人，在長官公署前抗議時，遭到衛兵開槍掃射，當場群眾至少有二人以上被擊斃，「頓成恐怖世界」。見林木順，《台灣二月革命》（台北市：前衛出版，1990 年），頁 13；陳翠蓮，《派系鬥爭與權謀政治：二二八悲劇的另一面相》，頁 143、322。

蕭錦文先生幼年時（中）與祖母、胞弟蕭慶璋（右二）合影。（圖片提供：蕭錦文先生）

在台北二二八紀念館擔任日文導覽志工的蕭錦文先生。（廖彥博攝影）

蕭錦文先生與白先勇教授合影。（許培鴻攝影）

時間　民國一〇二年五月二十五日
地點　台北市國聯大飯店
訪問　白先勇
記錄　廖彥博
受訪者　陳永壽

【陳長庚】

陳長庚先生（1916-1993），台中人，日據時代讀夜校自修中文，台灣光復後，於民國三十五年四月通過台中地方法院甄試，以書記官兼通譯資格任用。二二八事件發生後，民國三十六年四月，陳先生與台中地方法院大部分文職人員，均以「叛亂」罪名，遭軍隊逮捕，先囚禁於台中干城町監獄，後又於六月移監至台北，期間只開過一次軍事審判庭，至十月方得釋放，距離無故被捕，已半年有餘。

本篇受訪者陳永壽先生為陳長庚先生次子，現為藥業公司總經理。

擔任台中地方法院書記的陳長庚先生。（圖片提供：陳永壽先生）

白先勇：（以下簡稱白）

我想先了解您的家庭背景，令尊當時從事的是什麼職業？還有受難的情形。

陳永壽：（以下簡稱陳）

我們家來自台中，父親名叫陳長庚。日據時代，他到台北夜校自修，學得中文，能說北京話。民國三十六年（一九四七）「二二八」爆發時，他三十一歲，擔任台中地方法院院長饒維岳的機要祕書已有四年時間[261]。同年四月十六日，台中地院的各級幹部，包括院長、庭長、書記官等，都被軍人帶走了。帶走的原因，一直不曉得。後來父親獲釋之後，才告訴我們：當時國民黨派一位叫池滮的人來接任地院院長[262]，在和饒院長移交過程中（饒院長轉任庭長），不知起了什麼衝突，他就去舉報，講台中地院裡都是些匪諜和叛徒。於是整個地院的人都被抓走了。

父親當時不但是饒院長的機要祕書，還兼管台中監獄的囚糧（即副典獄長）。民國三十四年（一九四五）台灣光復以後，像父親這樣會講北京話的台灣人不多。台中地院關於和大陸方面過來接收的公文，都是我父親擬稿；和上級交接的事情，也由我父親來傳達、傳譯。正因為他是院長的機要祕書，所以也被一併帶到干城町監獄去。

和父親關在同一間囚室的，有饒院長，還有許乃邦庭長。許庭長就是前駐日代表許世楷先生的父親。我父親被關進去之後，只在四月十六日開了一次軍事審判庭。父親入獄，生死未卜，但是獄卒似乎有向他暗示、透露，白崇禧將軍曾經頒下幾道命令和公文，因此他才能獲得公開審判的機會。

白：我父親一到台灣，頒下最重要的一道命令，就是停止濫殺，公開審判。

陳：父親曾跟我說過，二二八事件時，遭到槍決的人數最頻繁的時候，集中在事件發生後的一個月內。白將軍頒下那道公文，雖然有些機構還是心存抗拒，但是至少軍事法庭就會開庭審判。其次，雖然白將軍所頒下公文不是赦免令，但是正因為這道命令，父親覺得自己有生存的希望和機會。

我所不能了解的是，這道命令在三月時就頒下了，為什麼到了四月中旬還在抓人？父親告訴我，那時候因為池滮以共黨叛亂的名義舉報，所以有關單位非抓不可。但是，地院裡有一些幹部並未被捕，後來父親說，這些人在池滮剛前來就任的時候，晚上就上他的住處去送雞送鴨、包紅包送禮了！可見那時的狀況很亂。父親自然不會去對新主管歌功頌德，這大概也是他被捕的原因之一。

父親在牢裡，自忖此命休矣；如果地方法院的庭長都難逃被捕下場，他這個機要祕書也無倖免的道理。他聽說台中各級政府因「匪諜」罪名被捕入獄的文官，不到一個星期就執行槍決了。父親卻拖了半年多，中間還將他移到台北監獄去。後來，在農曆八月十五日，也就是國曆的十月底，有一天突然來了通知：全部釋放。為什麼白將軍下公文之後，還過了五個多月才獲得釋放？是否白將軍在回到南京後，還有請幕僚關切這裡的情況？父親在押期間也未審判，就關在那裡，令人費解。父親也說，好在他是本省籍，以「匪諜」罪嫌被捕，後來獲釋，但當年好多外省籍人士因為這項罪名而死。

白：父親結束宣慰，回到南京之後，還是不斷關切台灣的情況。後來我們找到一份文獻，有五十多個人都定罪了，中間有十八人判處死刑。父親將他們全部減輕刑度，改成徒刑。因為是軍法審判，父親因為是國防部長，所以可以過問；如果是司法審判，他可能就管不到了。這份文獻的時間是在第二年（民國三十七年），所以這個拖延的情況是有的。

陳：父親說，他們在被關押期間，見到有人未經審判，就被槍決。至於他們最後能夠獲得審判，背後的原因是不是因為白將軍的公文？我們沒有證據，父親也沒跟我們這樣說。但是我們目前的推測是：因為白將軍的命令，讓這些軍法官心中的良知甦醒，上級既然下了這樣的命令，只能遵行。

否則，依照那時候柯遠芬等人「寧錯殺一百，不縱放一人」的作風，因為「匪諜」罪名入獄的外省籍人士全都喪命了。我與朋友在討論這件事情的時候，推想是不是因為白崇禧將軍來台宣慰，使得還沒有定案的案件就卡在那裡？還是白將軍回南京之後有幕僚留在台灣監督？

白：父親是以國防部部長的身分下令，他又是蔣介石派來的中央大員，有一定的拘束力。我想，當時他們可能不敢隨便槍決人了，但是很多事情沒有人願負責，於是就擱在那裡。

陳：父親四月被捕，十月無罪獲釋。當他和那些庭長們被關在牢裡的時候，當然是生死未卜，但是等他獲釋之後，跟我們說：要不是白將軍下了那道命令，這些軍法官抱著「多一事不如省一事」的心態，一定全部判處槍決，哪可能擱在那裡！

我和父親閒聊的時候，他曾經說，像白將軍、李宗仁這樣的名將，在大陸上的功蹟，當局因為派系不同，對於他們的功績，當然是一定要抹煞的。我父親說，白將軍來台之後，就等於被軟禁了。第二，之前還是「黨外」時期的民進黨，對白崇禧將軍來台的功蹟，也從來不提。這些歷史的真實面，不能因為白將軍是出身廣西桂林的外省人，便加以抹煞。父親是知識份子，對於白將軍，他心中自然會有感念。我身為他的後代，當年有許多這樣無罪獲釋的人，我覺得大家確實要感念，這點很重要。

父親私下對我講，白將軍這個人，武功是好的，但是搞政治鬥爭，是搞不過蔣介石的。李宗仁都跑到美國去了，明明蔣介石心懷鬼胎，白將軍待在香港就好了，何必還來台灣？

白：您講到重點了。一九四九年底，父親來台。當時韓戰還沒爆發，台灣情勢很危險，共產黨隨時都有可能渡海來攻。我父親可以留在香港，他有很多部下都在香港；他也可以像李宗仁一樣到美國，那時我的兩個姐姐已經赴美；他甚至可以到回教國家，因為他是回教領袖，回教國家很歡迎他去的。他選擇來台，不是像很多國民黨將領一樣，等韓戰起了，台灣局勢安定了才過來，我父親那時候來台灣，就是準備要和中華民國共存亡。他參加過武昌起義、北伐、抗戰，一生都為了民國，為了自己的信仰。他也不是追隨蔣介石，在他的一生中，國家放在第一位。

陳：我父親說，幸好，白將軍有仁心，把人看得很重，所以他才會下這些公文，讓因為「二二八」被捕入獄、還未遭槍決的人，能夠有機會存活下來。但也就是他這個「弱點」，讓他在鬥爭當中失敗了。一位抗日名將，理應見過許多槍林彈雨、血肉橫飛的場面，對於這些本來與他八竿子打不著關係的台灣人，既無血緣，也無關聯，而且又是從日本殖民統治下接收過來的百姓、島民，他竟然能有惻隱之心，下公文制止濫殺！父親說，白將軍下令，第一，已經判決的，暫時停止執行；第二，沒有直接證據的，逕行釋放。父親不禁想，在國民黨這些外省人裡面，竟也有這樣的好人！但就是因為這個「仁」字，成了白將軍的致命傷。

白：完全沒錯。父親曾跟我講，二二八事件時，殺了人家不少菁英份子，有的用麻袋裝了，丟到海裡去。

陳：二二八事件剛發生的時候，台中成立了一個「事件處理委員會」，幸好饒院長、許庭長還有我父親等人都沒有簽名參加，這是不幸中的大幸。父親對政治並不狂熱，說得難聽一點，也是有些怕死，幸好如此，否則要是簽名參加，就等不及白將軍來救了。父親在牢裡的最後兩個月，聽到外面傳來的一些消息，說已經沒有在槍斃人了。他聽到被槍斃的，反而都是外省人。

說到這裡，也要向白老師您說聲抱歉，這些事情，其實在我的腦海裡，都已經淡忘掉了，直到最近我們去中山堂，看了您的「父親與民國」照片展，父親所跟我們說過的點點滴滴，才又浮上心頭。我對家姐感嘆：我們這些「二二八」家屬，說起來對白將軍也是很無情，我們沒有對白將軍表示謝意，這是很遺憾的事情。其實，當時知道自己是被白將軍所救的，十個人裡恐怕只有一個曉得。父親因為念過書，才曉得這些事情。當時國民黨將白崇禧的事蹟抹煞殆盡，黨外對於這些歷史又沒有涉獵，所以懂得的人很少。話又說回來，父親說，要不是白崇禧的「軟弱」（也就是仁心），成千上萬的台灣人也沒法獲救。

要不是白將軍來台，依照柯遠芬、彭孟緝的作風，他們是不會收斂的。也許抓人之後，不經審判，便即行槍決了。所以能夠在逮捕之後六個月，不聞不問，算是很幸運了。在這樣的情況底下，我父親居然還能存活，雖然沒有直接證據，但是依照父親所留給我印象的若干輪廓，我們的結論，就是白崇禧將軍所下那幾道命令、公文，救了父親。

白：令尊獲釋之後，有什麼遭遇？

陳：父親獲釋出獄之後，因為他在日據時期在台所念的學歷，都不被國民黨政府承認，為了生計，他就去擔任代書。剛出獄的時候，他曾經短暫的作過饒維岳院長的助手，饒院長也丟了官，轉任執業律師。一段時間之後，就開始擔任代書。他主要的工作，就是幫日據時代留日的律師寫中文訴狀，為他們潤稿，然後抽取傭金。父親說，當他被提審的時候，一直很擔心軍法官問他：你的中文、北京話為什麼寫、說得那麼好？父親著實恐慌了一陣子。

白：我父親在宣慰台灣時的所作所為，當然他認為是對的，但是可能他也沒有想到，這些作為改變了多少台灣家庭的命運！

陳：我心裡揣測，當時軍法判決要槍斃，而白將軍抵達後下令一律暫停執行的案例，一定有很多。問題是，這些人的家人，既不了解，也不曉得，更不敢站出來講。這樣的例子一定很多。

我心裡對白將軍的看法，和白老師可能有點不同。我父親灌輸給我的觀念裡認為，白將軍當年的剿共、抗日，和我們台灣人關係不大，因為在這些時候，我們還在日本的殖民統治之下，算是日本人。但是在日本戰敗，台灣回歸中國的時候，白將軍來台宣慰，竟然具有如此的惻隱之心，就是這點和我們產生了聯繫的關係。

今天的訪談，我有兩個感想，也算是個人的遺憾：第一，「二二八」的相關家屬，以及當年沒有被關，但是因為白崇禧將軍下的公文命令以後，因而獲救的這些人，不該淡忘這些事情，應該要感念才是。第二，現在的國民黨，已經和當年不同了，應該要有良知，將中國近代史重新的整理。這兩點是我個人的期望。

對我個人來說，白將軍最大的功業，倒不是什麼剿共、抗戰，無論多麼彪炳的戰功，那和我一點關係也沒有，反而是他救了成千上萬的台灣人，這才是他真正的功業。今天這個訪談，就代表我們家屬的一種感念。我代表我的父親，來感謝白將軍。

261 饒維岳（1903-1964），新竹竹南人，幼時負笈留日，畢業於東京名古屋第八高等學校、京都帝國大學法科。一九二九年十二月高等司法官試驗合格，一九三二年任東京地方裁判所判事。台灣光復後，歷任台南地方法院庭長、台中地院院長等職。

262 池滮（1906-1965），字嘯北，浙江瑞安人，民國二十一年（一九三二）畢業於南京國立中央大學法學系，民國三十五年（一九四六）十二月接任台中地方法院院長，期間曾返回原籍競選國民大會代表當選，民國四十二年卸任台中地院院長。見胡健國編，《國史館現藏民國人物傳記史料彙編》，第十四輯（台北縣新店市：國史館，1988年），頁89-90。二二八事件初起時，池氏似遭本省人毆成重傷。據林獻堂於民國三十六年三月二十五日日記：「近午招金海、猶龍同慰問池法院長，被打受傷頗重，胸、背之痛尚未癒，言不敢再住台灣，所有物件亦被掠奪，余等再安慰。」林獻堂（著）、許雪姬（編註），《灌園先生日記》，第十九冊，頁185。池法院長即池滮。

白先勇教授與陳永壽先生進行訪談。

白先勇教授與陳長庚先生子女陳永壽先生、陳昭惠女士合影。

■時間　民國一〇二年五月二十五日
■地點　台北市國聯大飯店
■訪問　白先勇
■記錄　廖彥博
■受訪者　楊照

【許錫謙】

許錫謙，三青團台灣分團花東支團幹事兼第四股股長，《東台日報》、《青年週刊》、《青年報》編輯，同時經營木材公司。三月二十日被捕，三月二十七日，屍體在南方澳附近尋獲。

在二二八事件中，許錫謙先生遇害的原因，最早的官方說法，據楊亮功、何漢文提出之〈二二八事件調查報告〉當中各縣市情況，花蓮市部分：「十四、花蓮市　三月四日，暴徒召開民眾大會，開始暴動，成立處理分會，並收繳憲警武裝，先後組織白虎隊、暗殺團、青年大同盟，以許錫謙為陸空軍總司令，接收糧食所、郵電局等機關」（侯坤宏編，《二二八事件檔案彙編（十七）》，頁472），但許先生遺屬表示，此種說法係官方有意誣陷（見江松青，〈「二二八」受難者許錫謙家屬對楊亮功調查報告的反駁〉，引自李敖編，《二二八研究》（台北市：李敖出版社，一九八九），頁95-100）。

本篇受訪者楊照，本名李明駿，台大歷史系畢業，美國哈佛大學歷史系博士候選人，是當代台灣著名政論家、作家、主持人，目前擔任新匯流基金會董事長。楊照先生是許錫謙先生的外孫。

許錫謙先生（後排中立者）。（翻攝自《二二八事件文獻輯錄》）

白先勇：（以下簡稱白）請您談談您外祖父的故事。

楊照：（以下簡稱楊）我的外祖父名叫許錫謙，他的爸爸，也就是我的外曾祖父，名叫許柳枝。關於許柳枝的記載，在《花蓮縣志》裡查得到，因為他是花蓮首富。那時我母親他們家掌握了鴉片、樟木等三大生意的專賣權。譬如砍伐樟木，只要是從花蓮港載運出去的，就是經過許家。

許家和日本人的關係非常之好，皇民化運動時，也是第一批改日本姓氏的家庭。但是我母親現在也忘了，當時改的姓氏是什麼。我大概可以確定，外祖父的母語是日語。一直到他三十一歲去世時，他不會說普通話。他到過福建、去過廈門，可是福建、廈門，那時候屬於日本的勢力範圍；據我一位親戚說，外祖父在廈門的時候，好像還和連震東在一起過。我的阿官叔公一直主張，其實很多台灣這些「半山」，根本不是「祖國派」，他們去的地方，都是日本人的統治區。他們和日本人其實是合作的，只是後來回過頭來，就搖身一變，成了「祖國派」。

我也不是很確定，為什麼在戰後，外祖父會成為三民主義青年團的團員。我可以確定的是，外祖父去世的時候，擔任的職務是三民主義青年團花蓮支團的宣傳股長。當然，這不是他的正職，他的正職是家裡面的產業。外祖父二十七歲的時候，許柳枝先生就去世了。所以他接下家業，前前後後，只有他一個獨子，其他都是姐妹。外祖父接下家業後，不到兩年，台灣就光復。

按照地方親戚的說法，外祖父在廈門的時候，可能有祖國思想；但是根據我蒐集所有的資料看來，其實對這個說法是存疑的。我覺得比較可能發生的情形，是那些他在廈門認識的「半山」朋友，回到台灣以後，與國民黨、長官公署合作，就把他介紹進來。對他來說，與國民黨發生接觸，很可能不是意識形態層面的事情。

當時花蓮縣光復後的首任縣長張文成，屬於省黨部系統；我外祖父應該是因為這種人脈關係，加入了三青團。時間是在民國三十四年（一九四五）的年底。但是他真的不可能知道，當時省黨部與青年團之間派系鬥爭的關係。這個派系鬥爭，我一直認為是引發二二八事變的關鍵。他們鬥得太厲害了。

到底外祖父加入三青團後，做過什麼事？現在也沒有太多的資料。關於他在二二八事件當中的角色，據地方人士的回憶，當時在花蓮的外省人並不多，從二月二十七日到三月五日之間，究竟發生了什麼事情，幾乎沒有留下正式記錄。我也只能從老先生們的記憶裡去拼湊，可是他們的說法都不一樣。與我外祖父最親近的阿官叔公，他的說法是，在「二二八」的消息從台北傳來以後，從南洋退伍回來的前台籍日本軍人，彼此之間有聯繫，因此有若干南洋軍人跑到花蓮來。所以應該是在二月二十八日，或者是三月一日，在花蓮就發生了民眾圍攻縣長官邸的事件。這是二二八事件期間，花蓮最重要的事情，這應該是南洋退役軍人有組織的行動。我外婆最小的弟弟，被徵調去南洋沒有回來。應該是因為這層關係，我外祖父和這群南洋退役軍人是熟識的。按照阿官叔公的說法，這整件事情，是由我外祖父去處理、解決的。在我小的時候，我父母偶爾會很隱晦的說，在二二八事件當中，外祖父其實是個英雄。實情如何不知道，但聽到的說法都是，因為有他出面，縣長官邸的危機才得以解決，讓事情能被處理掉，所以「二二八」在花蓮，沒有任何其他事件發生。

我剛從美國回來的時候，外婆還健在；但是外婆受的教育不多，能記得的事情也不太多。可是，外婆跟我說過一件事情：當時外祖父為什麼會被殺害，有一部分，是他「老神在在」，覺得自己是去處理這件事情，是站在縣長這邊的。用當時的話來講，他覺得自己是站在外省人那邊的。所以，軍隊來的時候，他完全沒有任何防備。他不覺得自己會有事。他後來的情況，是我的推想，我沒有十足的把握。我問外婆，阿公為什麼要逃？外祖父走的時間真的無法確定，大概在事件發生幾天之後，他就跑到台北去。現在據我的推測，應該就是有了一份清鄉名單，他的「半山」朋友告知，他被列在名單上。

白：根據你的看法，他會列在這份名單上，原因是什麼？

楊：我幾十年來一直有一個衝動，很想要搞清楚那份清鄉名單在哪裡。如果你看吳濁流寫的《台灣連翹》，他是直接說，名單就是連震東他們提供的。可是如果你再看《帽簷述事》——就是省黨部主委李翼中的回憶錄，把這兩種說法對在一起，我覺得，應該說，當然「半山」在這件事裡絕對有出主意，不過名單還是和省黨部有關係。省黨部不會知道地方上的這些名單，可是如果不是省黨部主導，這份名單也不會一面倒，清鄉名單裡有很大一部分，都是三青團的人。我一直在猜測，省黨部就是藉由這次機會，來清洗三青團的人馬。

看《帽簷述事》就知道，省黨部把三青團當成是左翼。這牽涉到國民黨派系間的內鬥。在接收台灣的時候，省黨部非常在意三青團比他們早到，我外祖父為什麼參加的是三青團？因為他們比省黨部早到台灣。三青團部，據我所看的資料，在十月二十五日台灣光復之前，就已經進到台灣。省黨部來後，發現團部已經有很多的活動。所以，這當然是我的猜測：整件事情的關鍵，就是省黨部藉由二二八事件這個機會，向軍隊提供三青團的名單，他們想把三青團的勢力、台灣本土的勢力，一網打盡。但這份名單到底是誰提供的？仍然不知道。我的外祖父最有可能因為三青團的關係，上了這份名單。

白：這件事情的時間點，是在什麼時候？

楊：時間就是在三月初的那幾天裡，事情快速發生了。我外祖父逃到台北，找了外婆的娘家，這件事情是很明確的。外婆的娘家也是世家，板橋江子翠的大地主，他們兩家是世家聯姻。當時我外祖父去找岳父，他不敢說自己要逃亡，所以他用的理由是，要開味精工廠，這是我外婆記得的情況。

岳父就交了兩萬元給他。其實外祖父是準備要跑到日本去的。接下來，詳細情況如何，仍然不知道，但他就在台北被抓了。

外祖父在台北被抓，按照阿官叔公的說法，是有一份公文，要把他押回花蓮。所以，軍隊押著他要回花蓮。什麼單位抓他的？現在不曉得，老人家們都說是憲兵；在台北的哪裡被抓？現在也不知道。這些過程，現在我們只能推測。但是，根據外祖母回憶，外祖父被抓後，或是用電話，或是用書信，曾經傳消息給他的岳父，拜託來營救他。被抓的時候，他身上帶著兩萬元。之後，軍隊走到南方澳，有說法是押解他的這些軍人嫌太麻煩，不想再繼續往前走，就在南方澳將他殺害。他的屍體是在南方澳被發現的。把他槍斃之後，因為有一份公文，要把他押回花蓮，所以軍隊有回報，用了例如人犯企圖逃亡一類的理由，將他就地槍決了。然後，有說槍決地點在南方澳，但是屍體沒運回來。

阿官叔公是我外祖父事業上的助手，所以當時由他去找屍體。他跟我描述過當時的狀況：當時只知道人死在南方澳，他到了以後四處問人。我問阿官叔公的時候，他當時大概七十多歲了吧，每講一次就哭一次。到了南方澳，只能到處問人：有人被槍斃，知不知道在哪裡？後來真的被他找到了，外祖父的腦袋少了一半，而且沒有辦法安排車子運回來。是阿官叔公揹著外祖父的遺體，從南方澳一路揹到東澳，外曾祖母派車把他接回來。我母親記得，他的遺體一回來，外曾祖母就把外祖父的所有相片、文件都燒了。這就是後來為什麼照片都找不到，因為沒有留下來。現在家裡我看過的，就剩三張照片：外祖父與外祖母的結婚照、他在河邊和朋友還有抱著我舅舅的照片。我以前感到最難過的一幕，就是見到我舅舅拿著這張照片哭。第三張照片，是一位日本老師要離開的時候，他在居酒屋替老師送行時的留影。

外祖父的遺體接回家後，還有一段插曲，所有親戚都記得：因為人死在外地，而且是凶死，依照習俗，不能進屋裡。我外曾祖母個性非常強悍，我小的時候還見過她。她說：我不可能就讓他這樣停放在外面，所以讓我外公的屍體進到家裡。這麼做，其實是犯忌諱的。外祖父的屍體回來之後，設了靈堂，照親戚的說法，外頭隨時都是憲兵。所以，在家裡設靈堂，完全沒人敢來致祭。我母親的印象為什麼會那麼深刻，是因為所有的大人都在感慨，花蓮首富死了，竟然沒人敢登門上香。當然沒有人敢來，我媽記得那些軍人的槍是上刺刀的。我媽的印象裡，真的就只是白崇禧將軍來了。但是哪一天到的，母親也不知道。所以我在看您的《父親與民國》時，就很想知道，白將軍是哪一天到的花蓮。

我母親記得，白將軍親自到外祖父的靈前上香，之後，所有外頭的軍人，全都消失了。以後才真正有人敢來致祭，當然還是很怕，這些人是親戚、朋友，還有外公在生意上的夥伴。我媽說，當時她還很小，不過我外婆有一直講，外曾祖母其實很擔心，外祖父沒辦法出殯。在那種政治氣氛之下，就是凶死。他們都很感謝白將軍，所有這些事情的轉折，就是白將軍來上香。當然，悲劇已經無法挽回，但至少可以有個像樣的喪禮。

這是當時大致的情形。我也努力的問過母親，還有沒有人可能記得當時的情況？或者有誰和白將軍有過互動？但要是有，恐怕也都不在人世了。母親當時才十二歲，她又是長女，所以我的阿姨、舅舅年紀更小，更不知道。

母親這個花蓮首富家庭，因為發生了這件事，就敗落下來。現在我還和母親開玩笑：要不是因為有這件事，你也不會嫁給我爸。他們兩人的家庭背景，原來是有很大的差距的。我的姑姑，是我父親的大姐，大我父親十二歲，現在已經九十三歲了，以前她精神好的時候，也說過這件事，但是這對他們來說，是很遙遠的事，也不會想到她弟弟會娶這家人。她印象中，不只是我外祖父家，他們家附近的區域，那陣子沒有人敢靠近，所以她留下很深刻的印象。我祖父家主要是賣木炭，印象中，我祖父很長一段時間裡，木炭都不送那一區。真的就像瘟疫一樣。整個花蓮市區，大概就只有這件案子。

白：所以我想，因為如此，我父親才會知道有這件事，不然他不會到那裡去上香的。

楊：外祖父一家算是幸運，因為事情發生時，家產還算豐厚，一時還能支持。可是後來我媽印象很深刻：在她成長的過程裡，當家的是我外曾祖母，後來完全支持不下去了，只能一直賣土地。我一生當中感覺最淒涼的，就是想起我舅舅。等到舅舅長大，已經什麼家產也沒有了。

我舅舅也是最怨恨的，每次講起這件事情，說起國民黨，就恨得不得了。對他來講，家破人亡不是當場目睹，可是後來了解，他原來是花蓮首富的獨子，本來家產全部都應該是他的，現在都沒了。我舅舅是一個悲劇人物，他是在沒有父親的情況下長大的。外祖父死的時候，舅舅六歲。所以後來我父母結婚之後，舅舅跟我父親很親近。父親比舅舅年長十三歲，我猜對舅舅來說，我爸有一種父親的形象（father figure）。舅舅在台北市南昌街開文具行，他之所以會到台北來開文具行，都是因為我爸爸到台北的緣故。但是後來我家改作服裝店，非常忙；我爸到現在還一直很內疚，就是在那段期間，我舅舅開始酗酒。他走的時候，年紀才五十七、八歲，真的是因為酗酒，肝整個壞掉。

對於台灣人的社群，「二二八」這種記憶，那是很可怕的。真正最可怕的是那種震撼，後來，它變成了一種禁忌，然後這個家，這些人，就從此背負著這個印記。我母親十八歲高女畢業，進入台電工作。她之所以會進台電，都是曾經受過外祖父幫助的人，在暗中偷偷幫忙。外祖父的故事，我直到當兵，大概是一九八六年的時候，媽媽才告訴我。所以我那時非常的激動，有次我休假回家，台灣當時快要解嚴，社會上有很多活動。我媽媽去參加了一場和「二二八」相關的活動。她回來以後情緒很激動，這才告訴我的。我知道之後非常激動，連寫了兩篇小說。就是因為在這麼久之後，我才知道外祖父的故事。直到我二十三歲的時候，我媽媽才告訴我：外祖父是二二八事件的受難者，他怎麼樣被殺，阿官叔公怎麼樣去尋找遺體，怎麼樣揹回來，遺體怎麼樣不顧忌諱進門，她是怎麼樣留下那刺刀的印象。

我從美國回來以後，特別回到花蓮，去找阿官叔公。那是我最完整的一次，紀錄下外祖父的整件事情。我去找他的時候，剛開始，他不太願意理會我。我覺得很奇怪。當然在之前我回花蓮的時候，很少碰到他。後來我找了他好幾次，他發了脾氣：「你們家的人，我不要見！」我就問他：到底怎麼回事？後來才知道，這種傷是這樣的深。因為我的阿姨，後來嫁給外省人，他不能接受。他記得把外祖父的遺體送回家時，外曾祖母對他說過一番話，大意是「這個家庭從此以後，和外省人沒有任何關係」。後來我回家問母親，媽媽說她記得，阿姨要嫁姨丈的時候，姨丈是廣東人，阿官叔公還跑去她們家裡鬧場。我真的硬是和他磨，他才願意跟我說起這些往事。

阿官叔公是許柳枝先生的學徒，和外祖父從小一起長大。兩人身分有差別，他對外祖父特別好。他對我說，自己九歲、十歲時，就到外祖父家當學徒，外祖父是少爺，年紀比他大兩、三歲，沒有把他當外人看待，把他當作兄弟。這是可以了解的：家裡只有姐姐、妹妹，所以對阿官叔公非常好。阿官叔公回憶說，當時他在南方澳到處找外祖父的遺體，民家告訴他，看到軍車載著人，往港口右邊方向去。阿官叔公說，很奇怪的是，他走到了港口，沒往右邊去，反而向左邊走，所以他是在走錯方向的情形下，找到外祖父的遺體。後來他一直覺得，這是上天註定，要讓他找到。

後來據我的整理和了解，二二八事件的罹難者，基本上可以分成兩個階段。第一階段是軍隊上岸的時候，完全是沒有特定目標的殺戮。高雄要塞死了一批人，基隆死了一批人，還有一個地方是嘉義。另外一批是像我外祖父，在清鄉時被殺害。我的推測，白將軍在二二八事件後來台宣慰的最大作用，是救了不少清鄉名單上的人。我的猜測與解釋是：白將軍一定知道軍隊清鄉的計畫和清鄉名單。而且，在其他接收區，他一定看過這種作法。所以他到台灣來，一定有一個明確的想法，要阻止這種清鄉的作法。不然，就沒有辦法解釋，他為什麼會來外祖父的靈堂上香。白將軍應該是反對清鄉作法的，像我外祖父這類人，在清鄉時全部未經審判，就被殺掉。

白：父親到台灣來，以國防部長身分下了一道命令，禁止濫殺。我在想，如果換了一個人來，沒有這樣的身分，可能約束力就沒有那麼大。

楊：白將軍來台灣的這十六天，剛好是最關鍵的時候。換一個人來，結果可能會不一樣。從我們家的角度來說，當然會想，時間就錯過了那麼幾天。早一個星期來，就不一樣了。

■附錄

官德慶先生訪談記錄

編按：官德慶先生即上篇訪談文中的「阿官叔公」。官先生於民國八十年，接受台灣省文獻委員會訪問，談到許錫謙先生遇害經過，可與本篇楊照先生訪談互相參照。原文收錄於台灣省文獻委員會編，《二二八事件文獻輯錄》（南投縣中興新村：台灣省文獻委員會，1995年6月修訂四版），頁461-462。

許錫謙的父親許柳枝開設雜貨店，批發煙酒，後來又經營木材，為花蓮地方富商。

光復不久，二二八事件發生，做人豪爽的許錫謙為花蓮地方青年所擁戴，實際領導群眾維持治安，後來，聽聞國軍二十一師登陸台灣，許君乃遠走台北避風頭！（環河南路其岳父家）

不久，許君獲得生命安全之保證後，乃束裝離開台北，過了四天，卻仍不見人影回到花蓮。

為此，我從花蓮出發，至蘇澳、羅東、宜蘭、台北、新竹、基隆等地親朋好友處打聽，均無音訊，返回花蓮仍不見蹤跡，經研商後決定再訪蘇澳親戚「許包」。

原來，許君離開台北，曾想在蘇澳旅館住宿一夜，半夜老闆偷偷通知他，憲兵將前來臨檢，許君聞訊，立即整裝趕路，到南澳時，由於山間能見度不佳，加上身心疲憊，見到一部卡車就招手攔下，詎料，上面所搭載的不是別人，竟是想逮捕他的花蓮憲兵隊，對許君而言，簡直是自投羅網，而在憲兵隊來說，正是踏破鐵鞋無覓處，尋來全不費功夫。

第二天晚上八、九點，憲兵隊要一位本省籍年輕的公路局司機，開車搭載許君等人到蘇花公路起點算起九公里處加以槍決。

我到蘇澳「許包」處第三天，始自該司機處獲悉許君受難來龍去脈，乃在濛濛細雨中，邊走邊找，約六、七個鐘頭之久，目睹沿途三十多位受難者，均是後腦中彈橫躺在山坡，無人認屍。

「皇天不負苦心人」，我終於在好心的公路局司機所指點的「坎腳」下，發現失蹤的許君斜臥在草叢，頭破了一半，眼睛一隻不見，腳中三槍，手中一槍，懷錶、金鍊、戒指以及手錶均不翼而飛。

據蘇澳地方人士說，早在許君被捕前幾天，花蓮人王明進被捕卻在執行槍決時，趁憲兵不注意之際，推倒憲兵逃至坎底，後來潛逃到日本；受此教訓，憲兵隊在槍刑許君時，雙手與雙腳均以繩索繫綁，並以黑布蒙住眼睛，行刑後將之踢下「坎腳」。

我檢視許君身體狀況後，將屍體放置妥當，並在附近拔草將其覆蓋；然後立即折返蘇澳搭汽車回花蓮，雇請到一部卡車，在翌日清晨，載著以老藤掩蔽的自製棺木，與妹婿張水龍、工人三人及司機共六人，經過四個小時到達現場，立即把屍體運回花蓮，二、三天後以火葬方式料理後事。

許錫謙先生的外孫楊照先生。（圖片提供：楊照）

時間　民國一〇二年五月二十六日
地點　台北市遠企大飯店
訪問　白先勇
記錄　廖彥博
受訪者　白崇亮

【白克】

白克（1914-1964），廣西桂林人，成長於廈門，能操日語、閩南語，曾任廈門廈南女中教務長，民國二十七年在第五戰區政治隊青年軍官團任教官指導員。民國三十四年由重慶來台，除出任行政長官公署宣傳委員會委員外，尚負責接收原總督府台灣映畫協會、台灣報導寫真協會等，改組為台灣電影攝製場，並擔任場長一職。白部長來台宣慰期間，白克全程陪同，足跡踏遍中南部及山地，擔任台、日語傳譯，並親率攝影師拍攝白部長在台半月期間巡視各地之宣導短片，即《白部長蒞台特輯—重建新台灣》。民國五十三年，白克導演《龍山寺之戀》後，因「海外通諜」罪名被捕，旋遭槍決。國家電影資料館曾為其出版《台灣電影開拓者：白克導演紀念文集》一書。

本篇受訪者白崇亮先生為白克導演之幼子。國立政治大學管理碩士、博士，目前擔任台灣奧美傳播集團董事長暨政治大學企業管理研究所副教授等職。著有天下文化出版之《勇於真實》一書，以紀念其父親並敘述他走出白色恐怖之心路歷程。

白崇禧將軍和白克合影。

白先勇：（以下簡稱白）

我想了解，您令尊和我父親的關係，是怎麼開始結緣的？

白崇亮：（以下簡稱亮）

我所知的非常少，就我的記憶，父親最早在廈門大學教育系讀書時，大概參加了讀書會一類的活動，當局就曾經約談他，後來也將幾位同學關了起來，後來就是由白崇禧將軍保釋的。我算了一下，父親是民國二年（一九一三）出生，所以他念大學的時期，大概是民國二十到二十四年之間。

我的母親姓孫，籍貫也是廣西桂林。我對母親這邊家世的情況，比較清楚，他們老家住在桂林環湖路七號。媽媽後來告訴過我，白崇禧長官就住在那條街上。母親家滿大的，隔壁住的人家，就是清末曾擔任台灣巡撫，並在後來台灣遭日本佔領，台灣因抗日短暫獨立為台灣民主國時，被推為大總統的唐景崧老家。

我祖父白蘋洲，廣西桂林人，很年輕的時候就離開家鄉，當年追隨著孫中山先生革命。娶的妻子，也就是祖母高梅洲，她是廈門鼓浪嶼人。祖父過世後，父親跟著祖母過日子，那時父親還只有九歲，所以他是在廈門長大的。父親的閩南語，就是這樣學來的。祖父早年到南洋辦理華人報紙鼓吹革命，也曾因抗議荷蘭印尼殖民當局對華人的種族歧視而被逮捕。辛亥革命成功後，他被延攬出任福建省的第一任財政廳廳長，後又轉任建設廳廳長，在福建開辦了一家銀行。很快的，他就感覺作官並非興趣所在，於是轉往上海辦教育。民國十一年（一九二二），他就因病過世了。

父親與廣西桂林的關係，因幼年就離家，我想是比較薄弱的。母親這邊與桂林的關係，反而清楚。但是，我覺得很奇特的，是父親上大學時，因為參加讀書會而被關進去，我不知道是誰動用的關係，請白崇禧將軍保他。那個時候，白將軍下來作保，父親很快就被放出來了。

這是我第一次知道父親與白將軍的關係，推算時間，大約是民國二十年前後。父親大學畢業以後，雖然念的是教育系，但他喜歡戲劇。他回到廣西去，當時大學生們起來組織劇團、戲團，鼓吹抗日。他大學畢業，應該是民國二十四年（一九三五），當時正好是白將軍主政廣西的時候。這讓我在後來把很多線索連起來：第一，他一定認識白將軍，不然大學時出事，不會找到白將軍來保。第二，大學畢業了，要往哪裡找工作呢？一定是透過這層關係，要他回家鄉去。白將軍當時在建設廣西模範省，大概很有名了。他回到廣西，加入了國防藝術社，負責的就是推廣戲劇和教育。

我的父母親之所以會認識，是因為父親那時導演戲劇，而媽媽當時在桂林，她是桂林女中初中部畢業，參加話劇排練，出任女主角，導演與女主角上演愛情故事，就很自然了。母親那邊在桂林是大家族，父親這邊一無所有，但他是知名大學畢業的文藝青年，又有才氣。這樣的愛情故事在那個時代，是很動人的。

父親在桂林導戲，作政令宣傳，就是在這時候接觸到了電影。他還到上海去參觀電影製片廠。在這個時候，他培養出對電影的興趣。民國二十六年（一九三七）的年頭，還沒開始正式抗戰，父親娶了時年十八歲的母親。在這同時，父親拿到廣西省政府給的獎學金，要出國去念電影。這筆獎學金是廣西省韋永成給的。去哪裡念電影呢？去莫斯科電影學院，這是當時全世界最好的電影學院。父親拿了獎學金，帶著新娘，從廣西出發，走鐵路到漢口，再從漢口搭長江輪南下，到上海等候去蘇聯的簽證，也算是蜜月旅行。但是，就在等候簽證的時候，淞滬會戰爆發，日本人打進上海，中日戰爭全面爆發，國民政府號召全國青年起來抗日。父親就因此毅然決然選擇放棄去莫斯科求學，投筆從戎加入抗戰行列。

白：我父親應該是相當賞識令尊的，在頒給獎學金時，想必召見過令尊，父親可能也回想起當年作保的事情。當時大學畢業生相當少，尤其是廈門大學畢業生。

亮：抗戰初期，父親在第五戰區任職。他是直接赴第五戰區，還是先回廣西？我就不得而知。我所能知道的關於父親的事情，已經到了民國二十九年（一九四〇）的事了。我哥哥是民國二十九年，在湖北老河口出生的。那年我唯一知道的事情，就是父親參加長沙會戰。父親到前線去，做的是新聞工作，擔任戰地記者。我內人的一位長輩，當時在戰區見過父親，他說：我們拿的都是槍，白克背的是照相機，一樣在戰地裡到處奔走。

長沙會戰結束、我哥哥出生之後，根據我的記憶，父母親應該是去了重慶。從事的也是戲劇工作，之後又回到廣西。愈後面的故事，我就愈不清楚。聽媽媽說，抗戰勝利時，他們人在重慶。父親在抗戰勝利時的軍階，是文職的少將新聞官。

抗戰勝利後，父親是第一批來台灣接收的人員。我們家是民國三十五年（一九四六）來的。他剛下飛機，在松山機場就拍了張照片。民國三十四年十月二十五日，台灣正式光復在中山堂舉行慶典，受降典禮的照片上，父親就在前面第二排前面右邊第四個位置。

父親來台的任務，是接收日本台灣映畫協會的所有器材，成立台灣電影攝製場（簡稱「台製」），當年會址在今天的植物園旁邊。父親來台灣，做的第一件事情，用現代語言來說，叫做「公共關係」。他拍攝了一部名為《寶島台灣》的紀錄片，送到中國大陸播映，也為當時的台灣留下紀錄。在這部紀錄片之前，大陸上的人，誰也沒見過台灣，而且還誤以為台灣是個落後的蕞爾小島。他們錯了，台灣當時在許多建設上是最進步的一省。我們家來台時住在青島西路一號，就是後來台北市議會後面的位置。

聽母親後來回憶，二二八事件發生時，我家離總統府前不遠，很多外省人無處可逃，翻牆進到我家來躲，他們多半都是公務員，父親收留了他們。白將軍來台宣慰的那一段，我父親是全省陪同。白將軍到各處演講，也都是由父親擔任台語翻譯。近年來，有一次我到教會去證道，講到一點自己的生命經歷，也提到父親早年的這段經歷。結束時，有位聽眾上前來跟我講話，說自己是嘉義人，二二八事件發生時還是個小孩，聽過父親在嘉義中學講話。其實他記得的，應該是白崇禧將軍在說話，而我父親則是在幫忙翻譯。

白將軍有時一下火車就發表講話，有時則進到學校裡去訓話，去山地則召集所有酋長講話。父親全程擔任翻譯。如果在山地部落，原住民聽不懂台語，父親就以日文翻譯。我所知道的就是這樣，這些事情可能後來也成為禁忌，不能講。我沒有聽父親特別提起「二二八」的事情，我只知道當時事情鬧得很厲害，白將軍來了以後，事情就平緩下來。

在我們家裡，小時候我看過二二八事件時，爸爸上街去拍的照片。不過，隨著我父親被關，那些照片全被沒收了。母親說，爸爸曾被審問：為什麼要拍這些照片？為什麼要留這些照片？這些照片，大多是些流血、打人、倒在地上的鏡頭。父親大概是以一種新聞記者的眼光，覺得這是歷史鏡頭，一定要拍、要保留。

白：後來令尊發生了什麼事情？

亮：民國五十二年（一九六三），中秋節過後的第二天。當時我十二歲，小學六年級，有天放學回家，發現爸媽都不在，後來讀初中的姐姐也回到家來，我們都不知道家裡出了什麼事，那時哥哥在軍中服兵役，恐還不知道家中出了事情。直到晚上的時候，親戚打電話來，大概爸媽臨走的時候有交代一下，請親戚轉告孩子們，說他們一下就回來。然後就再也沒出來了……。父親從此就再也沒出來了。

中秋節那一天，爸爸要我和姐姐到樓上去講話。父親大概已經有預感，接下來會發生什麼事情。那天，小學六年級的我，因為生爸爸的氣，竟不肯上樓去。姐姐上樓去了，下來後只是告訴我，爸爸說了很多很多的話。姐姐還告訴我，爸爸是一個很好的人。那時候為什麼我不肯上樓跟他說話呢？因為爸媽之間的情感維繫，那時候已經是很困難了。從抗戰時期一路下來，他們在戰火中經歷了各種痛苦，還喪失了一個不足週歲的女兒，媽媽一直覺得父親對她不夠好。我是小兒子，站在媽媽這邊，所以也覺得爸爸對媽媽不好。但是，後來我回想起來，在自己親身經驗裡，爸爸沒對我發過脾氣，也沒有對我不好。我的印象裡，他帶我去划船，帶我去騎馬，帶我去奶奶的墳上掃墓，有很多這樣父子相處的機會。那年中秋節的第二天，我就再也沒見到父親。

我的母親在第二年的舊曆年前夕被放出來，以後病倒在床但仍然四處為父親奔走，想要找到親友能夠協助或律師能為父親辯護。那時白將軍還在世，但是對這樣的事情也早已無能為力。母親後來告訴我有關父親來台後的經歷，就彷彿小說中一般，確是那個時代處處會發生的事實。

他為什麼會出事呢？他在台灣電影製片廠做廠長時，擔任導演所拍的電影都非常成功。《黃帝子孫》這部電影，現仍保存在電影圖書館，我在影片的字幕上，看到一位龍姓製片人。據母親說，這位龍姓製片人想要父親的位子，他是情治系統的人，一直攻擊父親是「匪諜」；而且無所不用其極，到了一個地步：父親每天去上班，辦公桌上就擺著一塊牌子，寫「匪特」兩個大字。父親覺得這樣爭下去很沒有意思，就辭職，把位子給了這個人。

父親辭職以後，應民間邀請，開始拍攝台語片。當時我從幼稚園畢業，進入小學。我記得，有一陣子，家裡幾乎拿不出錢了。我們上學帶的便當，裡面就是白飯，只放一瓢豬油。後來就在家裡後院蓋起兩間小屋來出租，靠租金來生活。爸爸做導演，片約斷斷續續，好在他的作品受到歡迎，民間就找他拍電影。父親拍過最有名的電影，叫做《瘋女十八年》。當時曾經轟動全台，到現在老一輩人還津津樂道，年輕一輩也還有人記得這部影片。

接下來發生的事情，據我所知，是在民國五十一、五十二年時，有一批文藝界人士被抓了進去。媽媽後來告訴我，那時不斷有人傳話來：要白導演小心，因為每一個被抓進去的人，要供出十個人的名字來，白導演的名字，已經在當局手上了，你們要小心。我的腦海中還記得，當時在公共汽車、各種招牌上，都見過八個字：「匪諜自首，既往不究」。不斷有人傳出風聲：就快來抓人了、就快了，你們的名字已經在裡面了，隨時有可能入獄。爸媽當時常在一起商量要怎麼辦，或許他們心想，既然自首可以「既往不究」，乾脆先自己進去解釋。沒想到一進警備總部，就再也別想出來了。

我只是在想：如果父母親是選擇自己走進去，他們走之前應該會告訴我們幾個孩子才對。或者他們可能以為，既然講了「既往不究」，自己又沒有什麼違法之處，進去遞送文件交代一下，當天就可以出來了。我當時還是個小學生，發生了什麼事，沒有人跟我講，但是我是那種非常敏感的孩子，覺得自己好像什麼都知道似的。五十五歲那年，我把父親的遭遇、我對父親的懷念、以及自己如何走過白色恐怖歲月的心路歷程寫下，由天下文化出版社出版了《勇於真實》一書。對父母親、對我自己、對我的孩子，甚或對台灣社會、中國歷史，都算卸下了一個重擔。

父親的故事，就是上一代中國人流離與滄桑的故事。他在廈門大學讀書時，有三個要好的同班同學，都是熱血青年，後來走上不同的道路。

我父親畢業以後去了廣西，以後加入抗戰的行列，又到台灣來，走的是國民黨這條路，最後卻喪命於台灣。另外一位是福建廈門人，大學畢業後，就選擇離開中國這塊是非之地，搭船到了新加坡。他剛到的時候，一無所有，後來在那裡先是抗日，二戰後又是抗共，建立起新加坡共和國，也算是開國元老級的人物。以後他退出政府，企業經營得很好，又出任駐外大使。但他任滿後回新加坡，政府就動手了，找了一個理由沒收他的財產。之後他只好出亡香港，最後也死在香港。第三個同學，在大陸淪陷後隨著政府來台。他來了之後相當失望，所以又去了香港。當時共產黨曾號召海外華僑回國，這人就回到大陸去。在文革時期，他遭到批鬥，被逼著從三樓跳下，因而身亡。

這是中國人近代史的故事。他們三個同班同學，每個人選了一條不同的道路，卻都遭逢了人生的悲劇。當然，去星加坡那位伯伯的際遇是最好的，雖然財產沒有了，卻還保住性命。

當《勇於真實》這本書要出版的前夕，我的一位研究所同學突然來找我。我們已經幾十年沒有見面，這位同學正是二二八事件遭難的家庭後代。他拿了個信封袋給我，對我說：警備總部檔案滿三十年，已經解密對外開放。他在查閱資料時，發現了我父親的檔案，印出來給我。

我打開（裝著檔案的）信封袋一看，首先是一份判決書，薄薄的官方文書，一共只有四頁。嚴格講起來，裡面等於什麼也沒說。去頭去尾約一千字的本文，大意是說他大學時期參加左傾社團，抗戰時期宣傳左傾言論（但父親是國民黨黨員，我看過他的黨證），來台以後收聽大陸廣播；而最嚴重的一點，說他拍的最後一部電影《龍山寺之戀》受匪資助，因而判處極刑，奪去了他的性命。對我而言，看到這份判決書最有意義的事情是，我想看看官方對我父親的案子，到底有什麼說法。判決書上看來，父親沒有犯下什麼嚴重罪行。母親跟我說過，父親入獄之後，像《聖經》裡的耶穌受審一樣，什麼都不說。我相信父親縱然受苦，他的心是坦然的。

父親在台製時期拍了很多鼓勵族群融合的電影，他的電影多半是台語片。《龍山寺之戀》是國語電影，仍然以宣揚外省、本省原是一家為主題，現在台北電影圖書館仍有完整拷貝。爸爸拍攝《龍山寺之戀》，因有星加坡女星莊雪芳擔任女主角，得到他的大學同學幫助。那時候這位父輩在新加坡作銀行與石油公司的老闆，他資助了這部電影的拍攝，卻不料使父親蒙受不白之冤。如果《龍山寺之戀》是受匪資助，那麼這部影片裡面必定會有「為匪宣傳」的元素在內。如今影片仍在，我們可還原事實真象，用再嚴格的標準去看，也找不到任何可被控訴的影子啊！

人生有許多意想不到的事，《勇於真實》出版後，有一天我收到一封由《中國時報》寄給我的信，寫信的人是屬台灣望族的一位施姓先生。他人在加拿大的多倫多，但在《中國時報》上看到我出書的消息，才知道白克導演是我的父親。他的信寫在一張傳真紙上，輾轉交到我手上。信上說，他的人生，因為白色恐怖，至今還有過不去往日的陰影。他正在寫一些文字，看到我的書，想起當時他和我父親就關在同一間囚房裡。同囚的六、七個人裡，他說，白導演是最沉默的一個。一開始的時候，大家都不知道他是誰；後來他們知道他是導演，就常常起鬨，要他說一些演藝界的八卦來聽，但是他都不肯開口。當時他們都覺得，白導演的罪行應該是最輕的，應該是他們當中最早會被放出去的。沒想到有一天，他從牢房被帶出去以後，就再也沒有回來。

在同學給我的袋中，還有一份公文，是執行槍決以前，要拍一張照片；執行槍決完畢，再拍一張照片，然後附在公文之後，直接送給警備總部和總統府。我第一次看到父親執行槍決前的照片，和槍決後拍攝下的照片。我看到父親執行槍決那天早晨的照片，心中有一種莫名的感動。他的神情帶著一種說不出來的平靜，雖然兩側各有一名憲兵架著他，但是他仰面向天，彷彿有一種超越人世的自尊和驕傲，像是在說：他沒有被這些人生的悲劇給打敗。父親在獄中讀了《聖經》，他身為劇作家必定能體會耶穌基督所經歷過的一切。他知道，死亡並非一切事物的終結，地上的榮辱也永遠不會取代從上帝而來的公義敬與慈愛。

父親此刻安息於主懷，我們後代子孫也在主前感念與感恩。

白先勇教授與白崇亮伉儷合影。

白先勇教授與白崇亮先生訪談時一景。

■附錄

隨白部長宣慰 ◎白克

國防部長白崇禧將軍於三月十七日由京飛台，奉命處理台灣事件並宣慰全台軍民，四月二日才率隨員全體返京覆命，在台一共住了半個月，記者因工作關係不離左右，有許多新聞圈外的新聞，爰誌別記。

險遭不測

白部長於抵台北後的第三天即出發台灣中南部宣慰，原定的日程係由台北乘火車經新竹、台中、台南、高雄、由屏東坐飛機返台北，臨時卻改為先飛屏東，再乘車北行，沿途宣慰；三月二十一日上午九時白部長及隨員一行三十餘人分別搭乘國防部專機出發屏東，白氏座機係建國號，記者與之同機，起飛時天氣即已十分惡劣，升空後十五分鐘，在台灣上空的山嶽地帶上飛，氣流變化極大，一回兒往上拋，一回兒突然朝下跌，並且左右搖擺得厲害。機上的人大半都吐了，白部長卻神色自若毫不在意。駕駛員擬折返台北，白部長囑向海岸飛行五分鐘再看，幸飛向海岸後，天氣漸漸明朗，二小時後安抵屏東。下機時許多隨員均面色蒼白，精神不振，白部長卻依舊精神奕奕到屏東市政府立刻對當地民眾講話。

對謝雪紅發生興趣

在台灣二二八事件中，台灣中部出現了一位領導暴動的女領袖，叫謝雪紅，據說曾留學莫斯科，在台灣受日本統治時代，是著名的共產黨黨員。被捕後關了几年，光復以後，在台中開了一家酒館，家裡很有錢，丈夫死了，有人說她是人家的姨太太，今年已經四十多歲，長得並不漂亮。三月八日國軍登陸後，謝雪紅率領了人馬三百餘名逃進台中埔里一帶，上山與高山族同胞打交道；白部長到台中以後，即有人向他報告，白部長聽說謝雪紅是個女領袖，因此非常注意。曾表示如果謝雪紅肯自動將槍械繳出，解散隊伍，政府仍一本寬大為懷，不究既往，並要人設法去勸說謝雪紅。可是等我們離開台中的時候，聽說謝雪紅跑到霧社深山裡去了。

日月潭忙裡偷閒

日月潭是台灣八大風景區之一，在台中水社大山海拔七百二十六米突的高山上，有著周圍三十餘公里的這麼二個大湖。那裡真是山明水秀，風光奇麗。去年蔣主席夫婦蒞台也特地到此一遊。該地並住有一部分高山族同胞，白部長原定去高山同胞宣慰的；從台中坐一段火車再換汽車，三小時即達。白部長到日月潭後，預定節目只住一個晚上，但看到那麼好的風景，卻決定多住一夜，這可忙壞了負責招待的日月潭電力廠，他們僅預備一天的飯菜，第二天早上不得不派專車下山到台中去買菜。

白部長在日月潭那樣好的地方，一面卻仍不放棄時間，接連召集隨員進行會報，研究和討論各方面的資料，並對五十個來自深山內的高山族同胞訓話，還送了該族二十萬元台幣的慰問金；一面卻頗能忙裡偷閒，領略日月潭的美景，電力廠特別備遊艇一艘繞湖遊覽，還到湖的東岸番社看高山族同胞跳舞。高山族同胞向白氏提出該村裝電燈和擴大耕地的要求，白氏都答應了，回來對電力公司的柳協理和台中縣長說：「我的支票是開出去了，希望你們兌現，否則高山族對政府將失去信任。」

白部長在日月潭住了二天，該是心情最恬靜時候，因為這高山上不會有那麼多的僚屬和賓客去打擾他，他難得和記者們竟能暢談了有二三小時之久，和旅館的主人涵碧樓主，合攝照片，和記者們，和他的隨員，和保衛他上山的憲兵一起攝影，離開台灣後，相信白氏一定不會忘記日月潭，雖然時間是那樣短。

研究鄭成功不平唐景崧

白部長對鄭成功的史蹟極感興趣，他在台北博物館中參觀了很久，陳列著的史料，囑記者一一為之攝下。到台南後並謁鄭成功祠，親自撰書：「孤臣秉孤忠浩氣磅礡留萬古，正人扶正義莫教成敗論英雄」一聯留贈祠中。

白部長曾謁台灣各地忠烈祠，他對台灣當局建議，台灣民眾對鄭成功、劉永福、丘逢甲這些台灣的先賢應讓他們多知道，主張各地路名多用這些先賢的名字，或鑄銅像於忠烈祠，以示表揚，他替唐景崧卻非常抱不平，因為忠烈祠中獨缺了唐的牌位，白部長認為這位五十三年前台灣民主國的第一任也是最後一任的大總統，台灣人是不該記不得他的。

認本家白氏老婦熱淚迸流

白部長離台灣的前一個晚上，有一位老太太到台北賓館去看他，這位老太太年已八十五歲，一雙三寸金蓮走路十分不便，家中頗為富有，去年曾捐法幣一千萬元贈中央大學，白部長在百忙中親自接見這位老太太。這位老太太外家姓白，是福建安溪人，嫁給姓李的台灣人。她說：「想不到我們白家出了這樣一位統管陸海空軍的部長，我活得這樣老了，我聽說部長來台灣，我一定要看看他，今天真的讓我看到了。」白部長聽了高聲大笑，隨即和這位老太太談家常一樣談起來，臨行白部長扶著她出門送上汽車，這位老太太撫摸著白部長的手久久不忍釋，帶著一眶熱淚登車而去。

以見不到民眾為憾

台灣二二八事件後，各地均宣布戒嚴，白部長所到之處，沿途均軍警持槍戒備，甚少老百姓通過，白部長對此頗不以為然，曾叫當地軍警首長解除，多讓老百姓出來，到高雄、台南、台中均如此，只有從日月潭下山時，在集集小鎮上，老百姓和小學生圍在車站高呼口號歡迎，白部長高興得很，要記者攝影留念；白部長很想多見到些台灣老百姓，但各地方當局似乎都不大了解這個意思，常常只有幾位參議員代表奉命來見，白氏因此頗有以見不到真正民眾為憾。

——四月四日於台北

原載於《新聞天地》（上海），第 23 期（1947 年 5 月 1 日），頁 31-32

時間　民國一〇二年六月二日
地點　台北市國聯大飯店
訪問　白先勇
記錄　廖彥博

【彭芳谷】

彭芳谷先生，祖籍湖南省湘潭縣，民國十九年生於上海。民國四十八年（一九五九年）畢業於國防醫學院醫學系，先後服務於陸軍第四（八〇四）、第一（八〇一）總醫院、榮民總醫院胸腔外科、一般外科，並曾參與蔣經國總統醫療團工作。在醫院行政方面，先後擔任榮總急診室主任、一般外科主任、副院長、台中榮總院長、以及台北榮總院長。教職方面，曾任國防醫學院外科學系助教，陽明大學兼任副教授、教授、兼任副校長。（彭芳谷先生簡歷，據黃克武、沈懷玉訪問，周維朋記錄，〈彭芳谷先生訪問紀錄〉，《台中榮民總醫院三十載：口述歷史回顧》，上篇〔台北市：中央研究院近代史研究所，民國一〇一年〕，抽印本。）

白先勇教授與彭芳谷先生合影。

白先勇：（以下簡稱白）

請先介紹一下您的早年的經歷。

彭芳谷：（以下簡稱彭）

我是民國十九年（一九三〇）在上海出生，父親彭襄，母親范新瓊，他們是民國八年（一九一九）到法國「勤工儉學」時認識、結婚的。民國十八年（一九二九），父親和鄭彥棻先生回來參加中國國民黨第三次全國代表大會，後來在上海勞動大學教書。四年以後，父親二次赴法，完成博士學位，母親帶我回長沙外婆家住。民國二十六年（一九三七），父親學成回國，經潘宜之先生的介紹263，在廣西找到工作。當時李宗仁、白崇禧、黃旭初等人在廣西實施「三自」政策（自衛、自治、自給），要將廣西建設成「三民主義模範省」，父親在桂林，初任省政人員訓練班祕書，後於廣西省政府服務，擔任地政局局長。

在廣西，我就讀中山小學、中學，以及桂林中學。在中山小學時，高先勇幾屆，至今還記得校歌。中山小學的校長名叫周淑清，東北人，是邱昌渭的夫人，夫妻倆都是美國哥倫比亞大學的博士。周校長據說從前在東北騎馬，從馬上摔下來，從此走路一跛一跛，她很兇，我們那時見了她就躲。

白將軍是學校的董事，有次他要來中山小學講話，那可是很大的事情。我們同學老早就站在操場，列隊等候聽訓。我個子矮，站隊伍前排右側，天氣很炎熱，左邊有位個子高的同學站不多久，就中暑倒地，白將軍來後，有人向他報告此事。他訓話的內容，我已經不復記憶，但我還記得他說：「你們這種身體，將來怎麼打日本人！」

白將軍的愛駒我見過幾次。有天放空襲警報，看見他的「烏雲蓋雪」由馬伕牽出來，那匹馬有大將軍風度，走路像跳舞一樣，據說天天吃的是黃豆。馬的色澤烏亮，肌肉結實。當時日軍天天空襲桂林，有時一天來好幾次，有時只來一架，也不投彈，每次放警報，大家都要躲，上班上課，大受影響。

有天，我隨父親去綏靖公署拜見李宗仁將軍。他的家住在綏靖公署的後院，當時天氣很熱，李穿著短褲，牽著我的手，看走廊中掛著很多鳥籠，向我說明籠中各種不同的小鳥。還有一次，李到前方打仗去了，母親帶我去由李宗仁夫人郭德潔女士領導的婦女抗戰工作後援會去，看到她們正在縫製放置防毒面具的袋子。

最近我才知道，在四川灌縣設立的空軍幼年學校，是白將軍建議成立的。當時在學校牆上貼有空軍幼校的招生廣告，報考規定第一條開宗明義：「必須為中華民國國民」。我看了，當下就自認是中華民國國民，符合報考條件，覺得很驕傲想去投考，不過被父親阻止了。從七歲起，一直到十九歲，我都待在桂林。中間只有在民國三十三年，日軍進犯的時候，經水路，從荔浦、平樂，到八步、賀縣去避難和讀書了一段時問。對於抗戰前的廣西，我留下一個「全省皆兵」的印象。凡是青年學生，都要接受軍訓。李、白、黃三位先生治理廣西，那真是雷厲風行，治安良好，到了夜不閉戶的程度。

白：您一直都待在桂林，對於國共內戰時，我父親最後打的那幾仗，可有印象留下？

彭：民國三十八年夏，共軍已經佔領湖北，湖南岌岌可危。白將軍偕父親從桂林飛往長沙，希望能說服程潛、陳明仁等，堅守崗位，不要投共。結果，語不投機，住了一夜，無功而返。

同年秋天，我到了廣州，當時的局勢，共軍南下，真有如秋風掃落葉，國軍敗退，一瀉千里。對於您老太爺打的仗，我還記得他在湖南青樹坪打了一場勝仗。國軍在此役之後，士氣為之一振，但仍然難以挽回整個大局。

白：請您談一下，二二八事件發生時，您人在廣西，知道我父親到台宣慰的事情嗎？您後來到台灣念醫學院時，親眼見過的事情，也請談談。

彭：二二八事件發生時，我在桂林念高中，看《廣西日報》上刊載，白將軍到台灣，馬上下令不得濫殺、不得濫捕。若白部長到台灣宣慰時，說「從嚴辦理」四個字，及在態度上稍有偏向嚴厲的表示，或是他聽信了當時在台軍政幹部的報告，認定當時的台灣盡是「亂黨暴民」，造成社會不安，因此要從嚴辦理，那真是在他（白）的一念之間！再加上當時台灣真有共黨份子謝雪紅作亂，誰是誰非，一時之間，難以分辨。如果當時他贊成鎮壓，誰也不能說他錯。以一位軍人而言，在訊息紛亂之際，能果斷作下決策，真乃仁者心胸也。

民國四十一年（一九五二），我考取國防醫學院，四十八年畢業後，到陸軍第十師服務一年。次年，在花蓮陸軍醫院服務。民國五十年春天，調到台南陸軍第四總醫院接受為期四年的外科醫師訓練，升任外科主治醫師。民國五十五年七月，考取最後一屆美軍顧問團協助國軍軍醫赴美進修的員額。在美國費西蒙陸軍總醫院接受心肺外科在職訓練半年。回國之後，調到國防醫學院擔任外科助教，在陸軍八〇一總醫院擔任住院醫師。有天在病房的接待室，見到白將軍面帶愁容，他來回踱步，看來很憂慮的模樣，我上前向他行禮，自我介紹，並對他說，是否有事我可以幫忙。他沒有回應，我鞠了個躬就退了出來。之後回想，那正是白夫人生病住院的時候。

在我於國防醫學院念書的這段時間裡，因為家人還在香港，放寒、暑假的時候，就借住在監察委員陳恩元先生位於木柵的宿舍裡，他的公子陳昫是我在桂林多年的同學好友。傍晚閒來無事，就在附近走走。那時木柵還未開發，只有一條小街，旁邊就是稻田。記得有一棟低矮的老屋，門扉敞開，中間一小廳，中央靠牆有張小桌，上方供著祖宗牌位，桌上有香爐，兩邊有燭台。牌位都很舊了，在燭台的右邊，供著一個原木顏色比較新的牌位，上面有「白崇禧將軍」等字樣。我心裡想：白將軍還在人世，怎麼就有牌位？就向附近的人打聽，鄉民告訴我，那是感謝白將軍在處理二二八事件時，以寬大慈悲的胸懷，拯救了許多百姓的性命，所以立此長生牌位，表示對他的感恩和崇敬。

白：說起陳恩元，他們那群人，是廣西模範省的幹部，對我父親忠心耿耿。對於他們和父親一同建立起三民主義模範省，心裡很是驕傲。而且，對父親在台灣所受的待遇，非常不平。

---

263 潘宜之（1893-1948），字祖義，生於南京，歷任國民革命軍總司令部祕書、北伐軍東路總指揮祕書長兼辦公室主任（總指揮白崇禧）、第四集團軍總司令部政務處長、上海市政府祕書長等職。抗戰時出任第五戰區司令長官部（李宗仁）政治部主任，行政院經濟部常務次長、交通部常務次長、行政院參事等。民國二十六年，白崇禧應蔣中正召，赴南京共商抗戰大計，兩位隨行人員，其中一人就是潘宜之。民國三十七年，潘因久病厭世，服食安眠藥自殺身亡。見馬天綱、陳三井、賈廷詩、陳存恭訪問紀錄，《白崇禧先生訪問紀錄》，下冊，頁910-911。

時間 民國一〇二年六月九日
地點 台北市福華大飯店
訪問 白先勇
記錄 廖彥博

【粟明德】

粟明德先生（筆名唐柱國），民國二十七年生，廣西桂林人，北京大學肄業，香港中文大學新亞書院歷史系、國立政治大學東亞研究所畢業，美國加州大學柏克萊分校博士後研究。曾任國民黨中央黨部第二組香港特派員、工作組長、《革命新潮》雜誌主編、大陸工作會美國組組長、《中央日報》主筆、外交部舊金山辦事處祕書。

白崇禧（中）與白先勇（左）、粟明德（右）合影。（翻攝自《廣西文獻》第七十四期）

白先勇：（以下簡稱白）我們先從您和我父親的交往開始說起。您是在什麼時候認識我父親的？

粟明德：（以下簡稱粟）不是我往自己臉上貼金，我是白老先生親口應的乾兒子。他老人家經常和我聊天、談話。我和他在桂林就認識了，我的祖父粟聯卿，是他老人家的老師，曾任桂林陸軍小學總教官。我父親粟國寶，又是白老先生的學生。在廣西，白先生辦過一個黨政研究所，簡稱「黨所」。我父親是黨所第一期畢業。白先生很欣賞我父親。因為有著這些關係，我小時候就見過白先生。

共產黨佔了桂林之後，我沒能出來。共產黨有一個習慣：只認你的家庭、階級成分，我的成分自然非常不好，沒辦法進學校念書。念初中時，我只念了一個學期就去作工（賣煤油）。在考大學的時候，我取了一個巧：將我父親去世的年份，填到一九四八年，這樣一來，和共產黨的肅反就沒有關係了，這樣我的家庭成分就沒有問題，就能考大學。

當時北京大學，是全中國最好的大學；蘇聯發射人造衛星以後，物理系是最熱門的科系；我居然考上北京大學物理系，還是第二名錄取，我自己也沒想到。到了一九五七年，中共搞「大鳴大放」，我自然也參加了；後來毛澤東將大鳴大放轉為反右運動，整天鬥爭，將我定為「極右」份子。我心想，這樣下去，遲早會被弄死，不是辦法，就想到要出走。但是，在大陸想要出走，談何容易？經過縝密計畫，我由北京出走，從豐台車站搭火車，經邯鄲到廣州、惠陽、東江、淡水，終於輾轉越過邊界，抵達香港。

民國四十七年（一九五八），我來到台灣（白：那時候我大學二年級，頭一次見面是一起吃中飯，當時居然有故鄉的人從大陸來，好希奇）。廣西同鄉會請我和同鄉見面，那也是我頭一次在台灣見到白先生。會議結束，白老先生對我講：「夫人要請你喝茶。」他老人家聰明絕頂，曉得我一定誤會他說的「夫人」為蔣夫人，馬上又補上一句：「白夫人請你喝茶。」這人腦筋之好，世所罕有。

至於，我為什麼會成為他老人家親口應許的乾兒子呢？這事發生的時候，先勇不在場。那天我正和他老人家聊天，他突然找老六（先剛），沒找到，回過頭來問我：我應該怎麼叫你？我說，您不是叫我明德嗎？白老先生說：「你比老六大一點，又比老五（先勇）小一點，我總不成叫你老五點五？」他私底下講話，是很幽默的。所以他老人家是真的把我當兒子看，不是開玩笑。這件事情，我始終沒對先勇說過。

白：父親是喜歡你的，他對你好。他常用桂林話，叫你「鬼靈精」。父親喜歡聰明、腦筋靈敏的人，不大能忍受資質駑笨的人。

粟：他老人家最喜歡聰明人。先勇的《父親與民國》下冊裡，寫道「我們的家庭地位，幾乎以學校成績定高下」，這話說得一點不錯。老先生曾對我幾次稱道先勇，「幾乎沒考過第二名。」做事洩沓的人，他是不大理會的。

他老人家曾經隨機三次抽考過我。如果一個人胸中沒有點料，他是不大會和你談的。頭一次，我和他吃飯，突然講到《三國演義》。白先生就問我對這本小說的看法。我說：書是好書，不過誇大。白先生問：怎麼個誇大法？我說：曹操八十三萬大軍下江南，這是吹牛的：第一，行軍交通不便，第二，指揮通訊不行，第三，軍糧補給跟不上。白先生點頭，說：你講的對。

後來在穿堂的小屋那裡，我們在聊天，楊受瓊先生講起曾國藩，認為他是漢奸。我說，這個看法，我不同意。白先生在一旁，就問：為什麼不同意？我說，孫中山反滿，是策略性的；中國是講五族共和的國家。如果曾國藩是漢奸，那麼白先生以回族人而在漢族政府服務，豈不是「回奸」嗎？白先生聽了，不但沒有生氣，還說我講的對。

第三次，是好幾位老前輩，在大廳裡聊天。這時突然有人說起有個兩廣監察使很公道，說廣西治理得很好，不愧模範省之名。說到這裡，這位老前輩一時想不起這個兩廣監察使的名字，白先生也故意安靜。我在旁邊就說：應該是劉侯武[264]。白先生問我：你小小年紀，怎麼會曉得這個人的名字？經過這三次抽考，我才算是通過。

白：父親的眼光、胸襟，是無法以「一介武夫」來侷限他的。後來母親過世，我到美國去，你常到家裡來，陪父親聊天。

粟：白夫人去世當天，我從香港回台，立刻就去看老先生。他老人家從房裡出來，一臉的眼淚。我看了，心裡好難受。他老人家又說了一句話：「夫人是把你當兒子看的。」聽他這麼一說，我也觸動情腸，哭了起來。當天他老人家說：「今天你陪著我。」本來按照平常的體制，應該是由平日侍從的馬副官隨侍在側，後來就由我陪著。白夫人下葬的時候，到了山上，我還聽見先勇對三小姐說話：「媽媽下去了。」

白老先生厲害到什麼程度呢？大小事情，他都顧慮得週到。白夫人過世了，白先生到清真寺做禮拜。白先生入室內的時候，因為我不是回教徒，不能進入，看見有好多人，進入寺內要脫鞋。禮拜結束後，白先生出來，被一大堆人簇擁著，光著腳就要上車。我看見他還沒穿鞋，便說：「健公，請你穿鞋。」他說：「我的鞋擺在室內，橫過來數是第幾雙，豎著數是第幾雙，你去找找。」我依言進去找。他老人家的腳曾受過傷，所以他穿的鞋，有一隻是墊高了的，我一找之下，果然如他所說，就在那個位置。你看看這個人！在那麼亂的場面，鞋子落在哪裡，他都記得清楚！這本事真了不得。我見過的人裡，真的沒有聰明過他的，共產黨後來統治廣西的這批人，更是沒法和他比了。

今天要談他老人家和二二八事件的關係。以前，我也不曉得他老人家和「二二八」到底有什麼關係，就是白夫人下葬那天，有兩件事情，讓我留下很深刻的印象。第一件事，是我發現白夫人葬的位置，稍偏了一點，我就去向白先生報告。老先生以一種難以形容的表情看著我，回答：

「不是葬得偏，那空出來的地方，是留給我的。」我們正說著話的時候，在他老人家的對面，有個人在哭泣，十分傷心。白家的至親，我差不多都認識，但是那個人，我卻不認得。我就問白先生，這個人是什麼來歷？怎麼在這裡哭泣呢？白先生對我講，這個人是瑞芳鎮的鎮長李建興，他和我的關係，待會再跟你說。從山上下來後，又到清真寺去看輓聯，當中有一副，上面題「昔日深恩思老母／今朝揮淚哭夫人」。白先生跟我講，這副輓聯，就是今天那位李先生送的。這副輓聯，後來收進楊受瓊先生編的《榮哀錄》[265]，因為「夫人」兩字，可能令人聯想到蔣夫人，不太妥當，就改成「尊親」。

過了一個星期左右，當時先勇已經回美，白先生開始跟我說起「二二八」這一段往事。當時，國共內戰已經開打，進行過好幾個大戰役，蔣主席（當時還不是總統）要國防部白部長到山西太原，和山西綏靖公署閻錫山主任商討，如何加強防務。飛機剛降落在太原，就有人拿電報呈給白先生：蔣主席要您馬上回南京。白部長心想：怎麼這麼突然呢？他是很遵守命令的人，奉令後就搭原機飛返了。回到南京後，蔣氏對他講：「現在台灣發生事變，需要一位軍事上有聲望的大員去坐鎮，我不方便離開，想請你去一趟。你到那邊，便宜行事，不要問我，該怎麼做就怎麼做。」於是，白部長就到台灣來了。

白先生的隨員裡，有冷欣、吳石，和蔣經國。當時的蔣經國，還沒有什麼職位，是跟著白先生過來的。白老先生在來台航程中，已經將善後的腹案想好了。一到台灣，第一件事，就是召集台灣省警備總司令部高級人員開會。白部長和他們商討，應該如何處置善後。當時的警備總部參謀長柯遠芬，頭一個站起來發表意見。柯說，對於這些暴民，寧可錯殺三千，不可走漏一人。當劉雨卿的部隊在台灣上岸時，就是按柯遠芬的辦法做，柯遠芬就是這麼做了，才拿來向白部長報告的。他認為自己是做對了的。白先生對於善後方略，本來就有盤算，他一聽這話，就一拍桌子道：「你不要再講了！你曉不曉得你講這話的出處？這是蘇俄列寧講的話。共產黨可以用這話來對付老百姓，我們能這樣對付同胞嗎？你這個參謀長也不要做了！」就把柯遠芬這參謀長的職給撤了。消息傳得很快，他這桌子一拍，這麼一罵，下面的人就曉得：白部長是主張從寬的，不會大開殺戒。

他老人家來台灣宣慰的時候，住在台北賓館，那個時候，李建興就帶著他的母親，來見白部長。白部長聽到通報，心想：怎麼會有位老太太來見我？他老人家對於地方上的父老，是很尊重的。老太太一進來，第一句話就說：「白部長，我娘家也姓白。跟您五百年前本是一家。今天很冒昧來見部長，向部長求個情。這次台灣發生這樣大的變動，鬧得這樣不可收拾。台灣人大部分都是老實、厚道的人，不會有什麼壞心眼。所以，請部長千萬不要處罰太重。」白先生聽到這番在情在理的話，很欽佩這位老太太的見識，就回答一定按照她的意思辦，便送這位老太太出門。

這樣一來，白先生就沿著台灣縱貫鐵路線的每一個車站演講，把事情給平息下去。來到了高雄，當時的高雄要塞司令是彭孟緝，後來做過參謀總長，這時候來見白部長。他向白先生報告，事情發生的時候，暴亂的場面很大，高雄要塞當時只有二十輛十輪大卡車。他就把這二十輛卡車的後貨艙封上布幔，每輛車的角落上都安排站著幾名荷槍士兵，然後將卡車由南開到北，從北部又開回南部。同時，放出消息，說是來了好多增援部隊。彭孟緝就將這樣的處置，向白部長報告。白先生生平最賞識的，就是能用計的人。所以，回到南京以後，褒了一個人，貶了一個人。他所褒的人，就是彭孟緝。在簽呈給蔣主席的報告裡，稱讚彭「善用奇計」。所以，彭孟緝日後能夠平步青雲，和白先生這次的褒獎，有絕對的關係。從那個時候起，蔣某人的心中，才曉得彭孟緝這個人。

後來有一次，何應欽先生擔任道德重整會的會長，他從瑞士帶回來一部片子《崇高的經驗》，在國光戲院（今國軍文藝中心）放映。何先生送了兩張票給白老太爺伉儷觀賞。那天，恰好白夫人重感冒，白先生就問我，要不要陪他去看戲？我們就到國光戲院。戲票的位置，是樓上第一排，

二、四兩號；何先生自己的位置，是第一排一、三兩號。我們坐定以後，下面已經在開會。後來，彭孟緝前來演講，上到樓上，後面跟著五、六位一級上將，有黃杰、顧祝同、王叔銘等人。彭孟緝走到白先生面前的時候，向他九十度鞠躬，才回到自己的位置。當時我心裡覺得很奇怪：怎麼現任參謀總長會行這麼大的禮？後來白先生才跟我講：他（彭）算是我提拔起來的。

那天在戲院裡，還發生一件事情：白先生和我，都穿便服，我穿一件新做的西裝，白先生穿舊西服。我們先上樓，還沒有人到，便自己先坐定二、四兩號。戲院負責帶位的小姐有眼無珠，走過來說：「坐回你們自己原來的地方去，不能坐這地方。」白先生轉頭對我講：「她以為這裡是高級長官坐的地方，我不像（高官）。」等到樓下散會，官員們要上樓了，這帶位人員又過來，要我們快快讓位。白先生說，我正是坐在該坐的位置，等一下你就曉得了。結果，高級將領上來時，黃杰他們對白先生紛紛行舉手禮，彭孟緝行鞠躬禮！那位小姐嚇死了。白先生這時對她說：「你覺得我該坐哪裡，請帶位吧。」那帶位人員慌忙搖手：「不不，就坐這裡！」這一點，白先生是很幽默的。

白：請你詳細談一談，你曾經到我家去，和我父親聊天時，談到為什麼父親在「二二八」時立下功勞，政府卻還派特務來監視他這段故事。

粟：白先生和我聊天，那真是海闊天空，他老人家好幽默，他最後和我說到「二二八」這段往事的時間，大概是在民國四十八（一九五九）、四十九年（一九六〇）。我和他聊天的時候，問到他老人家，為何連回教協會理事長的名義都被取消，沒辦法繼續擔任？國民黨中央評議委員名單裡，也沒有他的名字。我問：這是怎麼回事？他老人家就跟我講：「每逢一場大失敗，總要找一個人來頂罪，這是沒辦法的事，也沒什麼好奇怪的。」他後來又講了一句：「正好是中央退到台灣來，如果是退到別的地方，我（的處境）不至於這樣。」我聽後，還是覺得很奇怪，他就講了「二二八」

時來台善後的往事給我聽。我聽了認為，白先生既然對台灣有這樣大的功德，中央應該對他特別好才對呀！白先生笑了笑，說：「這是你們小孩子的看法。」

後來，他沒再繼續往下講，但是我自己悟出了一個心得來：當時整個中央政府，退到台灣這樣一個陌生的地方來，發現他白某人對於此地，已經先有這麼大的功德，德威兼有，而蔣某人則只有威而德未立，如果那個時候，可以民主競選的話，白和蔣兩位，當選的會是誰？這個道理很簡單，白先生受到蔣氏的妒忌，也是很自然的事情：怕你（白）再起，會形成「一山兩虎」，那成什麼話？於是只好先將你壓制住再說。

白：那個時候，我們家裡有很多台灣仕紳來拜訪，他們都不知道蔣竟是那樣忌刻父親，常常來送禮，和我們家來往。

粟：你看李建興，當時想送仁愛路一處宅子給白先生住，老先生就是不肯受。李建興這個人，現在的年輕人可能不太熟悉他。現在陽明山後山的大片土地，全是他家的財產，後來才捐給公家，由此可見他的產業有多大。他擔任過瑞芳鎮長，他的胞弟李建和，當選過省議員。這些人，都可算是白先生的「死黨」；其他對於白先生來台灣宣慰所積功德，還感念恩澤的人，更有好大一批。比起來，蔣氏對於台灣沒有什麼功德，充其量只能說他是「老大」。我們把事情說穿了，假使當年能像現在這樣公開競選，誰會當選呢？白先生有這個聲望在，自然犯忌。

白：我對於蔣派特務監視父親，開始時百思不得其解。父親在台灣，根本沒有出逃之虞。其次，父親在台灣，手上既沒有兵，又沒有政權，何需如此監視呢？後來想明白了：父親所擁有的，就是在台灣人中間的人望。蔣家父子，所怕的就是這個。

粟：白先生宣慰台灣，保全許多人命，如果派來的是另一個人，那台灣局面不堪設想。我曾經看過陳辭公（陳誠）親批的一張條子，那時剛破獲中共的「台灣省工作委員會」，抓了一千八百多人，保密局局長毛人鳳，就將這個案子簽給陳誠核定。陳誠親批：一律槍決。毛人鳳一輩子殺人無數，就在這件案子上當了一回菩薩。陳氏批示之後，他交代葉翔之，將陳辭公的批條，拿去給（蔣）老先生看。試想，一千八百多人，如果一律槍決，即使用機關槍，也要來回掃射好幾遍。所以後來老先生將此案撤銷，把這一千八百多人，送到荒島上，讓共產黨領走。所以，如果二二八事件按照陳氏這個標準來處理，那還得了？白先生他老人家對台灣的德澤很深，這件事情要是淹沒了，真是沒有天理。如果當時他要開殺戒，也是名正言順，沒有人會反對的。但是，他心裡面裝著老百姓。

白：我父親來台宣慰的時候，如果在態度上，稍有偏嚴的意思，那可就不得了。那個時候，多少人的生死大權，都操在他的手裡！父親當時是國防部長，是中央派來的大員，地位高，有威望，說話鎮得住下面的人。

粟：說到白先生來台後遭到特務跟監的事情，有次白先生乘車外出，發現後面跟著一輛吉普車，沒想到卻抛錨了，白先生就叫座車的秦司機：「你去告訴後面那輛車，叫他們慢慢修，白上將在前面等他們，修好了一道開。」這件事情，是老先生自己跟我講的。

談到這裡，我想到目前坊間有些所謂「紀實文學」，說白老先生平時愛喝酒、抽菸、打麻將。哪有這回事情！我從來沒有聽白老先生說過「打麻將」這三個字。白先生平常也很少喝酒，他的酒量不錯，一次可以喝下一瓶白蘭地，不過只在北伐打吳佩孚慶功的時候，喝過一次。白夫人倒是打麻將的，不過那是來台灣以後的事情。在大陸上的時候，因為白老先生有嚴令，她是不打麻將的。我生平第一次打麻將，就是和白夫人。那時候，我住在招待所裡，白夫人請吳祖堂參謀來電話找我，說李鶴公（李品仙）、陳恩元兩先生來了，缺一角，找我去打麻將。我回說，不會打麻將。白夫人把電話接過來說：「有什麼不會的？坐下來就會了！」結果那一次，我的手風好得不得了，要什麼有什麼。白夫人不高興了：「你還說不會打，扮豬吃老虎！」

白先生曾經對我說過：「我年輕的時候，家裡環境不好，每一分每一秒，都用來吸收知識。領軍從政以後，最大的嗜好就是下圍棋，可以鍛鍊腦力，卻沒有打過麻將。」所以後來我看到有些所謂「報導」，上面寫著他老人家打麻將，我看了是一肚皮的氣！（白：父親最忌諱賭博，從前廣西賭風很盛，軍人為了賭博，連槍都賣掉。他的外甥賭錢，被他關禁閉，我姑媽哭著求情都沒有用。）

他老人家對我的教誨，非常細膩，意味深長。有回他跟我談起書房裡掛的一幅畫，這幅畫，是曾任國民政府主席的譚延闓所贈，原屬左宗棠，龍潭之戰獲勝後，譚延闓就贈給了白先生。他問我，看不看得懂這幅畫的含意？我回他老人家：「看懂一半。」他老人家問：「哪一半？」那幅畫上半是一頭老鷹，下面是一頭龐然大熊。我說：這鷹與熊的諧音，就是說畫主是位英雄。他老人家要我仔細看看：那老鷹的翅膀巨大，羽毛豐厚，熊的腳掌是翻起來的。白先生說：「這就表示，羽翼豐滿、爪牙銳利，才是英雄。要是失去了這些因素，英雄就不成其英雄了！」我想他老人家晚年是有這樣一種落寞的心情，才會說出這一番話。

龍潭之戰可說是北伐最重要的一仗，打勝了，乾坤底定。他老人家也因為這一仗，在蔣氏的心目中，有著非常高的威望。他老人家曾經對我說：「諸葛亮做劉備的參謀長時，年紀是二十七歲，我是三十二歲的時候，做他蔣某人的參謀長！還差了五歲。」他說，當時他代表廣西，到廣州去開北伐軍事會議，只有他提出的計畫和次序，完全正中蔣氏下懷，而其他將領說的，都是些沒有意義的胡話。蔣當晚就到旅館去找白先生，第一件事，就是邀請他留下，擔任北伐軍參謀長。他老人家對蔣表示，這恐怕不行，我的年紀太輕，怕難以服眾，其次，我是代表廣西來開會，不能不徵求廣西方面的同意。蔣某人也了不得，當即表示，這兩件事情都好解決，以一資深將領「虛任」總參謀長（即李濟深），而白先生則以副總參謀長代行總參謀長「實任」。廣西方面，可以電報「借調」。白先生後來跟我講，蔣這是「劉備借荊州，有借無還！」

白：蔣與父親四十年來的恩怨情仇，非常複雜。蔣賞識父親的軍事才能，也重用過他，卻不信任父親，並且忌刻他。

蔣對父親如此忌刻，我卻沒有聽過父親對蔣說過什麼批評、攻擊的話。我聽過父親話裡最抱怨的一次，是有一年的青年節，中樞文武官員要到忠烈祠紀念陣亡先烈將士，父親也參加了，他回家以後，正在換裝，我到他房間去，他突然有所感，向我說道：「活著的功臣這麼糟蹋，去祭拜死去的那些人，還有誠意嗎？」他也曾跟我講：「蔣總統是重用我的，可惜我的很多話，他沒有聽。」

不過，父親晚年，遭受特務監控，還有一位前情治人員谷正文，編造了不少我父親的事情，能不能請您說說實際的情況？

粟：那人說的事情，沒有一件不是胡亂吹的。除了他講白先生這件事情之外，我另外先要講一件事情，這事情我很清楚。萬隆會議，周恩來原先預定搭乘的飛機「克什米爾公主號」上，被安放了炸彈。谷正文就一直講，這整件事情是他經手的，這是胡說八道。實際經手者叫周福慶，我和他很熟，整個行動是他一手布置的，跟谷正文一點關係也沒有。又如他說，自己是監控白先生的小組負責人，這也是胡說。實際負責監控白先生的是項迺光。項迺光和我說起好幾件關於白先生的事情。前面說到跟監白先生的汽車拋錨，項迺光就和我講過。他跟我說：「你們廣西這個白某人，那不但是小諸葛，而且還是真諸葛。他有一次在美而廉餐廳裡請朋友喝咖啡，結帳的時候，他把另兩桌人的帳也付了，幾十桌人，誰臉上又沒有刻字，他一眼掃過去，就知道那兩桌坐的，是跟監他的（情治人員）。」後來我跟白先生求證，白先生說：「有這個事情。他們跟監我，跟得那麼辛苦，這個客我應該請。」

谷正文還說，是他於花蓮山區埋伏，要製造「意外事故」殺害白先生。這人的說詞，沒有一字可信。谷正文原來是國防部情報局的上校督察室主任，情報局澳門站的站長名叫程一鳴，後來投共。程投共之後，當時情報局的局長是葉翔之，他和蔣經國商議之後，決定了如何處置這件事情的計畫。具體的處置方法，是程一鳴在台灣眷屬的眷補照樣送，使中共方面，對程的投誠產生疑心。而這個計畫，只有蔣、葉兩個人曉得。谷正文看到程一鳴的眷補沒有中斷，就祕密的向蔣經國上了一個報告，檢舉葉翔之：程一鳴投共，眷補卻未斷，可見葉翔之有問題，他和程一鳴有關聯。蔣氏將這份報告，原封不動，交給葉翔之。意思是：你屬下的幹部檢舉你，自己看著辦。如此一來，葉翔之就將谷正文免職，趕出情報局。後來，他根本什麼也不是了，還整天瞎吹牛皮。至於，他說自己收買了女護士，在白先生的藥酒裡下毒，這就和講白先生打麻將一樣，純屬胡說。

白先生過世前三天，白先生從前的參謀長張任民從香港來，白先生請他吃飯，要我作陪。那天，老先生的身體看來還非常好。他對我們說，木柵的指南宮，他可以一口氣爬上去。誰知道，三天後，他老人家就歸真了。白先生素來有心臟方面的問題。那時候的醫學，還不如現在發達，心血管可以裝設「支架」，要是可以這麼做，恐怕他就不會這麼快便離開了。（白：父親對飲食方面，也不忌口，大魚大肉照樣吃。）

中國的算命看相，有時真不由得你不信。白先生在過世前不久，曾經拿出一份他在武漢擔任華中軍政長官的時候，白夫人到黃鶴樓找人批的八字流年給我看。那人寫得清清楚楚：五十八歲，威加海內，澤被生民，七十三歲，有礙壽算。下面就不批了！他老人家拿出這份批命來跟我講：我今年正是七十三歲，你看我這個樣子像（有礙壽算）嗎？沒想到還真的應驗了。

民國五十年代，我在香港工作，有次回台灣述職的時候，經國先生送我一本《風雨中的寧靜》，裡面收錄一篇〈危急存亡之秋〉，講到蔣白交惡的情形。我就去問白先生，這本書裡面講的，是不是真的？他老人家把臉一沉，道：「這本書我沒看過，不曉得。」話就說到這裡為止，他從來沒有批評蔣氏。

以前我不曉得，蔣先生身邊的人，對白先生的成見那麼深。谷正綱先生[266]看了我寫的文章以後，請我當他的顧問，替他寫演講稿。稿子寫成之後，他請我吃飯，席間閒聊，我談到白某人，身為大將，對士兵「解衣推食」，有古之名將之風。我說做大將的既然如此，那麼士兵必然為其效死。我又講起曾經有一次，白先生要我將身上的濕衣服脫掉，他將自己的乾衣服給我換穿的往事。谷正綱聽後說：「這是他拉攏人心的手法！不值一提！」我心裡就想：你何不也這麼「拉攏」我一下？我也說你的好話。沒想到，下個月，就因為我說了這個小故事，他竟將我的顧問職給解聘了。經過這次事情，我才曉得話不能亂講。

後來我和經國先生有過很多接觸，他應該曉得我和白先生很親近，但他始終沒有在我面前，提過白先生一個字。二二八事件時，經國先生是跟著白先生來台灣的，我推想，白先生在台灣得民心的情形，他應該向老先生匯報過了。

白先生面對這種情形，也非常「識相」。有一天，我和白先生、白夫人到萬國戲院去看電影。電影還沒開場，我們站在門口。這時候方治走過來[267]，白先生突然把臉別了過去，我覺得很奇怪。後來，方治走進戲院裡了，我就問白先生：您認得方治嗎？「認得。」他回答。他擔心方治遇到他，會感覺忌諱、為難，所以刻意的避開。

白先生在台灣，一直擔任國民大會主席團的職務，有一年，廣西同鄉潘宗武先生要出來和他競選主席團主席，在白先生來講，潘先生是後生晚輩，因此白先生準備放棄連任，讓潘先生當選。但是陳誠過來說：這可不行，那一年蔣總統要連任，要是他的當選證書上，沒有你白某人的簽名，豈不表示你不支持？白先生轉念一想有道理，才繼續參選。

白：可見父親當時的處境有多難。這十七年，虧他是怎麼過來的！蔣氏父子到台灣以後，最忌諱的，就是有聲望的外省人和有實力的本省人結合。雷震之所以下牢，就是因為他和李萬居、郭國基、郭雨新、吳三連等人組「中國民主黨」！因為這個原因，中央對父親非常忌諱，也有計畫的將父親的功績，在歷史上抹去。父親晚年的獵友賴阿統，被警備總部逮捕入獄，弄得家破人亡，也和這點有關。

粟：整個中央，既和白先生，又與台灣有關係的，只有一個黃朝琴。他當過外交部駐舊金山的總領事，抗戰時在西北，和回教人物也有往來。中央最忌諱的，就是白先生對台灣的恩德太深。二二八事件發生後，他來台宣慰，使這麼多人保全性命。在台灣民間，這是好大的事情。

---

264 劉侯武（1894-1975），廣東潮陽人，早年參加同盟會，參與廣州起義。民國建立後，歷任汕頭《晨刊》社社長、福建省政務委員會秘書、東江行政公署秘書、潮安縣縣長、監察院監察委員、兩廣監察使等職。民國三十八年以後，劉氏長期旅居香港。

265 即《白母馬夫人榮哀錄》（台北市：編者自印，1962年）。

266 谷正綱（1902-1993），字叔常，貴州安順人，留學德國，入柏林大學，期間加入國民黨，又轉赴蘇聯莫斯科中山大學研究。民國十五年回國，入反對蔣中正的「國民黨改組同志會」。民國二十年「九一八」事變後，國民黨內各派系實現和解，谷正綱出任國民政府實業部常務次長。抗戰初期，擔任軍事委員會第五部副部長、三青團中央團部常務幹事、第三戰區政治部主任等職。民國二十九年（一九四〇），出任行政院社會部部長，一直到民國三十八年。來台以後，長期擔任中國大陸災胞救濟總會理事長、亞洲人民反共聯盟主席等職，有「反共鐵人」之稱。見彭晉生（編），《谷正綱先生年譜》（台北市：編者自印，1998 年）。

267 方治（1897-1989），字希孔，安徽桐城人，畢業於日本東京高等師範學校，留日期間參加國民黨，民國十六年回國，歷任國民黨中央宣傳委員會祕書、宣傳部副部長、代理部長，抗戰時，擔任安徽省政府教育廳廳長兼安徽省黨部主任委員。抗戰勝利後，轉任上海市黨部主任委員，當選制憲國大代表、行憲後第一屆國大代表。民國三十八年，自告奮勇，協助湯恩伯守上海，出任京滬杭警備總司令部政務委員會祕書長，與雷震、谷正綱並稱「政治三騎士」。來台後，擔任中央改造委員會設計委員、總統府國策顧問等職。參見方治，《我生之旅》（台北市：東大圖書，1986 年）。

桂系來台三位高級將領（左起）：李品仙、徐啟明、張任民。（翻攝自《廣西文獻》第七十六期）

白崇禧將軍與二二八事件

史料選輯

史料選輯

■依時間先後順序，排列選輯與白崇禧宣慰台灣相關之函電、廣播、演講、文告。資料來源，屬於函電者，錄自侯坤宏編，《二二八事件檔案彙編（十七）：蔣中正總統檔案》（台北縣新店市：國史館，二〇〇八年二月）；屬於警備總部檔案者，收於中央研究院近代史研究所編，《二二八事件資料選輯》，第一冊（台北市：中央研究院近代史研究所，一九九二年）、第六冊（台北市：中央研究院近代史研究所，一九九七年）等書；屬於文告、廣播、談話者，錄自《台灣新生報》，據林元輝編註，《二二八事件台灣本地新聞史料彙編》，第一冊（台北市：財團法人二二八事件紀念基金會，二〇〇九年六月）與林德龍輯註，《二二八官方機密史料》（台北市：自立晚報，一九九二年）二書修訂、增補。

【陳儀呈蔣主席三月六日函】選錄

民國三十六年三月六日

（三）處置態度

此次事情發生後，職之處置甚感困難。就事情本身論，不止違法而已，顯係叛亂行為。嚴加懲治，應無疑義。惟本省兵力十分單薄，各縣市同時發動暴動，不敷應付。且奸黨亂徒，以台人治台、排斥外省人之謬說，煽動民眾，民眾為其所惑，自戒嚴後，台籍鐵路汽車員工首先罷工，電氣工人及其他工人，亦有罷工之準備，而糧食即大受影響，如果依法嚴懲，勢必引起極大反響，無法收拾。為顧及特別環境，不得不和平解決。（對於毆打外省公教人員一事不予追究，外省人以為此後工作將無保障，心甚不安。但職為顧及大局，不能不如此。）但因為和平解決，奸黨亂徒，更無忌憚，仍作種種破壞活動。此次事情，即使完全解決，但禍根存在，隨時可以竊發。職以為，職到台灣以後，如對於日本時代御用紳士等，徹底剪除，一面台灣兵力，比較雄厚，此次事情不至擴大至此。此後對付台灣之態度，對於多數民眾，應改變其封建思想，並改善政治，使其對政府發生信心，不致為奸黨所蠱惑。對於奸黨亂徒，須以武力消滅，不能容其存在。關於前者可依照憲法規定，予台灣以法定之自治權，縣市長可先試行民選。為滿足一般人之希望，不妨將長官公署改組為省政府（因許多人均以長官制度為詬病，雖然其優點甚多），俾容納本省人之較有能力者。惟建設廳不必設，另設農林、工礦、交通三廳，保安司令部不設，設警務廳，但省政府主席一職，　務請

鈞座另派賢能，必不得已，由職暫兼一時。關於後者，台灣至少需有紀律嚴明、武器精良之國軍兩師，派大員主持。職前請派湯恩伯、李良榮等來台，亦即此意。如此軍民分治。關於政治，可讓台胞參加，關於軍事，既有實力，可以對付奸黨，及希望獨立等叛國運動，必予消滅。為應付目前情勢，在不妨礙國家民族利益之範圍內，對於台胞之政治要求，只能從寬應許。

鈞座如以此意為然，請即指示，俾職有所遵循。必要時

鈞座可派大員來台，協同辦理。但為保持台灣，使其為中華民國的台灣計，必須迅派得力軍隊來台。如派大員，亦須俟軍隊到台以後，否則亦恐難生效力。

【陳儀呈蔣主席三月七日電】

民國三十六年三月七日

南京國府主席蔣。密。

寅徵府機電奉希。蒙派廿一師師部及步兵一團又憲兵一營來台，無任感激，惟照目前形勢，奸匪到處搜繳武器及交通工具，少數日本御用紳士利用機會，煽動並集合退伍軍人反對政府，公然發表叛亂言詞，並以暴行威脅公正之參議員及地方人士，使其不敢說話。職因兵力太少，深恐一發難收，明知長此下去，暴徒勢燄日盛，再不敢以強力即予制止。現省黨部李主任委員翼中於今日午前已乘空軍飛機晉京面報經過情形。職意一團兵力不敷戡亂之用，擬請除廿一師全部開來外，再加開一師至少一旅，並派湯恩伯來台指揮，在最短期內予以徹底肅清。至為感禱！並乞電示祇遵。

職 陳儀寅陽申印

民國三十六年三月八日

【陳儀呈蔣主席三月八日電】

國府主席蔣。密。

寅虞府機手啟電奉悉。寅陽申親電，計蒙鈞鑒。此次事件，有美國人員參與，反動份子時與美領事館往來，美領事已發表種種無理由的反對政府言論，反動份子目前最大詭計，是使台灣兵力愈單薄愈好，職三次廣播，對暴動事件從寬處置，對政治問題，省府切實容納本省人，縣市長可民選，多數人民均甚滿意，但反動份子又造謠言，謂：台人既毆擊殺傷外省人很多，政府必不會如此寬大，此種廣播係一時欺騙，又謂：政府正在調兵，將大肆屠殺台民，不以之抵抗，將無噍類。又謂須將國軍軍械放棄，反動份子想藉此謠言煽動人民，使人民由猜疑而恐懼，要求政府勿派兵，一面卻隨時搶奪軍火槍械。自二月廿八日以來，因警局倉庫等守衛力太單，被劫槍枝數已不少。台灣目前情形，表面似係政治問題，實際是反動份子正在利用政府武力單薄之時機，加緊準備，一有機會，隨時暴發，造成恐怖局面，如無強大武力鎮壓制裁，事變之演成未可逆料。仍乞照前電所請，除第廿一師全部開來外，至少再加派一旅來台。至美國大使館方面，請其通知台灣領事，為顧及國際信義，勿為台灣反動份子所惑。謹復。

陳儀寅虞酉印

民國三十六年三月十日

【國防部長白崇禧呈報處理台灣事件辦法】

中央對此次台灣事件，應迅速處理之，以免蔓延擴大，為野心者所利用，在不損害中央威信，及採納人民合理要求之原則下，決定處理辦法，交由中央所派大員宣布施行。在辦法宣布後，必須做到下列二事：（一）各級二二八事件處理委員會，及臨時類似之組織，應即自行宣告結束。（二）地方政治常態，應立即恢復。其參與此項事件有關之人員，除共黨煽亂暴動者外，概不追究。其辦法要點如下：

一、改台灣省長官公署制度，為省政府制度。其組織與各省同，但得依實際需要，增設廳、處、或局，改制案請（蔣）主席於本星期國防會（議）提出。至台灣省主席人選，請主席先行決定，省委及廳局長等，候中央派員到台，徵詢台省各方意見後，彙報請予核委。

二、台灣警備總司令，以不由省政府主席兼任為原則。

三、省政府委員，及各廳處局長，盡量任用本省人士。

四、台灣省各縣市長，提前民選。其辦法及日期，由省參議會擬具，呈報內政部核准施行。

五、在縣市長未舉行民選前，由省政府委員會依法任用，並盡量登用本省人士。

六、政府或事業機關中，同一職務或官階者，無論本省或外省人員，其待遇應一律同等。

七、民生工業之公營範圍，應盡量縮小，公營與民營之劃分辦法，由經濟部資源委員會迅速審擬，呈報行政院核定，請轉飭主管部迅速核辦。

八、長官公署現行之政治經濟制度及政策，其有與國民政府頒行之法令相牴觸者，應予分別修正或廢止。一面由行政院查案審議，一面由中央所派之人員，聽取地方意見，隨時呈報，作修正或廢止之參考。

■蔣主席批示：

交行政院照此原則研究具體實施辦法可也，並報告國防會議。中正

民國三十六年三月十二日

【白崇禧呈將主席三月十二日呈】

主席鈞鑒：

茲將陳長官公俠先生及柯參謀長遠芬兩函送請鈞閱。耑此敬叩鈞安。

職 白崇禧 制
三、十二

■附件一

陳儀致白崇禧函

健生吾兄部長勛鑒：

今日何司長孝元兄、張祕書亮祖兄交到尊札敬審台候康勝並悉

駕即蒞台，不勝歡迎。台省此次變亂，係奸匪倭倀相與構亂，乘虛竊發。近自廿一師一四六旅之四三六、四三八兩團及憲兵兩營分批到台後，台北基隆均已平靜，惟台中、嘉義、台東各縣市尚在騷動，現劉師長已到台北，一四六旅部明十二日亦可抵台，一四五旅尚在蘇北，大約本月十七日以後方可到台，現正擬逐步向南推進，俟一四五旅到達後，全省動亂當可戡定。關於改組省政府及民選縣市長等問題，原宣布須請示中央核定，一俟廿一師全師到達，秩序大致恢復，隨即電請

大駕蒞臨，宣達德意。是否有當？敬備採擇。餘託何、張兩君面陳。不盡覼縷。專後。祇頌勛安

弟 陳儀手上
三月十一夜

■附件二

柯遠芬致白崇禧函

部長鈞鑒：

警備不周，致變生倉卒，為全國同胞關懷，更為最高統帥所掛憂，駐台三軍慚愧無地，亦罪餘萬死也。惟幸長官處置適宜，容忍退讓，安定人心，尋求政治上之解決方法，乃者奸偽之陰謀業已完全暴露，民眾亦已覺悟，故目前情況已與吾人有利，且主動亦已獲得，刻正開始綏靖肅奸工作。現除台中、台東兩地，因過去無部隊駐守，現尚為奸偽所佔據外，其餘均完全可以控制，行政亦逐漸恢復中。本部預期於本（三）月二十日前可以恢復全省秩序，在月底以前綏靖亦可完成。請釋　鈞慮。復查此次事變發生之原因：（一）奸黨陰謀策動，（二）日地下人員之從中動員，（三）日人時代御用紳士乘機爭權奪利，（四）流氓浪人乘火打劫，（五）由內地遣回之浪人及士兵尋釁報復（因渠等於日本投降時受盡國內同胞之污辱）等等種種之原因所促成。故為今之計只有除暴安良，爭取民眾，在政治上多作讓步，以滿足多數民眾，則此次事變亦不難平息也。謹將所見具申，請參考為禱。專肅。謹叩

鈞安

職柯遠芬謹叩　三月十二日國父逝世紀念日

民國三十六年三月十三日

【白崇禧呈蔣主席三月十三日呈】

主席鈞鑒：

竊以職對中央處理台灣政策建議案中，關於台省主席不兼任警備總司令一節，業蒙採納，內定以朱一民兄擔任主席，至警備總司令人選，職意仍以閩籍人士充任，較易融洽，俾軍政配合，宏懋事功。查本部史料局中將局長吳石，籍隸閩侯，日本砲校及日本陸大畢業，抗戰中歷任四戰區中將參謀長及集團軍副總司令，學資俱深，且富青年朝氣，忠勤廉能，曩在桂林，主持閩台協會，台人重要份子頗多參加，以之充任警備總司令一職，確為適當人選，必能勝任愉快。謹奉所知，敬備採擇。伏祈裁奪為禱。肅叩　鈞安

職白崇禧制敬呈

三、十三

【國防部宣字第一號佈告】

民國三十六年三月十七日

此次台省發生不幸的事變，使人心騷動社會不安，中央格外關懷，並已決定採取寬大為懷的精神來處理，在確保國家統一的立場，並採納台胞真正民意的原則下，以求合理的解決。崇禧這次遵奉國府蔣主席之命，特來台灣宣慰，並對這次紛擾事件，查明實際情形，權宜處理，現在特將中央處理此次事件的基本原則，向我全台同胞，扼要昭告：

第一，台灣地方政治制度之調整：

（一）改台灣省行政長官公署制度為省政府制度，其組織與各省同，但得依實際需要增設廳、處，或局等機構。

（二）台省各縣市長，提前民選，其辦法及日期，由省參議會擬具呈報內政部核准施行，在縣市長未舉行民選以前，由省政府委員會依法任用，並盡量選用本省人士。

第二，台灣地方人事之調整：

（一）台灣警備總司令以不由省主席兼任為原則。

（二）省政府委員及各廳、處、局長以盡先選用本省人士為原則。

（三）政府或其他事業機關之職員，凡同一職務或官階者，無論本省或外省員，其待遇應一律平等。

第三，經濟政策：

（一）民生工業之公營範圍，應盡量縮小，公營與民營之劃分辦法，由經濟部及資源委員會迅速審擬呈報行政院核定施行。台灣省行政長官公署，現行之經濟制度，及一般政策，其與國民政府頒行之法令相牴觸者，應於分別修正或廢止，一面由行政院查案審議，一面由中央所派人員聽取地方意見，隨時呈報，以供修正或廢止之參考。

第四，恢復台灣地方秩序：

（一）台省各級「二二八」事件處理委員會，及臨時類似之不合法組織，應立即自行宣告結束。

（二）參與此次事變，或與此次事變有關之人員，除煽動暴動之共黨外，一律從寬免究。

上面這些原則，是經過中央慎重研究決定的，中央深切知道，我全體台胞，剛剛自異族日本長久壓迫的生活裡解放出來，重歸祖國的懷抱，台胞們對於自身的權利及利益的希望，一定是極其迫切的，中央在可能範圍內，一定加以最大的注意與扶助，希望全台同胞們體國府蔣主席愛護台胞的原意，確保守法安份的美德，以國家民族為前提，親愛團結，在中央領導之下，努力建設新的台灣。

白部長廣播詞

【深望台胞尊重法紀　迅速恢復社會秩序】

【中央社訊】國防部白部長崇禧前（十七）日下午六時半向全省台胞廣播，茲誌廣播詞全文如下：

台灣此次的事變，實在是我們台灣光復後一件極不幸的事，國民政府蔣主席對於此次事變，已決定採取和平寬大的方針，訂定處理原則，本席奉蔣主席的命令，宣慰台灣，除對此次遇難同胞，代表宣慰外，並對二．二八事件權宜處理，頃望全台同胞尊重法紀，迅速恢復社會秩序。

台灣過去受日本五十一年的殘酷統治，光復後投歸祖國旗幟之下，祈求政治制度之進步，經濟政策之改良，社會秩序之安寧，至為殷切，在不違背憲法範圍及民族利益的前提下，中央無不盡量採納台胞意見，況且現在憲政即將實施，凡在憲法中所規定之人民權利義務，莫不絕對尊重，切實賦予，關於此後台灣行政的措施，自必採納真正民意，加以改善，在政治制度上，決將現在台灣行政長官公署改組為台灣省政府，各縣市長可以定期民選，各級政府人員以先選用本省賢能為原則，在人事上不分畛域，一律平等待遇，在經濟上極力獎勵民營企業，發展國民經濟，至於此次與事變有關之人民，除共黨份子煽惑暴動，圖謀不軌者，決予懲辦外，其餘一律從寬免究。台灣為我海防重鎮，台胞為我黃帝子孫，在二百八十年前，隨著中華民族英雄鄭成功抵抗異族，表現了我們中華民族的革命精神，光緒甲午年間，台灣督撫唐景崧，抵抗日本割據台灣，而稱東亞第一任大總統，更表現可歌可泣驚天動地的事蹟，充分證明台灣不但為中華民族抗拒異族的根據地，更足見全台灣同胞傾向祖國的精神，自抗戰勝利，台灣光復，我全台同胞已從日本壓迫之下獲得解放，希望我全台同胞，發揚團結精神，確保守法的美德，一致奮發淬厲，在中央政府及賢明領袖領導之下，向建設新台灣，建設新中國的光明大道，勇往邁進。

民國三十六年三月十七日

【陳儀呈蔣主席三月霰電】

即到。南京國府主席蔣：寅篠親電，計蒙鈞鑒。職對此次事變，決意引咎辭職，不能再留，惟繼任人選必須審慎，以後台灣政治經濟，如不能利用固有基礎，積極推進，則財政將困難，民生將痛苦，奸黨亂徒乘機煽動，以台胞國家思想之薄弱，山地之多，又係孤島，恐非少數兵力所能維持。職以為軍政方面，必須選任有為之青年。警備司令擬請以李良榮繼任，省政府主席擬請以蔣經國或嚴家淦擔任。職鑑於台灣前途之危機，為使其永屬於中華民國計，務請鈞座採納愚見，茲事關係國家，心所謂危，不敢不告。

職 陳儀寅霰酉親印

民國三十六年三月十七日

【白崇禧呈蔣主席三月篠電（一）】

南京主席蔣：密。

職篠午抵台北，已與陳長官公俠先生晤談，藉悉全台秩序大致恢復，尚有少數奸黨與武裝暴徒合流，刻正追剿，詳情再報。

職 白崇禧寅篠申印

民國三十六年三月十七日

【白崇禧呈蔣主席三月篠電（二）】

主席蔣。密。

台灣暴徒及少數奸匪現約二千人左右，散往各處，劉師長及憲兵并要塞守兵已足用，二零五師可免調，以便應付他方綏急。

職白崇禧寅篠酉台北印

民國三十六年三月十八日

【蔣主席手令致陳儀三月巧電】

陳長官：

篠電悉。收復台灣，勞苦功高，不幸變故突起，致告倦勤，殊為遺憾。現擬勉從尊意，准先設立台灣省政府，至長官公署，須待省府成立，秩序完全恢復時，准予定期取消。惟此時仍須兄負責主持善後，勉為其難也。並將原電抄送白部長同閱。

中正

民國三十六年三月十八日

【蔣主席手令致白崇禧三月巧電】

白部長：

篠申電悉。刻覆公俠長官一電，托其抄送兄同閱，請照此意辦理。惟省政府組織與各廳長人選，請兄與公俠長官切商具體辦法呈報候核，以便發表也。

中正

民國三十六年三月十八日

【陳儀呈蔣主席三月十八日函】

主席鈞鑒：

白部長、蔣經國兄到台，交擲手諭，奉悉一切。職霰（十七）酉電呈請以李良榮任台省警備總司令，經國兄任台省主席，度蒙鈞鑒。職為國家計，為台灣計，台省主席人選殊屬萬分重要，倘人選得當，此次事變將可因禍為福，否則後患仍屬堪虞。聞將以朱一鳴兄充任台省政府主席，職實期期以為不可。一則一鳴雖不無才幹，但思想太舊，缺乏現代知識，昔在甘肅，因甘肅經濟文化均甚落後，能消極的敷衍諸馬，尚可得一時之安，然台灣遠非甘肅可比，經濟建設冠於各省，文化衛生事業亦稱發達，非對於政治經濟財政教育諸端有真知灼見、能積極圖治者不能治理。二則現在台灣擔任財政、農林、工礦、交通等各主管人員，皆屬一時俊逸，懷事業之心而來，延攬時煞費苦心。若省政府主席不能志同道合，必定渙然星散，致各種事業大受影響，甚至不堪收拾。三則台灣人對福州人感情極惡，亦可顧慮。一鳴兄生長福州，雖欲不用福州人，事實上恐亦甚難。至經國兄雖為職理想中之人選，但昨夜今晚兩度徵求同意，經國兄均堅決拒絕，不肯應承。職不得已而思其次，擬請以吳祕書長鐵城充任，並以現任財政處長嚴家淦調充祕書長。其餘各廳長及省府委員人選，並機構組織，容再繼續貢獻愚見。如須職飛京面陳，當候電示遵行。專呈恭請鈞安。

職陳儀　手肅
三月十八夜

《台灣新生報》社論

【迎白部長蒞台】

國防部白部長，以蔣主席之令，權宜處理二二八事件，已於前日中午蒞台。我們以省民的資格，首當敬致熱烈歡迎。

本省政治一年來已走上軌道。其未臻完美之處，以陳長官愛護台灣之至意及其開明民主的作風，本不難循正當合法的途徑，由人民與政府密切合作，共謀改進。二二八事件，為大多數善良省民所共棄的亂黨奸徒煽動而起之一次不幸的暴亂。不少省民在此次事變中，或以家宅掩護，或以身當亂拳，使外省同胞免於危禍，足見深明大義，熱愛祖國者，大有人在。少數奸徒的倡亂，實不足代表全省數百萬同胞的行為。此為處理二二八事件，首當把握的一個事實。我們恭讀事件發生之初，蔣主席在中樞紀念週的報告，及十七日晚白部長蒞台後的廣播，深感中央對於本省的寬大。同時也深信這一事件的解決，在事理上必能令人心誠悅服，在法理上，必能有以整肅綱常，使奸邪者無所逃其罪。

關於政治的改進，白部長的廣播，已明示「決將現在台灣行政長官公署改組為台灣省政府，各縣市長可以定期民選，各級政府人員以先選用台省賢能為原則，在人事上，不分畛域，一律平等待遇，在經濟上極力獎勵民營企業，發展國民經濟。」這些原來大致為陳長官業經宣示的原則，現在復經白部長予以確定，我們實感欣慰。

目前最值得注意的還是綏撫的工作。元惡大兇，應予嚴懲，絕無疑義。但有不少因受煽惑而犯有罪嫌的青年，現尚畏罪逃避，不敢露面。此輩青年中，學生不敢上課，工人不敢回歸工廠，其他各業不敢回到原來崗位。此種情形，不能任其久延。我們以為政府對於不能放過的暴徒，最好明令通緝；而對於不打算追究的一般附從份子，似應明定安撫辦法，使他們不再疑懼，相率來歸，才能使秩序完全安定下來。

這次的事件是一次不幸的災禍。但因為這災禍太大了，即使是平日頭腦欠清楚的人，現在也知道反省。如更能做有效而合理的善後與處理，使本省同胞對祖國的觀念，錯誤者從此糾正，游移者從此堅定，原本正確者從此更發揚其高度的愛國心，則因禍或反而得福，台灣的前途幸甚！

《台灣新生報》1947.3.19:1，社論，三欄題

【白崇禧呈蔣主席三月十九日函】

主席鈞鑒：

台灣事變，起自倉卒，幸賴陳長官公俠先生處置敏捷，秩序上大致恢復，尚有少數暴徒受奸黨煽惑，仍散處新竹、台中、嘉義等市之山地，總數不及二千人，刻正分別剿撫，想不難就範也。昨奉鈞座寅巧府機電，對台省府組織與人選，囑與公俠先生商量，俟渠交到鈞座指示要旨之電文後，當與之詳商具報詳情，從請經國兄面呈。專此肅叩鈞安。

職白崇禧謹叩　三、十九

■此間閩南人為數最多，李師長良榮係閩南人，公俠先生當面極推重，如能調長台灣軍事，人地亦頗相宜。

【蔣主席致白崇禧三月十九日電】

民國三十六年三月十九日

台北。

白部長：

據劉師長電稱：我軍一營追擊至塘里地方（編按：「塘里」是「埔里」之誤），被匪包圍激戰中云，此應特別注意對殘匪之肅清，切不可孟浪從事，稍有損失，以漲匪燄，尤應特別注重軍紀，不可拾取民間一草一木，故軍隊補給，必須充分週到，勿使官兵藉口敗壞紀律。如果大軍入山窮追，更應慎重。請轉告劉師長為要。近情如何？盼復。

中正

白部長昨視察基隆

【訓勉官兵與民合作 聽取史宏熹石延漢報告】

【中央社訊】白部長崇禧，昨（十九日）晨九時半由警備總部參謀長柯遠芬，及基隆要塞司令史宏熹陪同，自台北前往基隆視察，白氏等一行人於十時抵達基隆要塞司令部，石市長延漢等均在門前歡迎，白氏下車檢閱儀仗隊後，即聽取史司令宏熹、該部參謀長黃伯容、及石市長延漢之報告，旋視察要塞及基隆市政府，並於要塞司令部接見基隆市參議會議長黃樹水、參議員葉松濤，及國大代表紀秋水，黃氏表示此次不幸事件發生，多謝蔣主席之關切，及白部長之辛勞來台宣撫，基隆方面以史司令石市長之處置得法，幸無大亂，白氏進餐後，下午二時向要塞司令部全體官兵訓話，略稱：「此次事件發生幸陳長官處置迅速，而基隆高雄要塞司令部，憲兵團，陸軍第二十一師官兵，及海空軍少數人員，均能盡忠職守，深以為慰，本人返京後，必將面陳蔣主席，至於事變中不幸犧牲或致傷者，將優予撫卹獎勉。」白氏並勉各官兵嚴守紀律徹底與民合作，並努力充實本身之學術及修養，使民間了解軍隊為人民之武力，國家之威權，並使能認識中國軍人之人格。白氏末以岳武穆之「餓死不擄，凍死不折」二語贈諸官兵，叮囑切不可以怨報怨，否則怨怨相報，將終無寧日。白氏訓話畢，即往巡基隆港，隨赴北投草山遊覽，晚間七時將出席省參議會之邀宴。

《台灣新生報》1947.3.20:1，頭條，五欄題

【前假台北賓館　招待機關首長】

【本報訊】白部長崇禧於十八日下午四時假台北賓館舉行茶會，招待各機關首長，國大代表及地方仕紳，到會者有陳長官儀、閩台監察使楊亮功、省黨部主任委員李翼中、台省參政員林獻堂，暨國大代表本報社長李萬居等七十餘人。白氏致詞稱：「台省事件，係受少數共黨份子及少數浪人之煽動，幸經陳長官慎重處理及社會上深明大義之人多方協助，現已大致安定，僅有少數青年猶避居深山，盼望各位地方父老力加勸諭，務促彼輩早日歸來，各安所業，過去之事，已成過去，政府絕不追究，至於少數共黨份子，則當予以懲處。」渠強調解釋中央之寬大政策稱：「此次事件中，多數台胞均係受人煽惑，彼等之行為實為全無意識之幼稚行為，中央寬大為懷，不予追究。」白氏結語稱：「欲講國防，必須先講邊防，即在余之職務上言，余實極愛台灣」。末對地域觀念，即所謂本省與外省之區分，認為殊無存在之理由，解釋再三，諄諄告誡。林獻堂氏繼稱：「台省發生不幸事件，引起中央及全國同胞操心，實在對不住蔣主席，對不住全國同胞，中央今又特派白部長蒞台宣慰，更為感激，過去五十一年中，日人實施強迫的同化政策，致使小數台胞，養成島國狹小之心胸，乃有今日之急性行為，然祖國之固有文化並未泯滅，大多數台胞今仍熱愛祖國，因此，當少數急性青年毆打外省同胞時，多數台胞均極表示憤懣，感覺痛心，對於此輩青年人，今後宜從教育上糾正其錯誤之心理，同時亦宜藉此機會，大家一致反省，彼此改正過去之缺點，或可因禍而得福」。林氏乃台省仕紳中之前輩，渠又述及中央之寬大政策稱：「憶日本降伏之日，蔣主席即曾昭示全國，『以德報怨』，今對於處理台灣事件，亦仍決定寬大為懷，台胞均極感激，余願今後大家擴大胸襟，彼此以德報怨，處理善後事宜，早臻台灣於康樂之境。」陳儀長官繼致詞稱：「白部長之言，明白深切，台灣光復不久，緣有今日之幼稚行動，過去日人之教育，灌輸輕視中國之思想所致也。日人之缺點，在於只見其小，而不見其大，日常生活頗能清潔整齊，惟卻缺乏立國做人之道，此乃日本亡國之原因，亦為今日少數台胞輕舉妄動之淵源，余極贊同林獻堂先生之言，須從教育去設法，糾正青年之思想，快使青年回頭，余於過去三次廣播中，即已採取寬大態度，且曾勸告外省公教人員，切勿採取報復行動，余今更願再提保證，現有若干青年避居深山，政府現正召喚彼等歸來，絕不追究既往，余並藉此機會，再對於此次事件中救護外省人員之良善台胞，表示謝忱，至於傷亡之同胞，政府決定予以撫卹，負擔醫藥費用，並賠償其財物損失。」

最後：並以「轉敗為勝」、「因禍得福」之心理意識，勉慰於此次事件中精神物質兩方面遭受損失之公教人員及一般民眾，切勿灰心氣短，仍須安居樂業，努力建設新台灣！直至六時十分，始行散會。

《台灣新生報》1947.3.20:1，二欄題

【訓勉駐台海陸空軍　共黨暴徒仍待肅清】

【中央社訊】國防部白部長崇禧，於前（十八）日上午九時驅車分赴台省黨部、青年團、台灣圖書館、博物館巡視，於十時卅分赴台灣警備總司令部，對該部暨駐台陸海空軍官長訓話，茲採錄訓話要旨如下：

（一）首謂此次台灣發生不幸事件，經陳長官迅速處置，在台陸海空軍以及少數兵力對機場勤務，要塞倉庫之守護，治安之維持，確已盡忠職守，待增調國軍抵台，始於短期內將變亂大致平定，惟少數共黨暴徒，仍待肅清。

（二）對此次事變傷亡官兵及深明大義富於國家民族觀念之台胞，應從速調查，分別獎卹，俾明是非賞罰。

（三）此次奉命來台宣慰，及中央決定寬大為懷處理台省事件主要原則。（已詳載十九日本報）

（四）勗勉陸海空軍官兵應發揚民族精神，為台胞前導，使實現國父民族主義，由家族而宗族，由宗族而國族，四萬萬五千萬中華民族團結一致。

（五）各陸海空軍官兵應嚴守紀律，隨時檢討反省，以爭取民眾合作，如有困難，應向高級長官陳報，設法補救，以維持官兵最低生活，而免擾民。

（六）陸海空軍官兵應於戡平台省變亂後，注重研究學習，隨時舉行陸海空聯合演習，蓋現代戰爭必須陸海空一體化，緊密協同，發揚各軍種之特性，始能爭取戰果。

【中央社訊】國防部長白崇禧上將十七日下午七時於陳儀長官歡宴席上致詞云：台灣此次發生不幸事變，蔣主席異常關切重視，特命本席來此宣慰，查事變發生原因，即少數共黨與不良份子乘國軍調防離台之際，遂乘機煽惑暴動，幸賴陳長官沉著應變，處置迅速，對台灣要塞部隊及陸空軍憲兵等各級人員在陳長官領導之下盡忠職守，協同努力，掃除反動，於短期內逐漸恢復秩序，完成任務，使台胞得獲安定殊為佩慰。

《台灣新生報》1947.3.20:1，二欄題

白部長改期南行宣慰

【訓勉公務員應貫徹初衷　昨上午與軍政首長舉行會議】

【中央社訊】國防部長白崇禧改期南行宣慰，白氏於昨（廿）日上午十時與陳儀長官舉行會議，冷欣、葛敬恩、柯遠芬、吳石、何孝元、郝中和等均參加，十二時始散。聞昨日之會議，係由台省軍政官員報告二二八事件之實情。

【本報訊】國防部長白崇禧氏，為向外省來台工作之公務員宣慰起見，特於昨（廿）日下午三時，在長官公署大禮堂向公署及所屬各機構全體職員訓話。首由陳長官向全體聆訓人員作一簡短介紹，白氏旋即開始訓話，訓詞內容大意為：此次二二八事件發生過程中，諸位在精神上遭受損失，甚至在物質方面亦聞有受到損害者，但盼切勿因此灰心，仍應一本初衷，繼續在陳長官指揮下貫徹來台服務之初衷，努力從事建設偉業。至於所謂本省人與外省人之鴻溝，全係由於少數不法之徒及奸黨煽惑鼓動而造成，吾人應負責予以填補。繼稱：由於此事，吾人可謂獲一經驗，得一教訓，今後對台灣行政處理當較前愈益合乎實際，而台胞方面因此亦得一教訓，務須力加反省，彼此自我檢討。苟能收穫「因禍得福」之成效，則堪稱為台灣之幸，同時亦屬整個國家之幸也。又云：中國不可無台灣，台灣為我國海疆之一國防重鎮，今後中央當更慎重建設台灣，務使其成為一堅固之國防地區。最後白氏復曰：此後本人深信絕無同樣不幸之事件再度發生，同時亦敢保證中央當局絕對不容許此種同樣事件之再生。希望各位堅守本位，加強工作，繼續努力，勿負中央當局及長官之所期望。辭畢，全體頗受感動，報以熱烈掌聲，以示敬意。嗣由陳長官致答詞謂：此次事件為對吾人之一種磨練，經過一次磨練，不啻增加一次光明。由此並可使吾人獲悉如何措施方能切合實際，何種方針，乃屬客觀需求也。剛才白部長之諄諄訓導，希望諸位同仁永記勿忘。白部長曾云深信今後將無再生同樣事件之可能，本人尤希望永遠不會發生。四時正，訓話完畢，白部長與陳長官均面露笑容，頻頻頷首而退。

《台灣新生報》1947.3.21:1，頭條，五欄題

【類似二二八同樣事件 今後絕不容再有發生】

【中央社訊】白部長崇禧今日下午三時於公署大禮堂召集此間包括台籍與外省籍之公教人員訓話，白氏稱：「二二八事件，僅係極少數知共產黨人及暴徒所造成，極大多數之台胞均仍良善，且極熱愛祖國」。白氏今日之談話，著重慰勉外省籍之公教人員，渠稱：「余聞諸君曾受侮辱，且有生命財產遭受損害者，此誠不幸之事，極為關懷。余昨日前往基隆，又聞停泊港口即將駛滬之輪船上，極為擁擠，且皆為諸君之眷屬，余實深有所感。今日願與諸君一談。台省公教人員之待遇，現較內地甚低，諸君抱定服務之初衷，請來協助台胞建設台灣，一年餘來，一切均在進步中。余今仍盼諸君繼續留台工作，勿稍灰心。須知中國不能離開台灣，台灣亦不能離開中國，諸君留台服務，實與前往內地服務無異。且台灣乃新收復之領土，即就教育而言，吾人之工作必須五年至十年始可完成。日前侮辱諸君以及傷害諸君者，僅為極少數之不良份子，極大多數之台胞仍極愛國，且願與諸君精誠合作，「二二八事件，純係意外之偶然事件，余信今後決不致再有此事，余並保證今後中央亦絕不容許再有此事」，白氏言畢，陳長官亦於簡短致詞中，引用蔣主席於三中全會開幕詞中之言稱：「多一次磨練，即增加一次光明」，勗勉現擬離台之公教人員。

《台灣新生報》1947.3.21:1，二欄題

【白部長等宣慰屏東　當日即經鳳山轉赴高雄　前晚廣播訓勉青年反省自新】

【中央社訊】國防部白部長崇禧、冷副參謀總長欣等一行，昨（廿一）日上午九時自松山機場乘「建國號」專機赴屏東宣慰，台省警備總部參謀長柯遠芬及公署祕書處副處長鄭國士同行。白氏於屏東邀見地方仕紳後，即經鳳山轉赴高雄，夜宿左營。

【中央社訊】國防部長白崇禧二十日下午六時半對台灣青年學生廣播稱：

台灣青年，學生們：

台灣青年在日本帝國主義統治下，過了五十一年悠久痛苦黑暗的生活，由於中國八年抗戰協同盟邦得到光榮勝利的結果，終於把我們台灣恢復在中國的版圖，這是我們國家何等的光榮，台灣同胞何等的名譽。不幸少數共產黨及暴徒乘國軍調防離台時，發生了駭人聽聞的二二八事變，中央政府蔣主席極為關懷，特派崇禧前來宣慰台灣，調查真相。聞此次事變，有少數青年學生參加各種野蠻行動，以及超出法律以外不合理的要求。把已往台灣同胞愛國的熱情受了相當損失，這是多麼可痛惜並且可憐憫的一回事呵！崇禧愛護台灣青年，有如家中子弟，誠不忍看到自己家中子弟犯著重大過失而不加糾正，謹特將衷心感想所及，為我台灣青年告之。

祖國愛護台灣　尤其愛護台灣青年

第一，我們中國立國已經有五千餘年的歷史，有優美的文化，有廣大的土地，有四萬萬五千萬的人口，有忠孝仁愛信義和平的傳統道德，凡此無一不是我們列祖列宗艱難締造而遺留給我們的。我們國家，歷經外患，失而復得，亡而復存，何只一次，如果沒有此種歷史，此種文化，此種土地，人口，與傳統美德，恐怕現在世界上已無我們中國存在的餘地了。我們要知道現在生存，是集體的，沒有悠久的歷史文化的國家和民族，絕對不容生存獨立於世界。台灣脫離不了祖國，祖國更需要台灣；祖國愛護台灣，尤其愛護台灣青年。你們是國家的精華，台灣的柱石，國家迫切需要你們，台灣更需要你們，你們應該深切體認自己對國家所負責任的重大，更應該提高國家的觀念，發揚民族的意識，萬萬不可為一時情感的刺激，而發生輕舉妄動，為親者所痛惜，為仇者快意，遭全國輿論所非議，斷送個人的前途。親愛的青年們！學生們！你們要深思猛省！

把握寶貴光陰　努力於德育修養　趕快覺悟檢討自己的過去

第二，我們國家的命運與民族的前途，將來是靠你們來擔負的。現在你們正在求知的時候，你們正確的目標，是要把握這一段寶貴的光陰，努力個人德育、智育，與體育的修養，以準備將來擔當建國的責任；就中尤其德育的修養，是最重要的。古聖人說：「讀書在明理」，又說：「學在變化氣質」。所謂「明理」，就是「明是非」，「知順逆」，「識利害」，詳細點說：遵守秩序，安份勤學，就是「是」、「順」和「利」；受人煽惑，盲從暴徒、打劫、殺人、放火等越軌行動，自然是「非」、「逆」與「害」了。這不過舉一個例，其他格物致知之理，均不外乎此。所謂「變化氣質」，換言之就是我們在未受教育之前，或許有不好的思想、習慣，和行動，但是受了教育之後，就應該把過去不好的氣質，改變過來，這就是人類為學求知的真正目的。假如受了教育之後，仍不能把壞的氣質改變，仍然做那破壞秩序，危害國家民族的行為，那麼雖受高深教育，有何用處呢？青年人血氣方剛，往往理智易為感情所籠罩，容易受人誘惑，這就是剛才所說的修養的工夫不夠，希望你們要趕快覺悟，檢討自己過去所做的事，有無錯誤，有則改之，無則加勉。

第三，我們的國家，業經制定憲法並已頒布，全國現正準備行憲，將來治理台灣，都要台灣品學兼優的青年來擔當，諸位要認識自己的責任重大，萬勿自暴自棄，在本身所學的部門上，無論將來參與政治經濟或其他技術方面工作，均需加緊努力，不要把寶貴的光陰，用在不正當的思想和行動上面，而陷於「一失足成千古恨，再回頭已百年身」的悲境，這是崇禧所深深期望你們的。

破除地域觀念 不要歧視外省人

第四，台灣是中國的一個省份，和其他各省沒有兩樣，你們不要懷有偏狹的地域觀念。要知道你們現在所受的是祖國整個的教育，已經與前日本時代截然不同。你們所以有偏狹地域觀念的原因，也許因為過去所受日本教育陶化的關係。要知道我中華民族的寬大仁愛，在歷史上已放出特殊光彩，絕對沒有優越感、偏狹性。我再舉一個例，我昨天參觀台灣大學，知道從前台省人所受的高等教育，僅限在醫學及技術方面，與日本學生比較不過百分之十，而現在台大中的台省學生已佔百分之九十以上，學習的部門很多，且獎勵學習社會科學，養成台灣統治人才，亦不如過去的刻板限定。切望你們放大眼光，不要歧視外省人，破除地域觀念，要知我們台灣人才，將來也需要到中央，到外省去的。我們要本親愛精誠，如手如足，互助合作。此次發生事件已成過去，不究既往，深盼反省改過自新，從前種種譬如昨日死，今日種種譬如今日生，以後必須注意不可再踏前轍。現在未上學的學生，應即刻歸校上課，其他青年亦應各安本分。中央關懷台灣，愛護台灣青年，較之他省有過而無不及。父母本無二心，兄弟務宜友愛。願我台灣青年，深體此意，有厚望焉。

《台灣新生報》1947.3.22:1，頭條，五欄題

民國三十六年三月二十一日

【白崇禧呈蔣主席三月馬電】

南京國民政府主席蔣：寅巧電奉悉。密。

茲據陳長官擬具台省府組織：（一）省政府委員十五人（除主席外本省籍外省籍各半）；（二）設民政、財政、教育、農林、工礦、交通六廳，祕書、警務、會計三處，人事、統計兩室。此外，現有法制委員會尤應保留；（三）各廳處得設副廳處長一人；（四）民政廳長、警務處長用本省人，農林廳長如本省有人才，亦用本省人為宜；（五）六廳長祕書長由省府委員兼任；（六）專賣局長用本省人，副局長外省人，貿易局長用外省人，副局長本省人；（七）各主官人事問題，須俟省政府主席人選決定方能商榷等節。查所擬台省府組織，各廳處得設副職，係根據台灣現狀及需要而擬緒，在此過渡時期，省府人員台籍與外籍人員分別充任，旨在培養台籍行政人員，並顧慮台籍人員因方言關係，及對中央法律不甚諳悉，故擬增設副職，將省府委員額數列為十五人。是否有當？謹電核奪。

職 白崇禧叩寅馬祕印

民國三十六年三月二十二日

【白崇禧呈蔣主席三月養電】

南京主席蔣：密。

查此次台灣事變之遠因，乃由台胞青年過去受日本五十餘年狹隘偏激教育影響，致國家觀念、民族意識薄弱；其近因即抗戰勝利後，中共假言論自由之名，恣意詆毀本黨及政府軍隊，台省一般不正確之報章輿論，亦同出一轍，醞釀既久，台人有政治野心者，乘機操縱，伺機爆發，故最近以台專賣局緝私事件，藉題發揮，因少數共黨份子及日軍投降後，自海南島遣回之台籍退伍軍人與地方莠民，勾結煽惑叛亂，台省青年學生妄動盲從，省縣市各級民意機關參議員，亦多盲從，起而附和，致叛亂擴大，全面暴動，分別包圍襲擊台灣行政長官公署、警備總部、基隆高雄兩要塞，其企圖不僅如在京所聞，係出於不滿現狀，自有關文件中獲悉，彼輩所謂高度自治，及所提無理要求，則直欲奪取政權已無疑義。現事變雖已大致平息，惟於事變中被共匪暴徒劫奪之槍械、彈藥、被服等，為數甚多。共匪暴徒分竄山嶽地帶，隱藏或散伏民間，刻警備總部已決定分區清剿，限令收繳槍械彈藥被服，徹底肅清叛亂份子，以安地方。自此次事變所獲經驗，竊以今後治理台灣，似宜採取以下措施：

（一）軍事方面：

（1）經常保留一個師兵力駐台，並將現駐台之二十一師充實其裝備，准增編一個砲兵營。

（2）馬公基隆高雄三要塞，各准按原編制不予裁減，以實戰力，而應國防需要。

（3）憲兵部隊應經常以兩團分駐台省境內。

（4）今後台省保安警察幹部以由內地編餘之慣戰之轉業軍官遴派為宜，除戶籍、交通警察規定暫時不攜槍枝，可用台籍外，其餘員警仍以外籍充任。按此次事變中，台籍警察或倉庫守護部隊，台籍士兵多與暴徒暗通聲氣，致有攜械逃遁及不抵抗將槍械彈藥為暴徒劫持，尤以警察為甚。為懲前毖後，亟應防患未然。

（二）政治方面：

（1）台省各級民意機關頗不健全，應分別保留或改選，將此次參加事變人員，按其情節輕重，分別淘汰。

（2）縣市長民選，原擬提前實行，現因暴徒挾械潛逃，應利用戒嚴時期將奸匪暴徒肅清，已失械彈收回，再斟酌情形辦理。

（3）台灣行政長官公署改組為省政府，其組織經據陳長官意見電呈鈞核在案，至人事問題，因陳長官對台省情況較為熟諳，已囑速擬定再行呈報。

（三）台省經濟措施，專賣及貿易局制度，據陳長官面告，均經省參議會通過施行，今後應如何改善，俟詳查實況再行報核。

（四）台灣事變係野心者有計畫的暴動，希圖奪取政權，非少數奸黨所能全面蠱惑，不過利用台人排外心理，推波助瀾而已。今後治台方針與職在京所擬者，確有修改之必要，請俟視察完畢後，與陳長官詳商再提具體方案，以供採納。

職 白崇禧寅養印

■批示：

復：養電悉。台省政治組織，待兄回京面商後再定。未知兄何日可回？盼復。中正

民國三十六年三月二十三日於台北總部

【兼台灣省警備總司令陳儀報告】

奉

諭查報本省二二八事件有關之司法事件及逮捕人數、審訊經過、判決及執行情形等因，謹分述如下：

一、與此次事件有關之司法事件：本省此次事變，完全為奸黨叛徒及少數陰謀份子煽惑鼓動，以專賣局緝私人員開槍誤斃人命事件為藉口，釀成不幸事件，對於當日肇事之緝私人員葉明根、盛鐵夫、傅學通、劉超祥、鍾延洲、趙子健六名，並無軍人身分，所犯殺人罪嫌，應由司法機關受理。又二月二十八日暴民搶劫搗毀新台公司時，由警察局拘送搶劫人犯柯土牆一名，連同贓物，亦屬司法審判範圍，均於三月一日及二日之後，移送台北地方法院檢察官偵辦。

二、逮捕人數：自二月二十八日起，截自本（廿二）日止，就台北及基隆兩地，逮捕人犯，共計兩百七十三名。三月二日，二二八事件處理委員會要求將二月二十八日及三月一日逮捕之參與暴動人犯開釋，職本寬大為懷之旨，俯順輿情，立予釋放，共三十二名。訊明尚無罪嫌，已交保釋放，共一百十七名。現仍在押俟查明辦理者，尚有一百二十四名。（詳列名冊）其他各縣市尚未據報，僅據高雄要塞司令部電報捕獲暴徒四百餘名，稱送高雄地方法院偵辦。

三、審訊情形：本部對於拘捕暴民案件，均不分晝夜，立時審訊，惟因拘送機關，類分匆促，不及備文敘明原委，又未有辦理拘捕人員到案陳述經過，致偵查無從著手，經隨時多方審詢，迅速辦理，除查無事實及訊無暴行之嫌疑人犯，隨時交保釋放外，其情節未明，現尚在押人犯，亦均積極詳查，並飭原送機關，檢呈事實證據，後續即可依法辦理。

四、判決與執行：對於此次事變逮捕之人犯，除各縣市辦理情形尚未據報外，現尚在押人犯，因偵查尚未完竣，及擬請准依《戒嚴法》第九條規定，劃為軍法審判。頃始簽奉核准，故現尚無判決及執行案件。

奉諭前因，理令繕同名冊，報請

查核　謹呈

部長白

兼台灣省警備總司令陳儀

錄自魏永竹、李宣鋒編，《二二八事件文獻補錄》，頁 208-213

民國三十六年三月二十三日

【白崇禧呈蔣主席三月二十三日電】

南京國府主席蔣。密。

此次台灣事變，內容並不單純，共黨暴徒操縱煽動，蔓延既廣，被害復大，目下對被劫之多數械彈與共黨兇犯之竄匿，正待加緊追繳清剿，一切善後，尚須審慎處理。職正巡行各地，詳加調查研究中。對台事決定，最好待職宣慰工作整個完成，報請鈞裁，較為適當。近閱報載，國內台籍各團體、人民代表，僅憑風說，提出種種要求，尚懇鈞座勿輕許諾，以免增加善後困難，至禱。

職 白崇禧叩梗印

■批示：

復：准待宣慰工作完成，報告到後再定辦法。現並未有任何之許諾，陳長官查辦案亦已打銷，勿念。

【白部長前在台中　向全省同胞廣播】

【中央社台中廿三日電】白部長崇禧於廿二日晚八時半，在台中廣播電台向全省同胞廣播，茲誌全文如次：「台灣各位父老同胞，今天崇禧自高雄來台中，沿途經過台南、新營、嘉義等縣市，除接見各地方機關首長、民意機關議員、各界代表，分別聽取報告，並代表國府蔣主席，面達宣慰外，因為時間所限，未能和台省其他各地父老同胞見面，現在特在廣播中表達幾點懇摯的意思。

此次崇禧奉令來台宣慰，關於中央處理此次事變基本原則，我在前兩次廣播和書告中，已經說明，不再重加申述。此次事變的遠因，即是台胞青年過去受日本狹隘偏激的教育，由於日本對殖民地所施奴化教育的遺毒，不正確的思想，不了解國情，以致輕視祖國政府人民和軍隊。近因即是受少數共產黨份子的惡意宣傳，誤中了他們的陰謀，因此由於少數共產黨份子、暴徒浪人的煽惑脅迫，台胞青年群起盲從，造亂叛變，使社會不安，人心惶惶。這反動派的野心，是想要顛覆政府，奪取政權，所以藉專賣局緝私人員取締煙販作導火線，擴大暴動，而少數台胞青年，一時盲從，誤入歧途，實在是極大的錯誤，是痛心的事。我們知道中國有五千年的文化，有忠孝仁愛信義和平固有的道德，我們國家能夠獨立存在到今天，絕非偶然的。所以共黨的污衊詆毀，我們全台同胞絕不要輕易憑信其蠱惑。須知中國國民黨自辛亥起義推翻滿清，民國五年推翻洪憲帝制，民十七年完成北伐，領導抗戰，協同盟軍爭取最光榮的勝利，凡此都是中國國民黨、國民政府、國民革命軍對國家民族偉大無比的功績，早應為中外所共知，絕非少數反動派顛倒是非詆謗所可誣衊的。

【事變已經大致平定　善後辦法標本兼施】

現在事變已經大致平定，對於此次圖謀叛亂的主犯，必須從嚴懲辦，以振紀綱，懲罰惡暴，也就是為保護善良。至目前逃竄各地共黨暴徒，和盲從的青年學生，應從速覺悟，凡被脅迫的青年學生，只要覺悟來歸，政府決本寬大為懷，不追既往。共產暴徒如繳械投誠，亦准悔過自新，從寬處置。現台灣警備總司令部已經決定分區綏靖，如共黨暴徒仍執迷不悟，將劫奪警察槍枝及倉庫武器彈藥被服，不予繳還，國軍為綏靖地方，必定痛剿，徹底肅清。更不許民間隱存槍械，貽害地方。希望地方父老和機關首長，一致協同軍隊來貫徹執行，這是善後治標的辦法，至於治本的辦法，應從教育著手來糾正台胞青年狹隘偏激的錯誤思想。過去台灣青年在日本統治下受了五十餘年狹隘偏激的教育，積重難反，尚待積極力謀矯正。最主要的是要增強台胞青年對國家觀念、民族意識，革除輕視祖國的錯誤思想，激發寬大仁愛的精神，然後中華民族四萬萬五千萬同胞才能親愛精誠，團結一致。自此變亂澄清後，政府當盡力防止，決不容再有此類事變發生。更希望全台父老同胞，一致協助政府及駐軍，共同努力定定台灣，共同完成建國的使命。

《台灣新生報》1947.3.24:2，三欄題

民國三十六年三月二十三日

【白部長對二十一師訓話紀錄】

劉師長、二十一師各位官兵：

我這一次奉命到台灣來宣慰，順便乘這個機會，和你們見面訓話。二十一師抗戰以來，八年奮鬥，在八年中，我們二十一師犧牲不少，自從得到光（榮）勝利以後，參加江北剿匪，又有相當傷亡。此次開來台灣鎮壓暴動，獨立團工兵營先到，協同要塞部隊與海、空軍，盡到很大的努力。以後，師的主力到達，台灣暴動才算是暫時歸於平靜，恢復常態。只有少數奸匪暴徒，裹脅小部分青年，及槍〔搶〕奪一部分槍枝、彈藥（手榴彈），潛逃高山，尚待我們繼續的肅清收回。

此次事變，得到陳長官鎮定、敏捷的適當處置，與駐台陸、海、空軍將士，沉著應變、盡忠職守，我到了台灣，聽到很覺滿意。尤其是二十一師到台灣，我得到一般地方父老對你們稱許紀律相當好，以及長官公署警備總司令部報告，都說你們紀律很好，我更加滿意。大家知道，軍紀是軍隊的命脈，軍隊是否有戰鬥力，就要看軍紀如何。平時，軍隊有紀律，戰時，能得到民眾作後盾；戰時，軍隊有紀律，守必固，攻必克，無論平、戰兩時，軍隊好壞，都要看紀律如何。所以，你們這一次到台灣來鎮壓暴動，在剿滅叛徒的時候，紀律非常嚴肅，今後，希望你們能夠保持，官兵上下一致警惕，互相勉勵。你們遠在台灣，中央高級長官不容易常常來，希望你們駐台，陸、海、空軍一致，與台灣民眾切實合作。這是我對此次事變，及二十一師所表現的成績幾句話。

各位知道，台灣是我們的海防重鎮，是我們的海軍基地，是中國在太平洋很堅強的第一線堡壘。台灣過去在日本統治時期，非常（受）重視，他是把台灣作為他南進的海軍基地，以便攫取海南島等地，同時也是南進的空軍基地，因此，這邊的海、空軍設備都很完全。你們陸軍駐防此間，紀律、學術要並重，紀律訓練好了，要研究學術，怎樣方可以使各兵種聯合，以及海、空軍協同？你們二十一師還沒有騎、砲兵，將來一定要先編一個砲兵（營）給你們。現在你們先把步兵、工兵、輜重兵，各個訓練好，然後，再把各兵種聯合演習一次，各兵種聯合演習純熟，再調海、空軍配合你們陸軍演習。台灣駐有海、空軍，調動很便利，希望你們好好的訓練。

現代的軍事學術，是日新月異，時時進步的。我們雖然裝備還不如理想，但是必須向著進步的方面，迎頭趕上，發揮現在裝備的威力。世界第二次大戰中，出現火箭砲、原子彈等利器，有人就以為，既有了火箭砲、原子彈，大可不必再要步兵及許多舊式兵器了。這種新穎的理論，是超越時代、超越理想的，要知道，無論原子彈、原子能如何發達，戰爭的最後階段，是必須取決於陸地決戰的。美國空軍總司令安諾德將軍說：「未來戰爭的型態，是先用火箭砲、原子彈，猛烈轟擊，摧毀敵方一切設施，然後用大量步兵空運降落，佔領要點。」這種見解，很合理想，並沒有說廢除現代裝備。不過，將來戰爭的過程，時間一定很短，如一個戰爭的開始，只要幾天、幾小時，甚至於幾分鐘就可以結束，這不是（以下缺漏四字）很有可能性的。例如這次原子彈的炸廣島，不到兩天，日本就無條件的投降了。

你們二十一師官兵，不要嫌裝備壞。須知，你們現在的裝備，比過去抗戰期中就好得多了。當然，以我們國家軍事科學的落後，一切是有待於逐漸改進的。目前，我們只有用現在的裝備適應時代，切不要輕視這種裝備不能發揮威力。最近，一般青年軍官，受了幾天美國軍官的訓練，就以為美國的操典最好，這種理想十分錯誤。大家知道，現在我們的典範令，是經過八年抗戰的洗鍊、研究了三年功〔工〕夫所改進的。舉凡現在所有的新武器，都已包括在內，因此，我們現在的裝備和學術，已經改進了不少。去年南京大演習的時候，你們師裡將官曾往參觀。當時，我在國防部曾下了幾個想定：第一個據點攻擊，就是用現在所有的裝備、兵種實施的；第二個環形陣地，是用一個連，左、右、前、後四面防禦的。現在，操典都依照改了。又如對空射擊，以前是指定某某部隊擔任的，以及衝鋒時，必先倒標尺、關保險機等動作也都改正了。其次，今後的教育，是注重有地、有物的。課堂所講的，必是操場所有的；操場所有的，必是戰場所用的。講堂、操場、戰場，如此連貫，打成一片，這是新典範令的精神。總之，現在的典範令，較之以前改了很多，我不能詳細的講，好在已經發下了，希望你們好好的看看，這是化（花）了三年研究的功（工）夫，流了很多的血（友軍的血、敵軍的血）的代價。

從前，我們的教典，都是一成不改，翻照別人的，自己沒有一點創見。如普法戰爭時，看見德國打勝了，我們就採用德國操典，改為左肩槍。後來，日俄戰爭看見日本打勝了，馬上又改用日式操典；今天，美國打勝了，又想改用美式操典。這樣隨波逐流，不能砥柱中流，好高騖遠，發生很多淺見，這是不對的。要知道，別人家學術是有他的科學與工業基礎的，我們一個國家，要有獨立的精神，友邦所長，固然可以採取，但是自己所長，也不能抹殺。典範令對軍人，等於是一部憲法，憲法是國家的根本大法。例如美國的成文憲法，對美國很適宜，但是，是否適合中國呢？英國不成文憲法，在英國很適宜，但是，也能否適合中國採用呢？我講這些話，是當了八年軍訓部長深知道，一般青年軍官沒有研究，一味盲從，以為美國什麼東西都好，什麼東西都該學，殊不知美國士兵程度好，且有不是我們完全能學的。譬喻美國憲兵守衛的時候，可以坐在板凳上；美國兵走路吃紙煙；操場上，上、下操，長官可以從口袋里（裡），摸出糖果來給弟兄們吃；歪戴帽子等等，這些我們都能夠學嗎？我們的教育，是非常重視紀律的，我們是很嚴正的教育。德國和日本的失敗，只是戰略、政略的失敗，美國教官曾告訴我，美國很多地方還是採取德國的教育精神。所以自己先要有獨立的精神，然後溶化別人的長處才好，決不能永久都是跟著別人跑。即如美國送我們的飛機，他的空中堡壘就不肯給我們；他送我們的兵艦，但艦上的許多祕密儀器也不肯給我們；至於原子彈，那就更不可能了。因此，我們要想進步，不是隨波逐流，一定要自強、研究。關於以上所說的話，可以用兩句話來概括：（一）自己要有獨立自主的精神，自求解放；（二）虛懷若谷，無條件接受他人所長。既不能如學德、日操典似的，自己毫無定見，也不能像洋八股，專說自己的好，別人都不行。須知，學問就是真理，好即好，不好即不好，不是意氣用事的。這是我對學識的態度。

此外，有幾本書給大家介紹：第一、是我這幾年來，蒐集資料所著的「第二次世界大戰軍事參考資料」，第二、是我八年中，對各軍事學校所講的「最近陸軍軍事趨勢」。其次，就是四十一種典範令（包括各種兵種）這幾部書，介紹大家多多的看看。

現在，台灣事變已成尾聲，少數共黨及暴徒，散布在各地。今後，你們分區綏靖的時候，一定要把他們完全肅清消滅，所有散失的武器，也必須徹底繳回。不過，你們在搜捕暴徒，與收繳武器的時候，官兵還要注意紀律，態度要嚴正公開，不可藉口入民宅，必須會同地方鄉保長及憲、警，遵照警備總司令部的規定辦理，等待叛亂平定後，你們就好好的訓練了。

至於，你們有因生活艱苦而越犯紀律的，我同陳長官商量，使你們在台灣的部隊官兵，最低的生活能夠維持，但是希望你們不要再擾動民間。日本兵過去在台灣，是不動民間一草一木的，台省民眾在日本統治五十多年，是看慣了。現在，我們軍隊自然還比不上，不過，我們拿精神和紀律來補助我們的不足。如何振奮精神與確守紀律呢？就是要激發愛國心。

台省民眾過去輕視祖國、輕視祖國政府、輕視祖國軍隊，日本過去對台省人民宣傳，也是說中國政府如何低能、中國軍隊如何不行；加之，最近中國共產黨從中歪曲宣傳，詆毀政府，於是才有這次猛（孟）浪的暴動。你們想，假使我們政府與軍隊不行，何以能夠在辛亥年推翻滿清？何以能在民國五年打倒袁世凱？何以能在十五年繼續北伐？何以能抗戰八年，終獲勝利？可以說這些成就，就是中國政府的卓越與軍隊的堅韌力量所致。這次台灣，國軍很迅速的鎮壓暴動，就是一個很好的表現。我們希望，這次台省叛亂能夠因禍得福，使台省民眾，從此大澈大悟，不再輕視國軍，不再輕視政府，不再輕視祖國。這是過去，台灣民眾思想錯誤，養成暴動的近因，所幸暴動中，為奸匪和暴徒裹（裹）

脅的台胞畢竟很少，大多數人民都是善良的。今後，你們對待台省民眾，要好好領導、感化他們，親愛相處，精誠團結，使在台灣的軍隊，都能與民眾親近、合作，鞏固國防。因為，未來的國防，是全體性的國防；未來的戰爭，是全體性的戰爭。

此次，台灣經過暴動後，中央治理台灣方針，自有檢討，我們軍隊不必過問，只希望你們克盡本位努力，完成綏靖任務，加強訓練，協同海、空軍共同鞏固中國的海防重鎮。（完）

轉錄自林德龍輯註，《二二八官方機密史料》，頁169-175。

民國三十六年三月二十六日

【白崇禧呈蔣主席三月有電】

南京國民政府主席蔣。密。查台灣為海防重鎮，各要塞為保障台灣之中心，國防價值極大，火砲共四五八門，雷達等類亦極充實，可稱近代要塞。此次事變，鎮壓最為得力，高雄要塞司令彭孟緝，獨斷應變，制敵機先，俘虜暴徒四百餘人；基隆要塞司令史宏熹，沉著果敢，擊破襲擊要塞之暴徒，使台北轉危為安；馬公要塞司令史文桂，先將警察繳械，防患未然，暴徒未逞。惟各地要塞，編制一再縮小，兵種不全，難達任務，經職親臨視察，認為欲鞏固國防，防止寇亂，必須將要塞編制調整，兵力充實。按最前編制，基隆高雄兩要塞，官兵各約八千三百餘人，馬公五千四百人，嗣經縮減，基隆高雄兩要塞各為六千餘人，馬公約為三千八百餘人。現有數，基隆高雄各約三千人，馬公約為二千人。最近復奉令縮減，基隆高雄各為兩千餘人，馬公減為九百人，不特戰時難以應變，即平時亦難監護維持。職意台灣各要塞編制，應以維持第二次縮減人數（基隆高雄六千，馬公三千八）為標準，其中各要塞，必須有守備一總隊（步兵三大隊）、工兵一營（馬公可僅設一連）、偵測一隊（雷達為主）。如是，既可加強要塞之國防實力，復可增加軍隊力量，以應不時之急。是否有當？敬乞鑒核。職白崇禧叩寅有酉印。

■蔣主席批示：似可照准。

民國三十六年三月二十六日

【白崇禧呈蔣主席三月二十六日電】

南京主席蔣：密。

職近旬來曾親赴台灣各縣市宣慰，對台灣事變真相與在京所聞者頗有出入，其處理方針與軍事政治經濟等應改善方案，及將來台省人事，刻正與陳長官商擬，請轉主管機關，對於職前擬呈幾項意見，略有修正之必要，擬請准職於日內攜帶方案回京面呈。如何盼復。

職　白崇禧寅宥戌印

民國三十六年三月二十六日

【使高山同胞讀書識字　一致接受祖國的教育】

白部長昨向高山同胞廣播

【中央社訊】白部長崇禧，昨（廿六）日下午七時向本省高山族同胞廣播，原文如下：「台灣高山族同胞們，此次台灣發生不幸的事變，國民政府蔣主席至為關懷，特命崇禧前來宣慰。此次事變乃由少數共產黨份子暴徒及野心者所造成，擴大暴動，擾亂地方，各高山族同胞不但未被其煽惑參加叛亂，反能協助居在地的縣市政府，來保衛地方，如南代表志信、馬代表智禮，以及其他許多高山族同胞，功績最著。這種愛護國家，遵守法紀的精神，至足欣慰，尤堪嘉許。

現在事變已經大致平定，對於此次圖謀叛亂主犯，為明順逆邪正，必須從嚴懲辦，以振紀綱。懲罰惡暴徒也就是為保護善良。至目前逃匿各處的共黨暴徒和盲從的青年學生，仍希望他們懸崖勒馬，從速覺悟。凡被脅迫的青年學生，只要能夠覺悟歸來，政府本寬大為懷，不究既往，共黨暴徒如繳械投降，悔過自新，亦當准予從寬處置。現台灣警備總司令部已經決定分區綏靖，如共黨暴徒仍執迷不悟，將劫取各地警察槍械及倉庫武器、彈藥、被服等，不肯繳還，國軍為綏靖地方，必定痛勦，以安地方。據報一部共產黨暴徒，已向高山族地區逃竄，希望各高山族同胞，應一致在縣市政府領導之下，協助國軍清勦。如能擒斬共產暴徒，或繳獲其武器彈藥，送交政府者，當予重賞。如有隱藏叛亂份子及槍械彈藥者，一經查出，必予重罰。這是高山族同胞應該深切注意的。高山族是台胞的一部份，和全體台胞同為黃帝子孫，同是中華民族，過去在日本五十年多統治下，受盡壓迫苦痛，自抗戰勝利，台灣光復，才算重建天日，回到祖國旗幟之下，中央政府對於台胞，尤其是高山族同胞，實在異常顧念，但是高山族同胞，因為語言、風俗、習慣特殊，和祖國不能溝通，以致陷於孤立，仍在過著貧苦的生活。為謀補救起見，政府當盡可能提倡教育，使高山族同胞，有機會讀書識字，一致來接受祖國的教育，先求明悉祖國的歷史、文字、語言，然後才能加強整個中華民族間的團結互助，而達到生活的改善。希望全體高山族同胞，自立自強，來作現代的國民，共同努立建設新中國。」

《台灣新生報》1947.3.27:4，三欄題

【中央社台北二十七日電】

白崇禧今上十時，召集台灣大學及中等學校學生六千（編按：應為八千之誤）人訓話稱：「此次事變期間，台胞之舉動，實極幼稚而殘忍，遇見外省公教人員，便加毆打侮辱，甚至居住台灣多年之閩、粵兩省同胞，亦遭毆打。此種中國人打中國人之行為，具有野蠻之排外性質，實較義和團尤有過之。而公教人員之家屬婦孺，亦遭侮辱、殘殺，慘無人道，尤出人情、天理之外。台胞想在此次事變中，奪取政權，實為極大之錯誤。試看二二八事件處理委員會中，根本缺少統治人才，倘中央令公教人員及軍隊全部撤回，一切地方行政，皆交台胞治理，余可斷言，台胞絕對治理不了，且將更加紛亂。」白氏嗣勸導青年學生從速復學稱：「一切曾被脅迫盲從之青年學生，均應盡速覺悟，返校復課，可由家長保證悔過自新，當予不究既往。余已飭令軍、警不許擅自逮捕，並將絕對保證青年學生之安全。」白氏訓畢，嗣由台灣大學學生葉嘉猷及台北女子師範學生郭月蟾等，向白部長致答辭稱：「此次不幸事變，大多數人民之動機，只在要求改革政治，那些越軌的行動，僅為一時之衝動。祖國堅苦抗戰八年，解放台灣，台胞除感激祖國，希望祖國更興盛外，絕無任何惡意。世界上，沒有兒女不愛護自己的父母，我們皆為黃帝子孫，那會不愛自己的祖國！今日所以有本省人和外省人之區別，全國五十一年隔離，在語言上、習慣上及觀念上，彼此皆有若干差異。今後，希望政府設法打破這些隔關，盡速實現政治改革方案，並請政府保送大批學生前往內地讀書，俾使文化及感情迅速溝通。」彼等並稱：「中央之寬大政策，極為感激！只須不予追究，現尚逃匿山野之青年學生，即可迅速返校。」

轉錄自林德龍輯註，《二二八官方機密史料》，頁186。

【中央社台北二十七日電】

白崇禧今午與監察使楊亮功，及監察委員何漢文共餐，並於餐後，交換意見甚久。聞白氏與楊、何兩氏，就台灣事件所得之觀察，甚為相合，對於台灣事件之處理，亦有相同之意見。記者今下訪詢楊亮功氏：「監察使是否已就台灣事件作成報告書？」楊氏當作否定之答覆。又據何漢文氏稱：「白部長之處理辦法，極為具體。」記者詢以何時可望發表？何氏則稱：「余尚未聞悉。」楊、何兩氏定於明上，前往台省中南部巡視，本月末返台北。

轉錄自林德龍輯註，《二二八官方機密史料》，頁190。

民國三十六年三月二十七日報告

【葉秀峰呈蔣主席三月二十六、二十七日情報】節錄

二、陳長官彌亂失策

自白部長蒞台宣慰，並揭示處理事變四項原則後，台民極為感戴，惟陳長官善後處置仍採高壓政策，凡稍涉事變嫌疑者，每加毒殺，被害者已有四五十人，對青年學生妄殺尤多，致使人心惶惑，社會益形不安，因之奸黨暴徒裹脅，青年學生逃避山間蓄地，聚集武器糧食，伺機蠢動，隱憂堪虞。

三、陳長官對中央處理台變原則未能誠意接受

陳長官對白部長採敷衍態度，對中央處理事變原則似不樂予接受，對白部長行動力加包圍，凡有晉謁者嚴受監視。現局面仍未明朗，學生畏當局仍嚴加追捕，未敢復課，警備部竟公開組織別動隊多組，台民恐懼萬分。陳長官現策動游彌堅、劉啟光等發動聯名向中央請求挽留，但威信已失，民心難服。李主委翼中曾極力勸導學生復課無效，眾言誓不相信陳長官。

【白部長嘉勉　日月潭兩發電所員工】

【中央社電訊】日月潭之「大觀」及「鉅工」兩發電所，乃台灣工業動力之中心。據悉：兩發電所之台籍員工，在此次事變期間，深明大義，力拒暴徒騷擾，保護發電工程之設備，即在最混亂之旬日內，亦仍照常發電，全省電燈從未一日黑暗。國防部長白崇禧，日前至「大觀」發電巡視時，曾予嘉慰，並與員工合攝電影。白氏並又贈題「認識宇宙，主宰宇宙，研究自然，利用自然。」十六字，以誌紀念。

《台灣新生報》1947.3.27:4，二欄題

【對全國廣播詞】

【本報訊】白部長崇禧昨晚八時在台灣廣播電台對國內同胞及旅外台胞廣播。時間計四分半鐘。白氏播講畢，該演詞即經該台先後以閩南語、英語、客家語及日語分別翻譯播出。茲將白氏廣播詞全文錄後：

全國同胞：

台灣此次發生不幸事件，崇禧奉命到台來宣慰，經多方觀察，探取真相，均已獲得充分的了解。

造成此次事變的原因

遠因：受日人偏狹惡性教育與歪曲宣傳的遺毒

近因：共產黨及野心家利用緝私案件掀起暴動

此次事變是由於台灣同胞受了日本五十一年的統治，日人對台胞偏狹的惡性教育，一方面是把統治殖民地為基本的來馴服和分化他們。另一方面是歪曲宣傳中國政府、人民、軍隊的不良，使台胞輕視祖國、祖國人民軍隊，發生深刻惡感，所以台灣同胞先入為主，深深種下了不良的印象。這是暴動的遠因。光復以後，中國共產黨在國內惡意宣傳，詆毀中國國民黨、國民政府、國民革命軍，並且稱兵造亂，破壞統一，希圖顛覆政府，奪取政權。台灣少數共產黨及野心家，亦同時在台顛倒是非，造謠惑眾，利用緝私案件，掀起二·二八事變的暴動大風潮。我們從看到所謂處理委員會所提的「三十二條件」，和各地檢獲暴民所發生的命令、宣言和標語，不僅是要求改革政治，曾經使用暴力圍攻台灣行政長官公署、警備總部及基隆高雄兩要塞，以及空軍基地、軍需倉庫等處，其企圖欲推翻政府，奪取政權。其行動極為偏狹殘忍。內地來台幫助台灣建設及教育台灣子弟的公教人員及其眷屬，被暴動擊斃、擊傷者，在千人以上。這是暴動的經過概要，這確是一件可痛心的事情。

其餘絕大多數台灣同胞　均能深明大義擁護祖國

崇禧於三月十七日到達台北，曾與當地政府及民意機關交換意見，詢明經過情形，即於本月二十日出發視察曾被暴徒襲擊之基隆、高雄兩要塞，並經過屏東、鳳山、台南、台中、彰化、新竹、桃園各縣市，這些地方，在事變當中，都被暴徒佔據，陷於極度混亂。現在秩序均已恢復，人民復業，照常工作。台東秩序恢復更早，看了十分欣慰。現除少數共黨及暴動份子，畏縮竄匿山中外，其餘絕大多數的台灣同胞，均能深明大義，擁護祖國，不為亂黨所煽惑。

至於政府今後治台方針　正在擬定妥善具體方案

至於中央政府今後治台方針，正在擬定合於台灣民眾要求的妥善方案，大致在政治方面，擬將行政長官公署制度改為省政府制度，惟為配合實際需要起見，將增設若干廳處。省政府各廳處人員，並將儘先選用當地合格優秀之人士。在經濟方面，擬積極整頓公營事業，扶助民營事業。在教育方面，當加強國語、國文，積極傳播祖國傳統的道德和文化，一面更徹底剷除日本教育之餘毒，務使台灣與祖國密切連給，增進台胞與全國同胞的情感。中央關於具體的施政方針，雖然有了上述原則的指示，至實施方策，想不久必可頒行。

台灣與祖國雖然一水之隔，但因淪陷達半世紀之久，內地人士或國外僑胞對於台灣事變深恐未能十分明瞭，難免以訛傳訛，有失真相，故將台灣事變真相作一公正明確的報告，關心台灣同胞得以安心。

台灣是中國的國防重鎮，台灣人民多數是閩、粵各省遷過來的。他們與國內同胞血統相關，利害與共，深望全國同胞，多多扶助台灣，更深望台灣同胞本國家至上的精神，愛護祖國，並與全國同胞相親相愛，協同一致，建設三民主義之新台灣，建設團結統一強大的中華民國。（完）

《台灣新生報》1947.3.28:2，頭條，五欄題

【從速覺悟回校上課　不究既往保障安全】

白部長對本市學校員生訓話

【中央社訊】國防部白部長崇禧，昨（二十七日）上午十時由教育處長范壽康、台灣大學校長陸志鴻陪同前往台大法商學院廣場，對台北各校教職員學生約八千人訓話，全辭如下：

台灣大學、台北各中學各位教職員、各位學生：台灣過去受日本五十多年的統治，經過祖國八年的血戰，始告光復，獲得解放，今天得和各位見面講話，非常欣慰！

台灣是我們國防重鎮，是我們海軍根據地。此次大戰中太平洋戰事爆發後，更證明台灣在軍事上的價值異常重要，台灣不僅是國防、海防的要衝，更是民族革命的根據地。在明朝中華民族英雄鄭成功，曾以台灣作根據地反抗滿清。當時恢復明朝，雖然沒有成功，可是革命精神，已永久留給後輩子孫。嗣後，光緒甲午年間日清戰爭，滿清政府戰敗後，將台灣割與日本。那時，台灣巡撫唐景崧和劉永福、丘逢甲諸先賢，領導台胞反對日本割據台灣，並宣佈台灣獨立，公推唐氏為東亞第一任大總統，在民族革命史上更留下光輝的一頁，台灣過去在日本統治之五十多年，抗戰以前和抗戰中，曾發動不少次數的革命運動，足證台灣同胞受了革命先烈精神的感召，無時無刻不想歸復祖國，這就是台胞愛國精神的表現。

此次不幸發生二二八事變，人心騷動，社會不安，國府蔣主席異常關懷，特命崇禧前來宣慰。經過旬日以來，分赴台灣各縣市宣慰視察，聽取地方父老、各界代表、地方行政首長報告，認為此次事變的遠因，乃台胞青年過去受日本五十多年狹隘偏激的教育，及其對殖民地所施行的教育，無疑的就是要使台灣同胞藐視祖國、仇視祖國、脫離祖國，永遠做日本的被統治階級。其近因，即係抗戰勝利後，中央為實現民主，准許言論自由，致共黨份子、反動派，假言論自由之名，作種種悖謬不正確宣傳，擅加詆毀中國國民黨、國民政府和國民革命軍，台灣亦同出一轍。因此，藉口專賣局緝私案件，共黨暴徒借題發揮，即以此作導火線，擴大叛亂。一部分青年學生受其煽惑，起而盲從。本來，緝私人員當時措置失當，行為魯莽，已交法院審理，應靜候司法解決，絕不會引起全台的暴動，完全是小數共黨野心家，利用時機，藉此欲奪取政權。查各暴徒在事變中許多行為不但非常幼稚，而且極端殘忍，如遇外省籍在台服務的公教人員，便加毆打侮辱，甚至對在台居住多年的福建、廣東同胞，也加以毆打，以中國人打中國人，這種野蠻排外的行為，簡直比義和團尤有過之。尤其在台北、基隆、高雄、台中各地方不僅外省公教人員本身受其傷害，其家屬婦孺亦多受侮辱、殘傷，慘無人道，真是超出人情天理之外。須知外省公教人員由中央派來幫助建設台灣，幫助台灣父老教育青年子弟，待遇比國內低微，完全抱著一番熱忱為同情台灣而來的。此次事變中，有過千人以上的生命、財產無辜受到威脅或摧殘，實為人道所不許，法紀所不容。現聞此種野蠻行動仍有少數發生，政府必當繩之以法，以儆兇頑，而維治安。

《台灣新生報》1947.3.28:4，三欄題

【希望台胞青年　努力學業恪守校規】

共黨暴徒和少數野心家，以為藉此次事變，可以奪取政權，實在是極大的錯誤。試看二·二八事變處理委員會由幾十人乃至幾百人，根本沒有統治人才，假使中央將派遣在台灣的公教人員，和軍隊完全撤回，一切地方行政，讓台灣自己管理，可斷言絕對統治不了，而且只有更加紛亂，因為過去，台灣在日本統治五十多年中，台胞青年受高等教育的只佔十分之一，並只准學習農科、醫科，不許學政治。更不許養成高級統治人才。大家知道，台灣以往在日本高壓之下，無論大學、中學、小學校長，都是日人充任，凡是有一個「長」字的單位首長，絕沒有台灣人充任的。光復後，中央和台灣行政當局，無不選賢與能，盡力扶植台灣人才，進一步希望由台灣同胞，自己來治理台灣的事。

關於此次事變，中央處理善後的基本原則，崇禧在幾次廣播中已經說明。總之，中央是一本寬大為懷，尤其以德報怨的精神，來促起一般盲從者的覺悟。各被脅迫盲從的青年學生應從速覺悟，回校上課，由家長保證悔過自新，當不究既往。我負責轉飭軍警，不許擅自逮捕，並絕對保障各學生的安全。自此次事變以後，政府今後治理台灣，當更能有合法、合理的方案。同時，台胞也應徹底覺悟，以此次事變為恥辱，竭誠愛護祖國，則相信歷史絕不會重演。最後，希望台胞青年，一致安心努力學業，恪守校規，來作建設台灣的幹部，建設中國的幹部。

《台灣新生報》1947.3.28:4，二欄題

【中央社更正】

白部長昨（廿八日）對省參議員等訓話中，關於數字紀錄，略有出入，茲更正如下：

一、「台灣在過去日本統治五十多年中，台胞青年受高等教育的，只占十分之一。」改正為「台灣在過去日本統治五十多年中，台灣高等教育的學校（專門學校、大學校）之學生，差不多都是日本人，台灣青年只占十分之一。」

二、「亦為經濟上之一重要問題，台省公有土地約占百分之七十，公有土地可耕種者占三分之一，」改正為「台灣省公有土地，（山林河川均在內）約占全省土地總面積的百分之七十，公有土地中可耕種者，約占全省可耕種地（水田、旱田）總面積的五分之一。」

《台灣新生報》1947.3.30:2，一欄題

民國三十六年三月二十八日

【白崇禧部長寅儉法一代電】

台灣警備總司令部陳總司令公洽兄勛鑒：

（一）希望將此次事變貴部及所屬各機關部隊所逮捕之暴動人犯，不論當場或事後，其人數、姓名、身分、案情及處理經過及辦法造冊具報。

（二）拘留人犯，除首要依法訊辦外，至盲從附和，情節輕微者，可准予開釋。

（三）已經處決之人犯，亦希詳列經過，造冊刻日辦理具報。

（四）逮捕此次事件之人犯，只限於共黨份子及參加暴動主犯，應由貴部統一執行，依法審訊。其他任何軍警或機關，非奉貴部命令，不得擅自逮捕。

以上四項，特電查照辦理，並希見復為荷。

錄自中央研究院近代史研究所編，《二二八事件資料選輯》，第一冊，頁 308-309

【事變已成過去　希望今後同心協力　來共同建設新台灣】

白部長昨對省參議員等訓話

【中央社訊】國防部白崇禧部長，昨（廿八日）上午十時，於中山堂召集台省參議員、台北縣市參議員、市政府職員及各區長、區民代表、里長等地方自治基層幹部一千餘人訓話，原詞如此：

台灣省縣市各級行政機關首長、民意機關參議員諸先生、各位地方父老，今天在此和各位見面，藉此機會貢獻幾點意見。

崇禧此次奉國府蔣主席命到台灣宣慰，經過十多天分赴台南、台中各地視察與各民意機關代表、地方父老、各地行政首長接談，對於此次事變真相，已獲相當了解。屬於中央處理此次事變善後基本原則，崇禧在前幾次廣播中已經說明，並由報紙發表，不再重述，現事變已大致平定，秩序逐漸恢復，對於目前善後工作提出報告幾點：

一、對於一般被脅迫盲從的青年學生，希望從速覺悟，回校上課，由家長保證悔過自新，當不究既往。我可負責轉飭軍警不許擅自逮捕，並絕對保證各學生的安全。同時我更對各校教職員剴切說明，此次事變中一部青年學牛因受共黨份子煽動利用，一時的情感衝動喪失理智，致有侮辱師長的行動，應該要本家長對子弟的精神，子弟有過犯，父兄要以寬恕規戒來感化，促其改正。同時台灣青年，過去受日本五十多年狹隘偏激教育的影響，光復不久，在宣傳和教育方面，更須特別注意，嚴加管教，使這般青年的思想徹底轉變過來。希望地方父老一致宣導，來喚醒他們。

二、此次事變中，共黨暴徒及盲從的青年學生，圍攻襲擊台灣行政長官公署、警備司令部、基隆高雄要塞，所有在暴動時當場捕獲人犯，按照軍法對此暴動內亂份子，本當處以極刑。但中央為寬大處理，即予嚴正審訊，除首要主犯予以嚴辦，以振綱紀外，其情節較輕者，即准具保開釋。

三、共黨暴徒現有一部挾持武器，逃竄山林地帶，國軍為綏靖地方即將清剿。各縣市長及地方鄉鎮長，應協助軍隊來肅清反動勢力。如共黨暴徒或被裹脅民眾，只要能知覺悟，將武器彈藥，繳送地方政府，悔過自新，出具保證，當予從寬處理，此次事變中所表現的一切行為，不但是野蠻，而且幼稚。如二．二八事變處理委員會所提三十二條，要軍隊要塞繳械，更要接收政府機關，等於我們戰後對日本受降一樣，毫無理由，充分表現幼稚無常識，不度德，不量力。我相信台灣大多數父老同胞都是深明大義的，此次事變絕不是民變，不過善良人不願說話，不敢說話，以致少數共黨暴徒擴大叛亂，所以這種罪惡，絕不能加在整個六百多萬台胞身上。

此次事變發生　絕不是因為單純的不滿現狀　乃共黨野心家妄想奪取政權

台灣過去有極光榮的歷史。在明朝，中華民族英雄鄭成功曾以台灣作根據地，反抗滿清。嗣後光緒甲午年間，台灣巡撫唐景崧，和劉永福、丘逢甲諸先賢，領導台胞反抗日本割據台灣，台灣是我們民族革命的根據地，乃是大家所共知。台灣過去在日本統治下五十多年，抗戰以前和抗戰期中，也曾發生不少次的革命運動。光復後，中央派遣公教人員和軍隊來台灣接收，台灣父老民眾歡喜若狂，足徵愛護祖國的熱忱。這次事變，完全是少數反動派野心家所造成。經過此次事變，如果能接受教訓，相信歷史是絕不會重演。於此我特別要說明的，即此次事變有人說是不滿意現狀而發生，殊不知此次事變，就是少數共黨野心家妄想奪取政權，絕不是單純的不滿現狀，而採取暴動。我們更要明白，不滿意現狀是進步的。祖國在八年抗戰之後，犧牲了無數軍民的生命財產，才得到最後的勝利。戰後一切社會經濟組織，都需相當時間才可恢復。目前的困難，內地比台灣更甚。我們不滿意現狀，可以盡量向政府提出建議，以求改善，絕不可採取暴動，這是任何民主法治國家所不容許的。尤其要知道祖國在過去八年血戰中，前方將士犧牲達二百萬人以上，內地同胞的生命財產損失更不可以數計。抗戰勝利後，共黨擾亂，民眾仍在水深火熱之中，八年血戰後的武裝將士還在繼續勦匪任務。台灣同胞光復後，對祖國並沒有內地同胞的負擔和受共黨擾亂以致流離失所的痛苦，縱因政府接收後，一切由日本的制度改變為本國的制度，不免有若干困難，但只要台胞與政府互諒互助，是一定能設法克服的。

今後治理措施　盡量培植用台省人才　加強教育促進文化交流

今後治理台灣的措施，我再說明幾點：

一、盡量培植登用台省人才：台灣在過去日本統治五十多年中，台胞青年受高等教育的只佔十分之一，並只准學習農科、醫科，不准學政治，更不准養成高級統治人才。大家知道台灣以往在日本高壓下，無論大中小學校長都由日人充任，凡是有一個「長」字的單位首長絕無台灣人充任的。光復後中央和台灣行政當局無不選賢任能盡量扶植台灣人才，進一步希望由台灣人自己來治理台灣的事。

二、經濟政策：自日本投降後，中央接收日本在台灣一切重工業，規定應歸國營，其他輕工業當盡量由台胞接辦，但應顧及多數台胞利益，不許少數資本家所操縱為原則。

三、貿易局、專賣局存廢問題：台省行政長（官公署）經費預算總數為四十億，專賣及貿易局收入約占二分之一。如廢除兩項制度後，勢必另須增稅，當廣泛徵集台胞意見，顧及台胞利益及事實原則下，審慎決定辦理。

四、台灣土地問題：亦為經濟上之一重要問題。台省公有土地約占百分之七十，公有土地可耕種者占三分之一。按台灣行政長官公署公有土地放租辦法，盡量分配有耕種能力者耕種，以救濟失業台胞，而增加自耕農利益，減輕地主剝削。

五、教育問題：台胞過去受日本教育五十年多狹隘偏激的教育，積重難反，現在要改變為祖國的教育，必須積極推行國民教育，發展中等與高等教育，至少必須五年始可得轉變。當向中央建議，多派選內地師資來台擔任教育，同時選送台胞學生赴國內求學，促進文化交流。不過此事變中內地來台教職員，有受暴徒橫加侮辱，飽受威脅，因此多不能安心，希望台省父老應予以安慰及保障。

總之現在事變已經大致平定，經過此次事變所得教訓，政府對於治理台灣，必更能求得合法合理方案。事變已成過去，應本以前種種譬如昨日死，以後種種譬如今日生，舊事不再重提，應有遠大眼光和胸襟，尤其要認識一個少數民族和少數領土，在現在的世界是不易獨立生存的，此次世界大戰中，歐洲十幾個小國家，在極短時期中便遭覆亡，可為鑑戒。我國有四萬萬五千萬眾多人口，一千一百餘萬方公里廣大土地，五千年悠久的文化，實具有立國的優越條件，希望大家協力同心，來共同建設新台灣，新中國。最後並祝各位健康努力。

《台灣新生報》1947.3.29:2，頭條，五欄題

民國三十六年三月三十日

【白崇禧呈蔣主席三月卅電】

即到。南京主席蔣：

寅儉午府交電奉悉。密。職本日召集全台軍政首長在台北開會，討論台變善後問題，俟開會完畢即回京，屆時謹再電呈。

職 白崇禧寅卅巳印

民國三十六年三月三十日

【警總致白部長代電】

事由：奉電造送拘捕暴動人犯名冊等復請審核

國防部部長白鈞鑒：

寅儉法一代電奉悉。

（一）此次事變，本部及台北基隆兩地所屬各機關部隊逮捕暴動人犯，截至本月二十二日止，共計二百七十三名，先後交保釋放者，共一百四十九名，在押偵查審理者，一百二十四名，業經詳列名冊於本月二十三日報告在案。其他各地區亦分電查報復當即彙轉查核。

（二）本部拘留人犯，在本月二十三日以前原為一百二十四名，截至本月三十，續收十八名，共計一百四十二名，均經積極清理，對於盲從附和、情節輕微者，自應本寬大為懷之旨，分別交保釋放。截至本（三十）日止，經訊明交保釋放者六十一名（詳列名冊）。

（三）審訊終結依法判處罪刑者六名，參加暴動，惡性較深，從輕發交勞動訓導營管訓感化者十二名，所犯罪嫌不在戒嚴法第九條規定由軍法機關審判範圍，移送法院辦理者五名（詳列名冊），因主犯尚未歸案，或偵查尚未完竣，現仍在押及發交基隆要塞司令部，依軍法職權就地查明依法辦理報核五十八名（詳列名冊）。是項在押人犯，正不分晝夜積極詳查，分別依法結辦。

（四）此次事變拘押人犯，在本省戒嚴期內，經奉准適用戒嚴法第九條歸軍法審判，凡逮捕之奸匪叛徒，應就近送由有軍法職權機關部隊法辦，及規定法定有權拘捕人犯之機關部隊。執行拘捕時，務須依法備具正式公文書，並於法定期間內檢同證據解辦。暨嗣後各軍警機關非有本部命令，不得擅自逮捕。關於必須緊急逮捕案件，隨時呈報。本部先後電飭所屬遵照，各在案奉電前因理合繕同已決暴動人犯名冊、交保開釋暴動人犯名冊、在押暴動人犯名冊各一份，電請察核。兼台灣省警備總司令陳儀寅〈限〉總法

錄自魏永竹、李宣鋒編，《二二八事件文獻補錄》，頁172

民國三十六年三月卅一日

【台灣省行政長官公署教育處公告】

奉　行政長官交下

國防部部長白寅檢教一部辦電字第〇一一八一號代電內開：「查此次事變各學校學生，有被共黨暴徒煽惑，強迫利用，參加暴動，以逞其野心，姑念各生年幼無知，本中央寬大為懷，從寬免究，請轉飭主管機關，迅令各生回校復課，並簡化其復課手續，只由其家長負責誥誡，率領到校，即可准其復課，以重教育，而安人心，轉電查照辦理」等因，除遵照轉飭各省立中等以上學校、各縣市政府恪遵外，合行公告周知。

此告

中華民國三十六年三月卅一日

處長　范壽康

《台灣新生報》1947.4.1:1，四欄高

民國三十六年三月三十一日

【警總致各機關代電】

事由：通飭嗣後逮捕奸黨叛徒及暴動罪犯非有本部命令不得擅自逮捕希遵照。

陸軍整編第二十一師、空軍台灣基地司令、師管區司令、各縣市政府、海軍第三基地司令、各要塞司令、憲兵第四團、輜汽二十一團、第四防空支部、鐵路警察局、警務處勞動訓導營、台灣供應局別動隊、司令特務營、本部各處室鑒查：

本省此次事變，逮捕奸黨叛徒及暴動案犯，奉令應由本部統一執行，所有軍警各機關，非有本部命令，不得擅自逮捕。如有必須緊急逮捕案件，亦需隨時呈報，不得稽延。除分電外，特電遵照，並飭屬一體遵照。

陳儀寅（世）總法

錄自魏永竹、李宣鋒編，《二二八事件文獻補錄》，頁188

【白部長昨與陳長官 邀各首長舉行會議】

【中央社訊】國防部長白崇禧，昨（三十一）日下午三時與陳長官舉行會議。葛祕書長敬恩、柯參謀長遠芬，及海陸空軍駐台司令多人亦參加。

白氏曾赴台灣大學宣慰

【中央社訊】國防部長白崇禧，昨（三十一）日上午前往台灣大學宣慰：該校教授暨台灣農業試驗所、工業研究所、海洋研究所之一般高級技師，據悉：台大於二二八事變中，曾停課二週，外省員生被毆傷者，計有教授及助教各一人，學生四人，尚有二職員之衣物被劫一空，該校現已復課，學生總數一千三百三十八人，惟事變中離校之學生，尚有二百人未曾來校上課。陸校長志鴻稱：該校自由研究之風氣，素稱濃厚，歡迎內地一般青年，來台研究，台大現有六個學院，共計二十大系，教授皆有一研究室，內中並附有圖書及實驗室或小型工廠。目前設立之電波研究室，探測電層，可供國際上電離層研究之用，台灣於光復之前，台人為日本學者萃集所在，該校與各級行政機構，尤其是產業界，聯繫密切，如台灣糖業之一再改良，便首經台大教授之研究，透過政府再由產業界執行。台胞中能使用機器，從事高度有組織工作之技工，為數達三十萬人左右，現有一萬餘單位大小工廠，倘能完全復工，則可解決目前之失業問題，並安定社會，台灣環海，為寒暖交流接處，水產魚類之發展，尤具前途。

《台灣新生報》1947.4.1:4，頭條，四欄題

【白部長昨招待記者　發表重要書面談話】

說明今後治理台灣措施建議　並與機關首長仕紳交換意見

【中央社訊】國防部白崇禧部長，於昨（一）日下午五時假台北賓館舉行蒞台後之首次記者招待會，發表書面談話，全文如下：

本席此次奉國府蔣主席命來台宣慰，遵照中央寬大為懷精神及指示原則，於三月十七日抵台後，即渠發〈宣示第一號佈告〉，並在歷次廣播中述明關於事變真相及善後措施，並經決定以下數項辦法，交由台省軍政主管機關執行，即（一）逮捕人犯須依合法手續。（二）審理務求公允迅速。（三）遇有特殊重大案件，須呈國防部核准施行。（四）逮捕人犯應由警備總部統一辦理。（五）處決人犯應宣布罪狀，當眾執行，以收殺一儆百之效，所有事變中捕獲在押人犯，除共黨暴徒首要份子應依法嚴辦外，其餘盲從附和者，如情節輕微，即准具保開釋，在清鄉期內逮捕人犯，亦僅限於共黨首要暴徒，及私藏武器彈藥遲不繳出者。又高雄市因地方情形特殊，且組織二．二八事件嫌疑人犯調查委員會，由當地軍政民意機關司法機關審慎處理，其情節輕微者，即准保釋，情節重大者仍須由軍事機關會同司法人員組織會審，並報告警備總部覆核，以昭鄭重。在事變中因共黨暴徒煽惑盲從之青年學生，中央為愛護此輩青年，予以自新，以為未來建省建國之幹部，一律從寬免究，只須由其家長負責告誡，率領到校，即准回校復課。現逃竄潛伏各處之共黨暴徒，如之悔悟，繳械投誠，亦當從寬處置。至此次專賣局查緝人員非法傷斃人民一案，已催請當地司法機關從速判決，以昭大公。

治理措施建議

其次，本席抵台後，經分赴台南台中各地宣慰。經過半月來之視察，聽取地方民眾代表，黨政軍機關首長及民意機關人士意見，與個人實際觀感，對於今後治理台灣措施，擬向中央建議者，茲略舉如下：

政治方面：

（一）改台灣省行政長官公署為省政府，為適應環境，將省府委員額數較他省略增，省府各廳處局長增設副職，以便盡先選用台籍賢能人士，培養高級政治人才。

（二）各縣市長，准予定期民選，在準備未竣以前，應遴派地方賢能，富有資望人員充任為原則。

經濟方面：

（一）台省重工業，照中央規定應歸國營或與省合營，輕工業則盡量開放獎勵民營，並以由台民多數集資辦理為原則，竭力避免為台省內外少數資本家之壟斷或操縱。

（二）台省公有土地，即依照台省公有土地放租辦法施行，將公有土地分配有耕種能力之台民耕種，以裕民生，而救濟失業台胞。

（三）專賣制度，按現行專賣物品計，煙酒樟腦火柴四種，樟腦係由省經營，且並不普遍配銷，火柴原料，均係仰給外來，製品量亦並不大，現經與主管機關交換意見，擬將專賣局撤銷，另設煙酒公賣局。

（四）貿易局即擬取消，擬改為類似物資供應局之機構，因省營工業成品外銷或購入原料機器等，均須有統一主管機構，至民營工業，亦可委託代辦。

教育方面，台灣同胞過去在日本統治五十餘年中，所受教育皆以學習日本語文為主，現在教育之改革，亟應首先注重以下諸項：

（一）中央應選拔優秀師資來台辦理教育，同時獎勵台籍學生赴內地求學培養師資促進文化交流。

（二）社會教育，查台省廣播事業較為發達，全台有廣播收音機達十萬架以上。今後可由台省教育主管機關做有計畫利用廣播，普施社教，以便台胞學習，並提倡國語比賽，使語言與內地一致，以促進情感之團結。

（三）利用電化教育，凡電影片應注意運用富有民族思想愛國精神者，以激發台胞對國家觀念，民族意識之增進，更望台省各報社本此精神，努力宣傳，以資啟發，尤其對高山族同胞之教育問題，更須加以注意。

經過此次事變所得教訓，今後對於治理台灣方針，除注意政治與經濟之改進外，而教育尤為其根本，此次事變中，若干內地來台服務之公教人員，被共黨暴徒侮辱毆打，或財物被劫，各公教人員為同情台灣協助建設及教育而來，此次事變精神既受威脅，物資又遭損失，甚至有負傷及殞命者，已由政府調查妥予撫卹救濟，切盼內地來台之公教人員，應本初衷，安心服務，更盼台胞一致認識此次少數暴徒排外行動之錯誤，使此種不幸事態，不再發生，否則現在台省服務之內地公教人員，既不能安心工作，而內地人才，更視來台服務為畏途，致台省建設及教育前途，感受阻礙。總之現事變已大致平定，應本以前種種譬如昨日死，以後種種譬如今日生的精神，一切不究既往，全台同胞一致精誠團結與省外人士協力同心，為建設台灣，建設中國而努力。

【白部長昨返京覆命　行前發表書面談話】

再度申述肅清叛亂份子方針　並盼軍民一致協力安定地方

【本市訊】代表蔣主席來台宣慰、計時已逾二週、結果至為圓滿之白部長崇禧，於昨（二）日上午九時離台返京覆命。停留松山機場之空運五一二九零及銀色五一二一四建國號專機，巨翼長伸靜候起飛。憲兵第四團暨整編廿一師儀仗隊、軍樂隊，均先到場肅候。前往歡送人士，計有省黨部主委李翼中、省參議會議長黃朝琴、省議員蘇維梁、國大代表謝娥小姐、李萬居、參政員林獻堂、公署各處長、總部各處長、青年團台灣支團主任李友邦、憲兵第四團團長張慕陶等百餘人。白氏由陳長官、葛祕書長、柯參謀長，陪同乘車抵達機場，在陽光朗照、軍樂悠揚聲中，向儀仗隊及歡送人士舉手答禮，並於登機前向送行者一一握手道別。白部長於隨員分別登機後，即向陳長官、李主委、葛祕書長告別登機。建國專號機於樂聲中先行起飛。另一專機，亦隨同上昇，歡送者均舉目遙望其冉冉穿雲越山北去。（新）

【中央社訊】白部長崇禧、冷副參謀長欣、吳局長石等一行二十人，昨（二）日上午九時二十分乘專機兩架離台飛京。陳長官、李主委翼中、葛祕書長敬恩、柯參謀長遠芬等文武官員約一百人，至松山機場歡送。白氏留台共歷十七日，渠對台灣事件之真相，已獲了解。渠於所發表之多次廣播及談話中，且已透露若干處理此次事件之方案。聞渠於返京報告蔣主席後，台灣行政長官公署即將短期內首先改組為台灣省政府，繼之則將為政治及經濟上之若干改革措施。據悉台省公署現已忙于趕辦結束，俾於中央明令改組時，立即成立台灣省政府。省府委員可能由規定之九人至十一人而增為十五人，並因實際需要所設廳處亦較他省為多。各廳處設副職，聞將盡量選用台省人才。至於目前之善後事宜，白崇禧氏今於行前曾再申述其方針，渠對中央社記者發表書面談話稱：「此次事變中逮捕之人犯，余已囑台省軍政主管機關依法審理，迅速結案。其情節輕微者，一律准予保釋。圖謀叛亂之首要份子，即當依法嚴懲，明正典刑，務求不縱不枉，以安民心。現台省尚在綏靖時期，望我全台父老本軍民合作之精神，一致協力，安定地方，除飭駐台各部隊官兵恪遵紀律外，並由台灣警備總部密切注意。倘有違法擾民情事，即按情輕重，依法嚴懲。並准民眾檢舉申訴。」白氏並表示渠返京覆命後，對於今後之台灣，仍將隨時注意，及盡力協助。

【中央社南京二日電】國防部白部長偕冷欣等赴台宣慰公畢，於今十二時半專機返京。白氏下機後，對記者談稱：「台灣現已平靜。此次秉承主席寬大精神，處理台灣事件，現已結束。除確有犯罪行為者外，其於均已釋放。中央已決定將台灣行政長官公署改為省政府，余曾在廣播中予以說明。」

《台灣新生報》1947.4.3:2，頭條，五欄題

【勗勉地方父老　表揚忠烈激發民族思想】

【中央社訊】白部長崇禧於四月一日下午六時，假台北賓館設宴招待台省各參政員、黨團首長及地方父老共約四十人，席間白氏發言稱：「台省過去曾有極光榮之歷史，如鄭成功之反清復明，以台灣作根據地。嗣後光緒甲午年間，先賢唐景崧、劉永福及丘逢甲諸公，內抗滿清專制，外拒日本強權，此種忠肝義膽，革命精神，誠堪敬佩。惟過去在日本統治時代，不准台胞崇祀抗日先賢唐景崧、劉永福、丘逢甲諸氏，余希望由民意機關各父老發起，分別於各縣市，將各先賢名字分別用作路名，或公園名稱，俾褒揚忠烈，激發民族思想，藉留永久紀念。更盼將諸先賢之光榮革命事跡，編纂成文，普及一般學生及民眾，發揚先賢革命精神以作後世之楷模。」

《台灣新生報》1947.4.3:2，三欄題

民國三十六年四月六日

【國防部長白崇禧呈報「宣慰台灣報告書」】

國防部部長白崇禧呈
民國三十六年四月六日

報告書目錄

第一、事變原因及其經過與處理

甲、遠因
乙、近因
丙、事變經過
丁、處理概要

附表

一、台灣二二八事變被服損失統計表

二、台灣二二八事變械彈損失統計表
三、台灣二二八事變軍警人員戡亂傷亡官兵統計表
四、台灣省各市縣二二八事變公教人員及人民傷亡統計表
五、台灣省二二八事變糧秣損失統計表
六、台灣二二八事變後繳收俘獲軍械統計表
七、台灣省二二八事變後繳收俘獲糧秣統計表
八、台灣省警備總司令部綏靖部署要圖

第二、宣慰經過

第三、對今後台政改進意見

甲、行政
乙、經濟
丙、教育
丁、軍事及憲警保安部隊
戊、其他

第一、事變原因及其經過與處理

甲、遠因

一、屬於教育者：台胞過去被日本統治達五十一年之久，深受日本狹隘偏激教育，皆習日本語文，揆諸當時日本統治階級之野心，不但使台灣變為日本之台灣，直欲使台胞變為日本之國民，極盡分化之能事，使其脫離祖國，永歸日本統治。台胞處於日本軍警控制，高壓之下，積日既久，中毒已深，對祖國語文，既感隔膜；對祖國國情，遂不了解，從而發生輕視祖國政府人民與軍隊。國家觀念、民族意識更是薄弱。

二、屬於社會者：過去日本統治台灣，對本島資本家及名流，培養所謂「御用紳士」，予以特殊身分，組織「皇民奉公會」，做官方傀儡，領導社會；而對一般人民，則普及平民教育，養成職業技工，用其勞力，藉以增加生產效率；至對無業流氓，及施以特殊訓練，作侵略祖國之鷹犬，或驅逐流放於台灣東南之火燒島，禁錮終身。故過去台灣社會之構成，不外「御用紳士」、平民及流氓三者而已。日本管制此三階層，係利用嚴密之警察組織，深入民間，並供其衣食，鎮以軍威。故在其統治時期，雖民眾反抗運動達四十餘次，而旋起旋仆，滋延不廣。光復後、此輩「御用紳士」大多一變為民意代表，對社會之領導權並未沒落，所有流氓亦均重回故土，蔑法犯紀，變本加厲。

三、屬於經濟者：台灣過去經日本五十一年之開發經營、農林工礦建設均具規模，歷年日本本土取給於台灣之糧食資源，為數甚鉅，但日本雖極盡其政治統治及經濟榨取之能事，而對於民間企業頗予扶持，故一般台民生活尚堪溫飽。自太平洋戰事爆發，因受軍事影響，工商企業逐漸衰落，民生困苦與日俱增。光復後，益以戰時被日本徵調之台民壯丁達十餘萬人，陸續遣返，形成嚴重之失業情形，此亦為潛伏變亂之主因。

乙、近因

一、共黨份子之搧惑：自抗戰勝利後，言論結社均極自由，國內共黨遂藉此擅加詆毀政府及國軍，歪曲事實，做種種惡意宣傳。台灣光復後，台省政府當局對政治上亦扶植民主，各縣市普遍成立民意機關，准許言論自由，遂致共黨及少數野心家之反動言論亦與國內共黨同出一轍，影响所及，亂源滋生。

（原件脫漏）

……得平等自由為光榮，迨台省行政組織頒佈後，則感於行政長官兼警備總司令之職權固與日本總督相類似，猶以接收伊始或將徐圖更張，台民對政府之擁戴頗具熱忱，乃各級行政人員雖多廉能之士，然低能貪鄙者間亦有之，尤以省縣市高級人員任用台籍者過少，如台省行政長官公署中，八處正副主官僅有台籍副處長一人，全省八縣九市中，亦僅有台籍縣市長二人，此蓋為台省人士所最不滿者。

三、屬於經濟者：

(1)台灣經濟向來與日本經濟配合，絲絲入扣，台灣產原料半製成品，日本則產製成品。例如米與糖為台灣之大宗產品，台灣米糖生產之所以豐富，全賴化學肥料，而此化學肥料之來源則仰給於日本。日本戰敗後，工業停頓，無剩餘肥料足以供給台灣，按台省年需化學肥料之總數約為二十五萬噸，台省工廠所能生產者，年不過五萬噸，供求相差甚大，雖多方向世界各國搜購，亦僅獲少量，以致米糖生產大受影響。勝利後，台灣之經濟可謂完全脫節，在此情形之下，人民不滿現狀自不待言；亦如內地人民經八年抗戰之後，民生凋敝，對政府常有激烈之批評，此幾為難以避免之事實。

(2) 貿易專賣兩局之設置，在收入上，年達二十餘億台元之鉅，佔台省三十六年度總預算二分之一，在政府財政上，雖獲補益，然貿易局統治範圍過廣，民營工商業範圍日狹，遂使人民生計困難，失業增多。

綜上所述原因，皆為演成事變之起源，少數共黨份子及野心家與暴徒浪人，藉專賣局緝私人員取締烟販做導火綫，煽惑脅迫，遂有一部份台胞青年學生群起盲從，乘國軍調防之際，擴大暴動，造成叛亂。此輩反動派之野心，絕非單純之不滿意現狀，乃欲企圖顛覆政府，奪取政權。自二二八事變爆發，數日間即蔓延全台，二二八事變處理委員會更提出無理之三十二條，要挾國軍繳械，接收政府及倉庫物資，圍攻台灣行政長官公署、警備總司令部，襲擊基隆、高雄兩要塞、空軍基地、軍需倉庫等處。由此種非法行為所表現，即可證明其企圖與野心；又對內地派遣到台協助台灣建設、教育台胞子弟之公教人員及其眷屬橫加毆辱、傷害或刼奪其財物，此等公教人員及眷屬不僅精神受其威脅，物質遭受損失，甚至生命失却保障，在事變中被暴徒擊斃或擊傷者約達千人，此種排外行為野蠻殘忍，實達極點；迨整編二十一師奉派馳台增防，反動勢力始告稍戢，復經職遵命宣達鈞座德意，人心始告安定，社會秩序亦漸平復，惟此次事變所獲教訓，今後對於治台方針，自可審慎檢討，力謀改革，則懲前毖後，未始非台灣不幸中之大幸也。

丙、事變經過

查二二八事件肇因於二月二十七日，專賣局查緝私烟引起爆動，因而開始，由台北蔓延及於台省全島。迄三月十日，整編第二十一師主力到達，亂事始漸平定。茲將其經過概要，分目陳述于下：

二月二十八日

●上午八時起，台北市暴徒裹脅民眾數千人，搗燬專賣分局，當場擊斃職員兩人，並將專賣物品焚燬；繼則包圍專賣總局，開始殘殺內地同胞，佔領車站，控制交通。十二時，基隆市暴動開始。

●迄夜，暴徒數千圍攻基隆要塞被擊退。

三月一日

●一時許，台灣警備總部派車往基隆運兵，至汐止被暴徒截擊，陣亡官長一員，負傷士兵三名。

●桃園地方，暴徒圍攻新竹縣政府警察局，並以一股竄大溪，煽動高山族同胞下山未遂，一股搶劫八塊飛機場，被劫去輕機槍二挺、步槍二十枝。

三月二日

●台北市暴徒普遍毆擊洗劫外省公教商賈人員及宿舍，社會秩序紛亂尤甚，陳長官雖向民眾廣播處置辦法，然暴徒之暴行有加無已，外省人有被擊斃填入溝渠者，雖婦孺不免。

●新竹市發生暴動，暴徒企圖圍攻憲兵隊，並焚毀郵件、法院文件及市長官舍。

●二十一師獨立團第二營，乘火車到達新竹後被阻，不能北上，因反動派密令火車不准運兵也。

●台中奸黨乘機煽動民眾圍攻政府機關，毆殺外省人，並驅入集中營，搶劫倉庫中手榴彈萬餘枚。

●奸黨領袖謝雪紅，率領黨徒，鼓動學生組織自治軍，設司令部，偽造關防。

●彰化暴徒挾持縣長，提出無理要求。

●嘉義暴徒起而響應。

三月三日

●二二八事件調查委員會（三月一日十時由政府及人民代表組織成立）改為二二八事件處理委員會，推舉代表借故指責政府，並干涉軍政，要求軍隊於本日（三）下午撤回兵營，地方治安由憲兵、警察、學生組織之青年治安服務隊維持等項。

●台中奸黨派人掮動能高山中之霧社蕃族百餘人下山搶殺。

●嘉義匪徒搶劫空軍油彈庫，損失步槍二千九百餘枝，機槍三十餘挺，手槍九百餘枝，步彈五十三萬餘發，聲勢更形浩大。內地公教人員一部及駐嘉義之二十一師獨立團第一營主力，被迫退入紅毛牌機場，數度被圍攻，戰鬥頗烈，双方均有傷亡。

●十六時，台北市處理委員會決議，成立忠義服務隊，維持地方治安。

三月四日

●處理委員會宣布十七縣市同時組會。

●台北學生由暴徒首領蔣渭川鼓動，於中山堂召開治安會議，討論消滅國軍方策。

●處理委員會佔領廣播電台，任意播講，煽動群眾，並決議電力公司全由本省人負責工作。

●參議員王添灯公開宣稱，台中一切機關業已接管完竣。

●台南暴徒佔據機關，洗劫宿舍，參議會組織青年軍控制市區，遍貼共黨標語。

●高雄市發生騷亂。

●台東、花蓮港同時醞釀暴動，企圖征集由海外歸來之浪人出動接收縣政府，經當地政府軍憲聯合高山族維持治安，未致暴動。

●宜蘭暴動。

●羅東暴動，自設司令部，內分參謀、情報、交通連絡等處，搶奪警察局步槍三百餘枝。

●宜蘭代表提出三項要求：

（一）各機關首長應引咎自動辭職。

（二）軍隊及政府機關禁止武裝。

（三）外省人應集中受本省青年監視。

三月五日

●截至本日止，已成立非法團體計有：

（一）政治建設協會。

（二）民主聯盟。

（三）自治青年同盟。

（四）海南島歸台者同盟。

（五）若櫻敢死隊（據云係曾受日自殺潛艇訓練決死隊隊員）。

（六）暗殺團。

（七）忠義服務隊。

（八）台中、高雄、羅東等地自治軍司令部。

●處理委員會討論組織大綱，並迫政府撥款五千萬元（台幣）。

●處理委員會又向各方募捐。

三月六日

●台北市處理委員會派員監理台灣銀行業務。
●各地騷亂尤烈，外省人商店多受損害，甚至本省人商店有「上海」字樣，以及僑居本省數十年之外省人，與曾旅居內地之本省人，亦遭毆打。
●台北暴徒擊毀駐北投之汽車兵第二十一團第一連之汽車數輛。
●高雄暴徒涂光明等以手槍威脅市長，共同前往要塞司令部，提出軍隊繳械之無理要求，並圖行刺。

三月七日

●台北市二二八事件處理委員會向中外廣播處理大綱三十二條。
●二二八處理委員會所提出非法條件，計有「目前處理」七條、「根本處理」二十五條內，軍事方面三條、政治方面二十二條，合計三十二條，茲分別開列如左：

甲、目前處理

一、政府在各地武裝部隊應自動下令暫時解除武裝，武器交由各地處理委員會及憲兵隊共同保管，以免繼續發生流血衝突事件。
二、政府武裝部隊武裝解除後，地方之治安由憲兵與非武裝之警察及民眾組織共同負擔。
三、各地若無政府武裝部隊威脅之時，絕對不應有武裝械鬥行動。對貪官汙吏，不論其為本省人或外省人，亦只應檢舉，專請處理委員會協同憲警拘拿，依法嚴辦，不應加害而惹出是非。
四、對於政治改革之意見可條舉要求條件，向省處理委員會提出，以候全般解決。

五、政府切勿再移動兵力，或向中央請遣兵力，企圖以武力解決事件，至發生更慘重之流血，而受國際干涉。

六、在政治問題未根本解決之前，政府一切施策（不論軍事、政治）須先與處理委員會接洽，以免人民懷疑政府誠意，發生種種誤會。

七、對於此次事件不應向民間追究責任者，將來亦不得假藉任何口實拘捕此次事件之關係者，對於因此次事件死傷之人民應從優撫恤。

乙、根本處理

軍事方面

一、缺乏教育和訓練之軍隊，絕對不可使駐台灣。

二、中央可派員在台徵兵守台。

三、在內陸之內戰未終息以前，除以守衛台灣為目的外，絕對反對在台灣徵兵，以免台灣陷入內戰漩渦。

政治方面

一、制定省自治法為本省政治最高規範，以便實現國父建國大綱之理想。

二、縣市長於本年六月以前實施民選，縣市參議會同時改選。

三、省各處長人選應經參議會（改選後為省議會）之同意，省參議會應於本年六月以前改選，目前其人選由長官提出，交由省處理委員會審議。

四、省各處長三分之二以上須於在本省居住十年以上者擔任之（最好祕書長、民政、財政、工礦、農林、教育、警務等處長應該如是）。

五、警務處長及各縣市警察局長應由本省人擔任；省警察大隊及鐵道、工礦等警察，即刻廢止。
六、法制委員會委員須半數以上由本省人充任，主任委員由委員互選。
七、除警察機關之外，不得逮捕人犯。
八、憲兵除軍隊之犯人外，不得逮捕人犯。
九、禁止帶有政治性之逮捕拘禁。
十、非武裝之集會結社絕對自由。
十一、言論出版罷工絕對自由，廢止新聞紙發行申請登記制度。
十二、即刻廢止人民團體組織條例。
十三、廢止民意機關候選人檢覈辦法。
十四、改正各級民意機關選舉辦法。
十五、實行所得統一累進稅，除奢侈品稅、相續稅外，不得徵收任何雜稅。
十六、一切公營事業之主管人由本省人擔任。
十七、設置民選之公營事業監察委員會，日產處理應委任省政府全權處理。各接收工廠、礦應置經營委員會，委員須過半數由本省人充任之。
十八、撤銷專賣局生活必需品實施配給制度。
十九、撤銷貿易局。
二十、撤銷宣傳委員會。
二十一、各地方法院院長、各地方法院首院檢察官全部以本省人充任之。
二十二、各法院推事、檢察以下司法人員，各半數以上省民充任。
其他改革事項候三月十日集中全省民意之後，交由改組後之政府辦理。

三月八日

●各地秩序混亂，已達極點，倉庫被劫甚多，竟有奸徒宣傳台灣獨立，張貼「打倒國民黨十八年一黨專政」之標語。二十三時，台北暴徒數百，分數路進攻總司令部、長官公署以及圓山汽車修理廠，均遭擊退。

三月九日

●二時，由閩開到基隆憲兵，警備總部派卡車接運回台北，於七堵遭匪徒截擊，幸未獲逞。

●楊監察使亮功來台，於基隆台北途中被暴徒圍擊，隨員及其乘車均受傷，基隆暴徒復圍基隆要塞被擊退。

●十一時三十分，台北暴徒圍攻警備總部對中央及內地各處聯絡之無線電台，被擊退。

附表

一、械彈損失統計表

二、糧秣被服損失統計表

三、軍警人員戡亂傷亡統計表

四、各縣市行政人員及人民傷亡統計表

丁、處理概要

關于二二八事變發生以後，台灣行政長官公署及警備總司令部，對於處理經過，謹分日陳述于下：

二月二十八日

●十八時，宣布台北市臨時戒嚴，並電令鳳山何團派一個營，基隆要塞派兩個守備中隊，加強台北市之警衛。

三月一日

●六時，基隆市宣佈臨時戒嚴。

●十時，由行政長官公署及人民代表，組織二二八事件調查委員會。

●行政長官公署對民眾發表當局已有妥善處置，對肇禍兇手，決依法嚴辦，並嚴令以後不得再有類此事件發生。由於省市參議員及本省國大代表之請，於二十四時宣布台北市暫時解除戒嚴。

三月二日

●十二時，調查委員會謁見陳長官，經面允照左列各項辦理。

一、因此案被捕之民眾無條件釋放。

二、關於本案之死者，由政府發給撫恤金二十萬元；傷者由政府負責醫療。死傷者不分本省外省，希望民眾調查報告。

三、不追究本案之民間負責人。

四、即時恢復交通。
五、武裝警察巡邏車逐漸減少（槍口不向外，武器放車內）。
六、從速恢復工作，商店照常營業。
七、食米即運市內，供給民食所需。
八、路上倘有受傷者，由警察或民眾設法送院醫治。

●陳長官於十五時再將右列各項處置向民眾廣播；十八時，基隆解除戒嚴。

三月三日

●二二八事件處理委員會推舉代表，要求軍隊於本三日下午撤回兵營，地方治安由憲兵、警察、學生組織之青年治安服務隊維持等七項，陳長官為求事態之不再擴大，均經照辦。

●警備總司令部派遣汽車接運二十一師獨立團第二營來台北，二十三時始到達兩個連。

●警備總司令部為防範事變，計除嚴令士兵不許外出，免與暴徒衝突，以求合理之政治解決外，並祕密部署兵力，劃定台北、基隆為兩戒嚴區，分別以憲兵第四團團長張慕陶、基隆要塞司令史宏熹負責；並劃定新竹、台中為防衛區，發表蘇紹文、黃國書為該兩區司令，前往佈置；又急電高雄要塞司令彭孟緝，負責嘉義以南地區之防衛。

三月四日

●警備總司令部為應付台灣南部之暴動，劃定嘉義、台南、高雄等縣市為南部防衛區，以彭孟緝為南部防衛司令。

三月五日

●警備總司令部為避免衝突，下令禁止士兵攜械外出。

三月六日

●十四時，高雄要塞司令彭孟緝緊急處置，宣布戒嚴，收復城區各要點。

●二十時，陳長官向全台民眾廣播，決定請中央改行政長官公署為省政府；縣市長七月一日實施民選，各廳長盡量使用本省人，希人民保持安靜。

三月七日

●二十一時，警備總部於營房附近捕獲匪徒兩名，搜出攻擊台北軍政機關供應局等路線圖，從各方證實，奸黨暴徒叛國企圖，昭然若揭，絕非政治改革所能獲得解決，乃作斷然之決策，急電福建友軍，就近增援。後得劉主席允調憲兵第二十一團之兩個營先行來台，並電中央增派部隊，更就台灣現有兵力，做適切之部署。

三月八日

擊退進攻長官公署、總司令部及圓山汽車修理廠之暴徒數百人。

三月九日

●二時，由閩開來之憲兵到基隆，即派汽車接運台北。

●六時，警備總部宣布，台北重行戒嚴，並派兵彈壓變亂，搜捕奸黨暴徒。鳳山、左營、屏東等地，繼高雄之後，肅清奸黨暴徒，恢復秩序。

三月十日

●下令解散二二八處理委員會及一切非法團體。

●高雄要塞彭司令分別派兵，肅清台南、旗山各地奸黨暴徒，繳還武器頗多。

三月十一日

●整編二十一師師長劉雨卿到台，向民眾廣播國軍來台目的，警備總部發告民眾書，曉以大義。

●整編第二十一師四三八團本（十一）日在基隆登陸，除留兩個連守備基隆外，餘全部開台北市，擔任綏靖工作。

三月十二日

●整二十一師四三六團，本日到達台中。

●台中彰化開始肅奸工作，奸黨謝雪紅率眾逃竄埔里。

●空運嘉義機場之營（欠二連），協同由台南派遣之部隊開始出擊，收復市區，匪徒分向布袋、北港、新營、虎尾各地逃竄，令飭我軍追擊圍勦。

●彭司令並派隊驅逐恆春暴徒，恢復秩序。

●整二十一師一四六旅旅部，由基隆登陸後，即向新竹推進，並令該旅岳旅長率領必要人員前往台中，肅奸督勦。

●令整二十一師獨立團第二營，即開宜蘭，擔任綏靖工作，即日到達，恢復秩序，收繳武器。

●整二十一師派兵一營，進勦竄逃埔里之奸匪。

●台北至基隆、台北經台中至高雄、及屏東至嘉義各鐵道交通，均告恢復。

三月十五日

●令整二十一師獨立團，即率駐鳳山之部隊開台東，並令該團進駐宜蘭之營推進花蓮港，由該團長指揮，任台東、花蓮之綏靖任務。

三月十六、七日

●花蓮縣開始肅奸、清查武器工作。

三月十八日

●獨立團到達台東，開始肅奸工作。

三月十九日

●整二十一師一四五旅，率四三五團由基隆登陸，繼以火車輸送旅部至鳳山。
●整二十一師本日開台中指揮清剿工作。
●四三五團駐台中，歸師部直接指揮。
●整二十一師一四五旅四三四團繼由基隆登陸，以火車輸送至台南，加強南部綏靖工作。

三月二十日

●為部隊陸續到達警備總部，重新調整部署，分區綏靖，計分全省為台北、基隆、新竹、中部、南部、東部、馬公七個綏靖區，以憲兵四團團長張慕陶、基隆要塞司令史宏熹、駐新（竹）之一四六旅旅長岳星明、駐台中之整二十一師師長劉雨卿、高雄要塞司令彭孟緝、駐台東之二十一師獨立團團長何軍章、馬公要塞司令史文桂，分任綏靖司令，以專責成。並自二十一日起，開始清查戶口，辦理連保，澈底肅奸，現除斗六、布袋等偏僻之處，尚有少數散匪潛伏，正搜剿外，各地綏靖工作，均能順利進行。

一、台灣省二二八事變被服損失統計表（三十六年　月　日）

品名	單位	部別		合計	備考
		台灣供應局	基隆要塞部		
大小蚊帳	床	5,100	118	5,218	
皮靴皮鞋／營內靴等	雙	16,920	471	17,391	
軍毯	床	1,443	361	1,804	
冬衣褲	套	2,800	469	3,269	
雨衣	件	1,542	28	1,570	
防暑褲下／夏褲下	件	34,765		34,765	
天幕	個	2,140		2,140	
褲袢	件	17,000		17,000	含棉大衣
外套	件	778	2	780	
棉背心	件	320	269	589	
蚊帳布	疋 公尺	135 56,440		135 56,400	
藍綠細布	公尺	46,040		46,040	
豚革	組	81,700		81,700	
襦袢冬袢	件	22,680		22,680	
踵上革	公斤 組	330 56,555		330 56,555	
棉花	公斤	6,130		6,130	
附記	1. 空軍台灣地區司令部損失各種被服，據表報約計 2,102 噸（詳細數字在清查中） 2. 海軍第三基地司令部、高雄、馬公要塞及憲兵團等各單位已送電飭查，尚未據報。				

二、台灣二二八事變械彈損失統計表（三十六年三月二十二日）

類別	品明	單位	警備總司令部特務營	整編第二十一師	空軍台灣地區司令部	高雄要塞司令部	台灣供應局	輜汽三十一團	長官公署警務處	合計	備考
槍砲	手槍	枝	1	5	1284	1	23	5	289	1608	
	步槍	枝	4	22	3061	2	134	1	1679	4903	空數內有2746枝，已自動破壞。
	輕機槍	挺			28	1	2		17	48	
	重機槍	挺					2			2	
	高射砲	門		3					3		
彈藥	手槍彈	粒				50	113		13483	13646	
	機彈	粒			2781655	490	25547		105765	2913457	內有2,755,757係自動破壞
	手榴彈	顆			99		59317			59416	
爆破器材	三式信管	個					550			550	
	地雷	個					2344			2344	
	三式手技爆雷	個					1340			1340	
	黃色藥	公斤					8705			8705	
	茶色藥	公斤					3484			3484	
	爆破藥	公斤					920			920	
	圓錐爆雷	個					2184			2184	
	發烟筒	個					6099			6099	

1. 本表所列損失總數截至三月二十五日止。
2. 空軍虎尾大林損失經一再催報，據報損失約30%，詳細數字迄未據復，原存軍械如下：
 ┃手槍 19 ┃步槍 684 ┃機槍 19 ┃空用機槍 104 ┃高射機槍 31 ┃步槍彈 281,526 ┃機槍彈 405,616 ┃手槍彈 1,330
 損失約30%未列入表內
3. 表列警務處損失數，係根據各縣市警察局及所屬倉庫所報損失總數字。

三、台灣省軍警人員戡亂傷亡統計表（民國三十六年三月二十三日）

區分／部隊／數量	死			傷			生死不明			備考
	軍官佐	士兵	馬匹	軍官佐	士兵	馬匹	軍官佐	士兵	馬匹	
警備總司令部		1		1	10			3		
整編第二十一師	1	15	5	6	48			12		
空軍台灣地區司令部		1								
海軍第二地區司令部		4		1	25					
基隆要塞司令部		10		2	49		2	2		
高雄要塞司令部	3	11		7	36			7		
馬公要塞司令部										
憲兵第四團		1		4	6					
輜汽第二十一團	1	1		3	12					
台灣供應局	2	30		28	28					
台灣師管區				2	4					
長官公署警務處	7			54						
合計	14	74	5	108	218		2	24		

附計：本表係根據各單位三月二十日以前所報調製之。

四、台灣省各縣市二二八事變公教人員及人民傷亡統計表（民國三十六年四月一日）

縣市別	共計	死亡	受傷	備考
台北縣	23		23	
新竹縣	38		38	
台中縣	69	8	61	
台南縣	8		8	
高雄縣	5	1	4	
台東縣	6		6	
花蓮縣	4		4	
澎湖縣	1		1	
台北市	950	40	910	
基隆市	118	73	45	
新竹市	37	7	30	
台中市	78	5	73	
彰化市	8		8	
嘉義市	229	47	182	
台南市	49	3	46	
高雄市	201	117	84	
屏東市	36	3	33	
共計	1860	304	1556	

附記：

1. 表列人員包括官民總數，細數待查，人凡公教人員係事變倉猝之間，無法防禦，有民眾則係軍隊到達時，仍復聚眾抵抗者。
2. 據各縣市報稱，奸黨暴徒於抵抗失敗後，逃避者甚夥，應俟清鄉結束後，方能查報確數。
3. 表列數字截至三十六年三月三十一日為止。
4. 各縣市死傷確數，因事變甫平，調查需時，俟繼續報到後再行彙報轉。

五、台灣省二二八事變糧秣損失統計表（民國三十六年三月二十二日）

番號	品名	單位	數量	備考
總司令部及直屬單位	大米	市斤	7500	
供應局	大米	市斤	910,794	
基隆要塞司令部	大米	市斤	42,000	
合計			960,294	
附記	1. 本表係根據各所報調製。 2. 海軍、空軍、高雄、馬公兩要塞、輜汽第二十一團、憲兵第四團等未據呈報。			

六、台灣二二八事變後繳收俘獲軍械統計表（民國三十六年三月二十二日）

類別	品名	單位	台北綏靖司令部	基隆綏靖司令部	新竹綏靖司令部	中部綏靖司令部	南部綏靖司令部	東部綏靖司令部	馬公綏靖司令部	合計	備考
槍砲	軍刀	把		19	56	194	1636			1905	
	手槍	枝			8	1	42			51	
	步槍	枝		196	91	597	707			1591	
	輕機槍	挺	3	13	1	13	15			55	
	重機槍	挺	1				2			3	
	擲彈筒	具	28	5		6				39	
	小砲	門				1				1	
	山砲	門				1				1	
彈藥	手槍彈	粒	20		25		130			175	
	步槍彈	粒	400				24000			24400	
	機槍彈	粒		500	5000	87000	3267			95767	
	手榴彈	顆				11630				11630	
	砲彈	顆									
	發烟筒	個			3					3	
附記	1. 馬公及東部未據呈報。 2. 表列數量係截至三月二十日。										

五、台灣省二二八事變繳收俘獲糧秣統計表（民國三十六年三月二十二日）

番號	品名	單位	數量	合計	備考
供應局	米	包	2169	2169	

六、台灣省警備總司令部綏靖部署要圖（民國三十六年三月二十日）

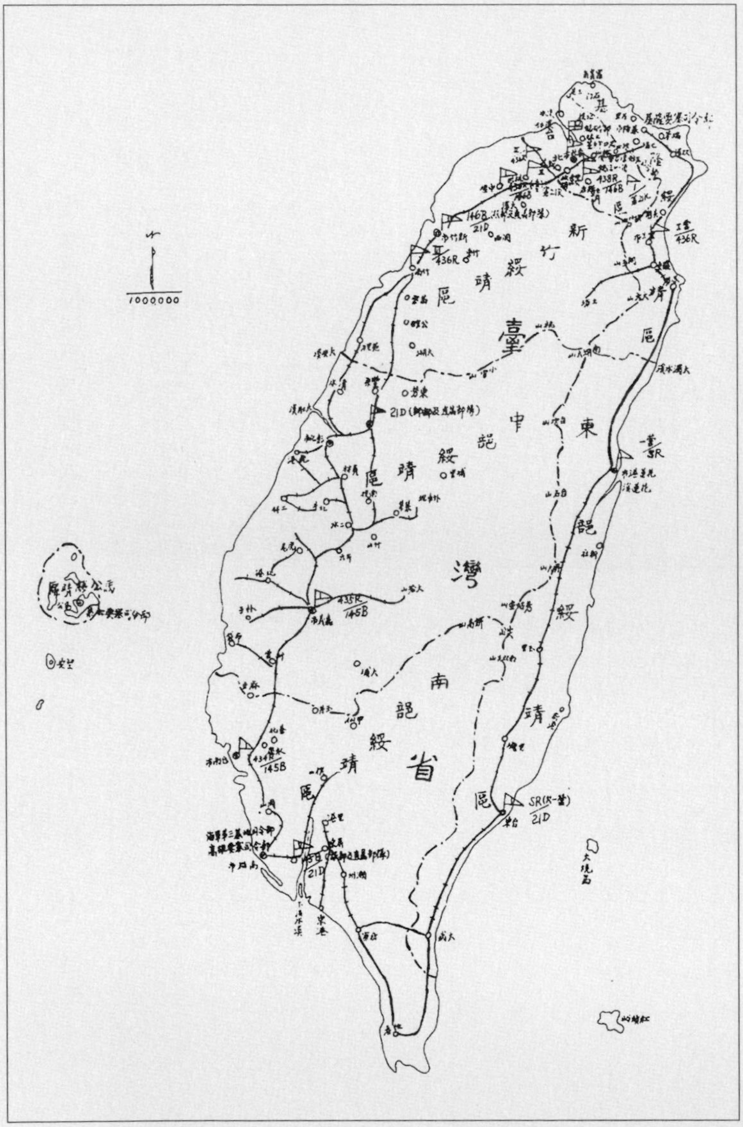

第二、宣慰經過

一、三月十七日飛抵台北，當晚即向全台廣播宣示　鈞座德意，並述明　中央處理此次事變之各項原則，並分發布告張貼全台各縣市。

二、三月十九日至二十五日，分赴基隆、屏東、鳳山、高雄、台南、新營、嘉義、彰化、台中、化蕃社、新竹、桃園等處，宣慰傳達　鈞座德意，宣示　中央善後旨意。

三、自三月十七日起至四月二日止，計在台灣十七日，廣播五次，對長官公署全體職員及警備總部全體官兵訓話各一次；對省市各級公務員、民意機關代表、民意代表訓話共十六次；對高山族代表訓話二次；對駐台陸、海、空軍及要塞部隊訓話五次。

四、發布〈宣字第一號佈告〉一種。

五、召集長官公署各級主管及警備總司令部各級處長以上、駐台陸、海、空軍要塞部隊長官，舉行會議，聽取報告及商討處理，共十二次。

六、邀集地方仕紳、民眾代表聽取意見八次。

七、撫慰受傷軍政人員及民眾醫院五處。

八、召集台灣東部之台東、花蓮港等處民意機關代表及高山族代表到台北，宣達　中央德意，並嘉獎高山族代表南志信，協助東台縣市政府，維持地方治安之功。

第三 對今後台政改進意見

甲、行政

一、台灣行政長官公署可即改組為省政府，並增加省委名額（省政府委員法定為十一人，擬增為十五人）並酌增必要廳處。

二、各廳處可增設副主官，選用本省人士，培養其行政能力，各縣市亦可同樣辦理。

三、各級民意機關之參議員，於此次暴動中經查明為首要者，可交由司法機關檢舉，依法辦理，另行補選。

四、各縣市長之民選，於暴徒尚未肅清，地方秩序未完全恢復前，可暫緩議。

五、為勤求民隱，澄清吏治起見，可專設一台灣監察使長駐台灣，行使監察職權。

六、各公務人員似宜於服務前，先實施以短期訓練，俾能統一意志，推行政令，並提高其待遇，庶俸足養廉，行不犯紀。

乙、經濟

台灣光復，行政長官公署成立後，陳長官儀對於經濟建設尚極重視，並做有計畫之力求規復，期實現民生主義經濟政策，發展國家資本，節制私人資本。迄今，接收台省之各工廠漸次復工者，達百分之七十五；生產量已恢復百分之四十，惟對民生工業尚未能適應台民所需求，是其缺憾，故今後對於台省經濟措施，自應力謀改進。茲謹擇要列舉如下：

一、為復興台灣之農工企業，於三年內 中央似以不取給台灣之資源為宜，俾得日就繁榮，臻於富庶。

二、從速實施公有土地放租與台民及高山族耕種，以實現　國父「耕者有其田」之遺教（公有土地可耕種者，約佔全省之可耕種地五分之一），目前全台共有飛機場五十四處，不必保留之飛機場二十五處，亦可同時收租，俾增加生產，以裕民生。

三、專賣制度，過去經理欠善，可改為菸酒公賣局；樟腦每年出產五千萬噸，佔世界第一位，全為省營工業，可另組公司經營，直隸省府或建設廳；至火柴，生產量甚少，且缺原料，收入不多，亦廢除專賣，藉平台胞之怨。

四、貿易局目前不適為省營企業之輸出或輸入之機構，可改為省營，類似「信託局」或省營「物資供應局」之機構，以釋台省人民之疑竇。至目前統制出口之糧食、五金、肥料、酒精、木材、紙張、水泥、煤炭、酸鹼等九種物品，或以產量不多，或以本省需要，如管理得法，實無明令統制之必要。

五、台幣與國幣之比例，刻仍按三十五元，未能隨時予以調整，以致民間企業受損實鉅，可予逐漸提高，俾挽頹勢（三十五元之折合率為美金外匯三、三五零元時所定，現美匯已達一二、零零零元，台幣所受貶值實鉅。）

六、極力減少公營企業之範圍（省營公司共二十三所），接收日商之工廠，其已復工或未復工者，宜迅予價租價賣，規定台人有優先權承買或租用之權，用裕民生。

七、救濟失業為台灣目前要政，尤以安置無業遊民為急務，應積極恢復台省原有工廠，並迅速將公有耕地放租，俾有就業謀生之技能，以免擾害社會治安。

丙、教育

一、台灣人民受日人五十年來之偏狹教育，養成對祖國文化隔絕輕視之心理，但以平民教育及職業教育相當發達，尚有守法勤勞之習慣，其最大要求為社會之安定與衣食之豐裕；至台胞對國家之觀念，應使迅速增強，應請主管教育機關，制定中心方案實施，以便養成忠孝仁愛信義和平之精神。積極推進「台胞祖國化」之教育。

二、師資缺乏與低能，為台灣目前唯一缺點，如何培養，如何訓練，成為教育台胞之焦點，更為治台根本要圖，非有大量優秀之師資加緊施教，則台灣之治理，徒空談也。應請由教育部擬定培養台灣師資之計畫，以便養成多數之師資，至目前則應獎勵內地師資赴台擔任教育。

三、大量派遣台灣高中畢業學生，使入國立各專科及大學，以吸收祖國文化，實為要圖。

四、國內國立各大學可多招收台灣學生，以培成行政人才。

五、注意社會教育，普及國語運動，為治台之急務。凡過去日人所殘留精神及物質方面所有一切不良現象，均應予以澈底消除。對高山民族之教育尤須注意，並改善其生活方式，以期早日歸化。

六、獎勵台省人民與其他各省通婚，以融合民族之大一統。並隨時組織參觀團，相互觀摩，以消釋一切隔閡。

丁、軍事及憲警保安部隊

一、從速確定台灣軍民分治，樹立完整之國防軍事機構，以加強平時之控制及戰時之防衛。

二、駐台國軍經常以一個整編師為宜，現有之整編第二十一師，即應充實其兵員與裝備，並增編砲兵一營。因環境之需要，蚊帳、雨衣、醫藥、炊具之補充，刻不容緩（已轉知台灣供應局照編制補給，並撥給山砲一營）。

三、高雄、基隆、馬公三要塞，為組成台灣國防武力之基幹，三要塞火砲共達四五八門，偵測器材如雷達等，亦頗敷用，惟各要塞編制一再縮小（按最初編制高雄、基隆兩要塞，官兵各約八千三百餘人，嗣經縮減為六千餘人，現更縮減至二千人。馬公要塞最初編制為五千四百人，嗣縮為三千八百人），現縮減至九百餘人），不特戰時不足應變，平時亦難監護維持，應請准予照第二次編制人數（高雄、基隆各六千餘人，馬公三千餘人），充實各要塞之守備總隊（高雄、基隆各步兵三個大隊，馬公兩個大隊）、工兵（高雄、基隆各一個營，馬公一連）、偵測隊各一隊（以雷達為主，現各要塞均能使用）。

四、台灣已成立之師團管區司令部，在秩序未完全恢復前，暫緩實施徵兵，其機構可暫作學校軍訓與公教人員管訓之用。

五、台灣省可成立保安團一至二團，各縣市則按需要分別成立保安警察隊，其幹部可調用轉業警保之軍官，士兵則由各省徵集之。至原有台籍警察，有意志薄弱，認識不清，不但不能盡忠職守，且有參加暴動者，應分別淘汰；因其語言情勢熟悉，最宜於當戶籍、交通等普通警察業務。

六、駐台憲兵，須經常保持一至二個團兵力，並增強其武器。現駐台之憲兵第四團及第二十一團（欠一營），應增發輕機關槍六十三挺（已轉供應局發給）。

七、駐台海空軍及要塞官兵之待遇，須加調整，已令台灣警備總司令部，斟酌實際情形，擬案呈核實施。自四月一日起，駐台陸軍官兵已決定實行實物給予，庶可維持軍紀而壯士氣。

八、在台陸海空軍倉庫極多，而監護保管人員極少，致此次事變武器被服等軍需品，被劫頗多，亟應由聯勤總部派員來台，清查整埋，簡化單位，其不必要者，已飭令從速運回。

戊、其他

一、台灣黨團過去偏重於量之發展，組織訓練頗不健全，而青年團於此次事變中多為反動勢力所操縱，故黨團之改進，實為要圖。

二、為照中央通信管理之規定及適應國防需要，台灣之鐵道（糖廠、礦場之鐵道綫除外）、港灣（高雄、基隆等處軍商兩用通國際航線之港灣）及通信等，應即一律改由國營，並增加內地員工，指揮運用，庶可靈活。

三、台灣衛生行政，在日本管理時代，頗稱完備。光復以後，省辦及民辦之防疫醫療機關，大多廢弛，應予積極恢復加強，以保人民之健康。

四、台灣大學為日本在台建立之「台北大帝國大學」，設備相當完善，尤以農、醫兩科為特色，至理化系亦頗完備，有試驗原子能儀器，惟教員待遇太低，應與國立大學平等，庶可維持，並應改歸教育部直轄，以便整頓。

五、查抗戰勝利後，台灣封存日本存糖十五萬噸，嗣奉行政院令，應將是項戰利品提運到滬變價，收歸國庫，並限制在前項食糖未售完前，台省產糖僅准按八分之一比例銷售，致使台糖現存十一萬噸之多，不能運銷，預計本年底止，台糖生產尚可達三十萬噸，除留供全台消費約六萬噸外，本年內可出口約為三十五萬噸。按台省銀行基金，全賴貨物外銷吸收法幣，而台省與內地匯兌亦始可靈活，現大量存糖限制運銷出口，影响頗鉅，為謀補救計，擬請　准在前項封存之糖與台省現生產之糖，改按二分之一比例，同時准予出口運銷，俾使貨物暢其流，而台省金融，亦得調劑。

民國三十六年四月八日

【陳儀呈蔣主席四月虞電】節錄

事由：擬遣回全部留台日僑，以防隱患，可否？乞核示。

台灣大學日本教授應予遣還事，職曾商諸白部長，而白部長似不同意，但為國家計，留台日僑必須全部遣還。蓋內地各省對於日人之有學術技能者不妨採用，台灣則絕不可留用。上年三月魏得（德）邁曾為職力言，日人留台，必有後患，至今深感其言之忠讜也。

軍務局簽註：謹按：所擬遣回全部留台日僑一節，按原准留台之日人，多係技術人員，台胞以往為日方所培植之技術人才頗多，如能廣為羅致，或可替代，故原則上似以遣回日人為有利。惟此事據稱：白部長意見，似有不同，擬請鈞座徵詢白部長意見，參酌核定。

■蔣主席批示：應即設法全部遣回，可否與美國總司令部交涉，或由我駐日代表團與麥克阿瑟將軍交涉，請其派船運回。中正

民國三十六年四月十一日

【陳儀呈蔣主席四月真電】節錄

事由：呈復台變時並無捕殺無辜情事，謹將經過事實陳請鑒察。

（五）自國軍到台，防務加強，白部長亦於寅篠蒞台，秩序即行恢復，所有懲捕人犯及處理情形，均經當面詳晰陳報，並承指示辦理。原報所稱二十九日至卅一日期間，多人被殺，及不問情由，槍決格殺各節，純屬奸徒憑空捏造，希圖淆惑聽聞之慣技，除發表新聞糾正外，謹復察核。

軍務局簽註：謹按：此案係前據台灣政治建設協會張邦傑等報告，台灣警備總部繼續捕殺人民達萬餘人等情一案，奉鈞批查報，茲據呈覆如上，核與白部長返京後之報告尚屬相符，合附註明。

■蔣主席批示：交行政院核議。

民國三十六年四月十一日

【陳誠呈蔣主席四月十一日簽呈】

台灣警備總司令部，似可撤銷，由現駐台灣之整 21D 劉師長雨卿兼任警備司令，不另設機構。當否？乞　核示！

軍務局簽註：查台灣警備總部，前據陳總長簽擬全國高級指揮機構調整意見案內，擬予縮編為台灣警備司令部，奉　批「不必變更」等因。茲陳總長再請撤銷，尚非其時，因台變初平，奸黨莠民尚未肅清，又以駐台之陸、海、空及要塞部隊，需有統率機構，似仍以保留台灣警備總部為宜。至總司令一職，關係重大，以由中央另簡資望能力均優之大員派充為宜。所請撤銷台灣警備總部一節，擬飭緩議。至總司令人選，並請

鈞座早日裁決！

「按台灣警備總司令一職，前分據白部長簽請冷欣及彭孟緝，陳總長簽請林蔚各員充任，均奉　批『閱』等因，謹註。」

■蔣主席批示：暫不撤銷，但可改為全省警備司令部，而不加總字。決任彭孟緝為台灣警備司令，但歸台省主席之指揮。

民國三十六年四月二十四日

【白崇禧呈蔣主席四月十七日簽呈】

查現任台灣警備總部參謀長柯遠芬，處事操切，濫用職權，對此次事變，舉措尤多失當，且賦性剛愎，不知悛改，擬請予以撤職處分，以示懲戒，而平民忿。當否？乞核奪。

軍務局簽註：呈核。

據本局（編按：國民政府軍務局）於台變派往台灣視察之上校參謀陳廷縝報稱：柯參謀長於二二八事變以前，對台省情況判斷錯誤，以致警備疏忽，事變既起，警察全部瓦解，實為事變擴大之主因。但此實非柯之過失，對彼未宜苛責，蓋台事文職過失多而責重，軍人僅聽命行動而已等語。謹並註陳。

■蔣主席批示：應先調回候審。

查台灣現已決定軍政分治，警備總司令一職，責任綦重，查陸軍總部副參謀長冷欣，頗具見解，前經電呈鈞察，本日奉面諭，著以高雄要塞司令彭孟緝升充，擬懇從速明令發表，俾使台省軍事得穩定，協助政治建設，藉安民心。當否？乞核奪。

軍務局簽註：呈核。

（一）查白部長卯齋電，以冷欣堪勝任台灣警備總司令，經呈奉　批「閱」。

（二）查台灣警備總司令部，按其組織規程，統率駐台所有陸海空軍各部隊，現駐台之整21D師長劉雨卿（劉雨卿曾充師、軍長、副總司令）及馬公要塞司令史文桂資歷均深，以彭孟緝升充總司令，指揮上似有考慮。

■蔣主席批示：閱。

查此次台灣事變中，高雄要塞司令彭孟緝，獨斷應變，制敵機先，俘虜滋事暴徒四百餘人；基隆要塞司令史宏熹，沉著果敢，擊破襲擊要塞之暴徒，使台北轉危為安；馬公要塞司令史文桂，先將警察繳械，防患未然；嘉義空軍地勤第二十九中隊隊長魏聚日，督率數十名士兵與暴徒三千餘人激戰數日，終能確保機場；整二十一師獨立團團長何軍章，率領所部，防止叛亂，亦稱得力。各該員擬懇分別獎勵，以昭激勵，當否？乞核示。

軍務局簽註：呈核。

據本局於台變後派赴台灣視察之上校參謀陳廷縝報稱：一、彭孟緝於三月六、七日，首取強硬態度，俘首犯從犯百餘人，史宏熹於七日左右即掌握全市，以後增援台北，空軍隊長魏聚日部，與叛徒苦戰甚久，整21D團長何軍章部，在中央大軍未到達前，乃唯一與叛軍作戰之野戰軍。以上各員均確屬有功，允宜獎勵。二、馬公要塞史文桂，對台變無甚貢獻，且有人責以按兵不動者，似可不獎等語。

又台變乃為國家不幸事件，彭孟緝等處置適當，固屬有功，惟功勛之獎賞，必須公布，但如公布，則恐激動台人及國內反動派之反感，在給予勛賞之方式上，似應考慮行之。

■蔣主席批示：交國防部敘獎可也。

民國三十六年七月十六日

【國防部法規司 36.7.16 (36) 字劍字第三四〇號函】

奉

部長白交下林香雪呈乙件為乃夫林宗賢被扣押懇請恩准釋放，並批「何司長查明林案為何處理並具申意見」

等因相應抄同原呈隨函送請

查照希迅將處理情形見示，以憑報覆為荷。

此致

台灣警備司令部

錄自中央研究院近代史研究所編，《二二八事件資料選輯》，第六冊，頁 607-608

民國三十六年十月三日

【陳誠呈蔣主席十月三日簽呈】

查前奉鈞座代電：柯遠芬在台不法妄為，應予嚴處等因，遵飭由軍法處辦理。茲據台灣陳前長官函電稱：「柯遠芬粗具才智，作事負責，遂致怨謗叢集。但如遣送日俘等事，均能悉心擘劃，平日措施，亦未聞有不法行為，惟該員閱歷尚淺，語態之間，招忌樹怨，殆所不免，請轉呈派往陸大任職，俾其潛心研究」等情。查該員尚屬有用之材，擬懇俯予所請，俾使自新，當否？乞

核示

軍務局簽註：呈核。

查本年八月廿二日陳總長轉據陸大徐教育長報稱：該校研究院主任徐祖詒歷請辭職，請調為國府參軍，遺缺以柯遠芬派充等由。經奉批「柯遠芬在台不法妄為，應嚴處為要」等因，茲簽請如上，謹註。

■蔣主席批示：柯遠芬不能任研究院主任，惟徐祖詒可調參軍。

錄自《蔣中正總統檔案・一般資料・呈表彙集》，國史館藏，典藏號：002-080200-00540-025

民國三十七年一月十三日

【吳鼎昌呈蔣主席一月十三日簽呈】

簽呈 卅七年一月十三日於文官處

事由：台灣省黨部丘主任委員建議，關於處理台灣二二八事變人犯、及台籍戰犯意見案，本處與有關機關會商結果報請

鑒察。

謹案台灣省黨部丘主任委員念台頃來京向各方陳述台灣近況，認為目前台省表面雖尚平靜，事實上民心甚為憤懣，危機隱伏，中央應再示寬大，赦宥人犯，以收攬民心。職處並收到丘主任委員所呈左列三案：

一、請速審結或特赦台灣二二八事變人犯案。

二、請由省黨部保釋台變嫌疑犯林日高蔣渭川案。

三、請對台籍戰犯特予減刑或准予開釋案。

各案因兼涉法律與政治問題，事關重大，經先邀集司法行政部、國防部軍法局、及本府軍務局主管有關人員會商處理，僉認為台灣受日人統治數十年，必須從教育經濟及人才與內地交流等各方面作較長時間之努力，以爭取民心內附，至對非法暴亂份子之處理，不宜予以特赦，致啟台民蔑法之心，及對已處決之案發生不平等之觀感，只宜於法律範圍內運用刑事政策，酌予從寬處理，以期恩威並濟，茲將各案處理意見分呈如後。

（一）關於「二二八事變」人犯，原經白部長蒞台宣慰時宣布依《戒嚴法》由軍法機關判決之案，仍由國防部按其犯罪事實在法定刑度內酌予從輕改判，（少數首要份子仍照原判）迅予結案具報。

（二）關於台籍戰犯問題，政府對台省不適用《漢奸條例》，而改用《戰犯條例》，正為顧及台灣特殊情形，減少無辜牽連，安定台民心理。對台籍戰犯之審判，亦係特別從寬，僅受理直接有暴行而經人民檢舉之案。目前已將全部審結，處刑者為數不多，丘主任委員所呈各節，似已不必顧慮。本案擬交國防部從寬核辦具報。

（三）關於林日高（台省參議員，曾加入共黨現在拘禁中）及蔣渭川（台北市參議員，現在通緝中）二人因係當地大紳，並有群眾力量，省黨部為運用計，擬將林日高保外候審，及保證蔣渭川到案不予拘禁兩節。雖具相當理由，但二人係台變重要份子，應慎重處理，擬先電詢魏主席及彭司令孟緝，該林、蔣二人如准保出，於地方治安及政治運用，是否確有益處？再行核辦。

以上三項處理意見，除第（一）（二）兩項已由國防部核辦，俟據呈報再行專案呈　核外，第三項（請由省黨部保釋林日高蔣渭川案）可否先電魏主席、彭司令核議據報？請

批示。謹呈

主席

吳鼎昌　呈

■蔣主席批示：如擬。

民國三十七年二月二十五日

【白崇禧呈蔣主席二月二十五日簽呈】

查三十六年台灣省二二八事變，社會秩序異常紊亂，該省經宣告戒嚴，當職奉命赴台宣慰時，該省警備總司令部，請對暴亂案內人犯，暫由軍法審判，以資鎮攝。經職一再權衡，期於切合實際需要，兼不違背法律之原則下，求一適當辦法，准如所請，將暴亂案內人犯，得依戒嚴法第九條規定自行審理，並令依法製判檢卷呈核，以昭鄭重，而資補救。嗣據該部先後呈報非軍人簡聖堉等，在戒嚴區域實施暴動，及搶劫殺人等十三案，奉判前來。經簽奉

鈞座（36）已迴（三）待宙字第六一零三九號電，飭一併解送台灣高等法院訊辦等因，遵即飭據該部呈以事變戒嚴時所發生之暴動案件，依戒嚴法規定，均分別處理。上項各案，如移送司法機關更新審理，則已執行之各案，必將發生重大糾紛，影響政府威信甚重。為適應台灣特殊環境，配合行政設施，請予以核准免移司法機關，復准魏主席亦請仍維持原定辦法，由軍法審判，迅予結束。因事變所生各案，並經政務局召集司法行政部及本部研討，咸以上項案件，既係依戒嚴法規定，由軍法審判，仍應以軍法程序，予以審核，以維政府威信，謹就各案原判奉證。本

鈞座寬大德意，逐案詳加審核，揆衡犯情，原其心跡，依法分別予以改判或核准。理合列據審核意見表，連同原案卷證，簽請

鑒核備查。並乞　示遵。

謹呈　主席蔣

附呈：台灣省前警備總司令部呈核二二八事變期內由軍法訊結暴亂案件審核意見表一紙原卷件三十四宗。

■蔣主席批示：此件電魏主席問其意見如何再定。中正

白崇禧呈　蔣主席二月二十五日簽呈

呈　核

白崇禧　國防部　二月廿五日簽呈

字第九五號　計四頁件

台灣二二八案件請免移送法院審理。

查卅六年台灣省二二八事變社會秩序異常紊亂，該省經宣告戒嚴，當職奉命赴台宣慰時，該省警備總部請對暴亂案內人犯暫由軍法審判，以資鎮攝。經職一再權衡，期於切合實際需要，准如所請，將暴亂案內人犯依戒嚴法第九條規定自行審理，并令依法製判，檢卷呈核，以昭鄭重。嗣據該部先後呈核非軍人簡檉堉等往戒嚴區域實施暴動及搶劫殺人等十三案判前來，經簽奉

鈞批飭一併解送台灣高等法院訊辦，遵即飭據該部呈以事變戒嚴時所發生之暴動案件依戒嚴法規定均分別處理，上項各案如移送司法機關審理，則已執行之各案亦將發生重大糾紛，影響政府威信甚重，為適應台灣特殊環境配合行政設施，請予以核准免移司法機關，從准魏主席亦請仍維持原定辦法由軍法審判，迅予結案，並經政務局召集司法行政部及本部研討，咸以上項案件既係依戒嚴法規定由軍法審判，仍應以軍法程序予以審核，以維政府威信。謹就各案原判本

鈞座寬大德意，逐案詳加審核，按衡犯情，原其心跡，依法分別予以改判或核准，理合簽請

核備，并乞

示遵。

謹按戒嚴法第九條規定接戰地域內關於刑法上之內亂罪得由軍事機關自行審判，惟台灣並非接戰地域，自無適用此項條文之餘地。且同法第十四條又明白規定，國內遇有非常事變，對於某一地域施行戒嚴時，在該戒嚴地域內不得侵害司法機關之職權。關於刑事案件應仍由司法機關依法辦理。本案被告簡檉堉等或係國民參政員，或係市參議員，均無軍人身份，依據上開法條，應由司法機關審判，極為明顯。前據白部長檢同簡檉堉等卷判請核，奉前來，經呈奉批飭一併解送台灣高等法院訊辦等因，茲復據白部長簽復如上。謹註。

查白部長所稱本案若再移歸法院審理，則已執行之各案亦將發生重大糾紛，影響政府威信，亦極重大，確屬實情。茲為適應台灣特殊情形，迅予結束懸案，俾期安定秩序起見，擬姑准如擬辦理。

此件電魏主席問其意見　中正

民國三十七年三月二十四日

【國民政府致國防部長白崇禧代電】

國防部白部長勛鑒：

二月廿五日呂優字第28593號簽呈，及台灣省二二八事變內由軍法訊結暴亂案件審核表均悉。姑准如擬辦理中。（37）寅（養）侍富。附發還原卷件卌四宗。

附錄

【台籍人士敬輓白崇禧將軍——輓詩・輓聯選錄】

■輯自《陸軍一級上將白公崇禧榮哀錄》，作者名下刮號內為原來頁碼。

輓聯

◎黃朝琴（頁96）

虎帳肅軍儀鞞鼓萬方思宿將

駒光催世軌苕苓一瞬渺前塵

◎瀛社社長李建興（頁98）

宣慰初來急定危疑處變救民千萬家一時生佛

哀矜不喜盡行切實歌功頌德士君子有口皆碑

◎李建和（頁109）

曾統百萬貔貅叱吒風雲雄一世
竟墜全民涕淚悲哀茄鼓動三軍

◎陳嵐峰（頁108）

風節高千秋
韜鈐萃一身

◎台灣省白氏宗親會（頁111）

斯人繫治亂安危兩字忠貞酬黨國
此日論英雄事業千秋道範在人寰

◎李氏義方居（頁115）

無病善終各界於今哀上將
有恩未報台胞此後必尊神

◎莊幼岳（頁135）

憶當年蓬瀛事件微將軍及時趕到台民早已成冤鬼

痛此日禹甸淪胥正王師準備反攻天上漢河殞巨星

◎潮州　鄞強（頁139）

功在黨國旌忠狀匾英名耀

澤被台胞宣慰辛勞史冊垂

◎李長春（頁139）

秉節東來虎帳功高二二八

乘鯨西去羊碑德赫萬千秋

◎黃得時（頁140）

泰嶽突崩萬里河山悲失色

將星遽隕漫天風雨泣寒冬

◎杜迺祥（頁141）

絕島方危懸解民生曾奉命
中原未復痛深上將竟歸天

◎黃啟瑞（頁141）

弼國盛業百戰疆場寒敵膽
匡時殊勳千秋萬世仰雄才

◎王民寧（頁143）

功在國家疇陳全福
名垂竹帛德耀千秋

◎吳三連（頁145）

勁節勵寒松匡時弼贊中興業
殊勛思大樹曠世難逢天下才

◎謝清連（頁145）

難忘帷幄運籌決勝中原殲日寇
猶記英雄銜命撫綏亂世拯台胞

◎台灣區煤礦業同業公會理事長李德儒（頁147）

百戰成功底定三台垂國史
一眠不起那堪載道哭將軍

◎林金標（頁156）

身膺國防部長銜命渡台平禍亂
官居戰略副座堪悲此日失元良

◎張晴川（頁156）

海嶠檮權奸戡亂有心扶孺子
天涯存救國反攻遺恨哭先生

◎台北縣議會議長李儒聰（頁161）

曾率一軍叱吒風雲寒敵膽
猶臨孤道救平紛亂振民心

◎張振聲（頁163）

慘案起當時除暴安良臨寶島
危棋爭一局保民衛國仰將軍

◎蔡慧明（頁163）

二二八時宣撫三台民眾感德
七十四歲遂成千古國家傷才

◎瑞芳國校校長連泮宮（頁164）

遠海無波懷仁津
中原未定殞大星

◎魏壬貴（頁164）

抗戰著勳功諸葛奇謀驚日寇
安良除暴亂將軍德澤惠台民

◎李幼霞（頁165）

匡弼定神州上將名應垂百世
臨危安海嶠群民恩沐感千秋

◎陳曉齋（頁165）

昔年秉節而來綏我台疆遺愛長懷羊叔子
此日騎箕遽去昭茲國史盛勳媲美霍剽姚

◎林聰明（頁166）

拯救台胞厥德永彰員嶠
摧殘日寇奇功冠絕同袍

◎瀛社　詹聰義（頁167）

安島民興回教大雅云亡泰山慘淡

摧國棟隕將星哲人其萎梅嶺生寒

◎台北縣瑞芳鎮各界（頁167）

黨國失元戎萬里雲山淒慘色

瀛民同洒淚三邊茄鼓咽悲聲

◎李舜卿、李勝德（頁169）

亂世解懸惟公一位

蓋棺定論持節終身

◎李冰潤（頁169）

奉令臨台因國事

終身別世作神仙

◎七十四叟李嘯庵（頁171）

台民宜建崇公廟
瀛島感恩正直神

◎王吳水火、陳水順（頁172）

履險如夷宣慰台胞恩尚在
臨危受命剷除倭宦德猶存

◎瑞芳鎮長謝阿樹（頁172）

未熄烽煙痛失良將
名留恩澤悲感黔黎

◎平溪鄉長廖陳有義率全體員工（頁173）

夢裡歸真人驚傳噩耗

危時解難民尚感鴻恩

◎雙溪鄉長連璧光（頁174）

恩及三台懷巨宿

天生一將輔元戎

輓詩

◎葉蘊藍（頁183）

弔白崇禧將軍

噩耗傳聞上將名。家家繡佛意非輕。
三台免禍留恩澤。萬口成碑頌政聲。
春露秋霜懷四德。晨鐘暮鼓憶先生。
老天不應英雄願。遺恨未能見太平。

◎黃啟棠（頁183）

敬弔白將軍千古

沙場一出抱忠勤。韜略精明屢樹勳。
禹域談兵人盡譽。鯤鯓治亂策超群。

宏邦計立千秋業。定國威揚百戰聞。
此日臨風齊拱手。台民永頌白將軍。

◎林子惠（頁 184）

敬悼白崇禧先生靈右

七十三齡棄俗塵。記曾仁德拯斯民。
宣勞撫慰憶當日。瀛島甘棠遺愛新。

◎李詩全（頁 184）

悼白將軍崇禧先生

偉哉上將健生公。為國為民汗馬功。
輔弼元戎籌帷幕。誠扶總理掃奸雄。
台灣事變蒙寬處。寶島群黎永世崇。
抗日德威留偉績。千秋中土仰精忠。

◎張晴川（頁185）

悼白上將健生先生

胡塵遍地正橫行。遺恨未曾復兩京。
八桂名揚嚴紀律。七鯤星隕失干城。
位膺上將猶勤學。功蓋中原善治兵。
二月年年逢廿八。三臺父老感先生。

◎蔡慧明（頁187）

故上將軍白公健生先生千古

桂林毓秀出才英。
志氣高超萬里鵬。
贊翊戎機施妙算。
精通韜略率奇兵。
八年抗戰鯨波靖。
一代雄威虎將名。

二二八時行德政。
台人感念錄哀榮。

◎楊君潛（頁187）

敬悼白上將健生先生千古

將星殞落淚沾裳。朝野同悲劇可傷。
不世功勳垂萬古。平生韜略震遐方。
台民感泣懷恩澤。禹域含哀悼國殤。
一事知公長抱憾。未曾見復漢邦疆。

白崇禧將軍與二二八事件

參考書目

■檔案

《國民政府檔案》，國史館藏

《蔣中正總統檔案》，國史館藏

《台灣省參議會檔案》，中央研究院台灣史研究所藏

馬振犢、戚如高編，《台灣「二二八」事件檔案史料》，下冊（北京市：檔案出版社，1991 年）

《警備總部檔案》，中央研究院近代史研究所編，《二二八事件資料選輯》，第一冊（台北市：中央研究院近代史研究所，1992 年）

《警備總部檔案》，中央研究院近代史研究所編，《二二八事件資料選輯》，第六冊（台北市：中央研究院近代史研究所，1997 年）

《國家安全局檔案》，侯坤宏、許進發編，《二二八事件檔案彙編（二）》（台北縣新店市：國史館，2002 年）

《蔣中正總統檔案》，侯坤宏編，《二二八事件檔案彙編（十七）》（台北縣新店市：國史館，2008 年 2 月）

高素蘭（編），《蔣中正總統檔案—事略稿本（69）：民國三十六年三至五月》（台北市：國史館，2012 年）

■報紙・期刊

《台灣新生報》（台北），林元輝編註，《二二八事件台灣本地新聞史料彙編》，第一冊（台北市：財團法人二二八事件紀念基金會，2009 年 6 月）。

《和平日報》（台北），林元輝編註，《二二八事件台灣本地新聞史料彙編》，第四冊（台北市：財團法人二二八事件紀念基金會，2009 年 6 月）

《申報》（上海）。

《中央日報》（南京）。

台北特約記者，〈隨時可以發生暴動的台灣〉，《觀察》（上海），第二卷第二期（1947年3月8日），頁18-19。

台灣特約記者，〈二二八事件後的台灣〉，《觀察》（上海），第二卷第六期（1947年4月5日），頁17-19。

白克，〈隨白部長宣慰〉，《新聞天地》（上海），第二十三期（1947年5月1日），頁31-32。

The China Weekly Review (Shanghai). Vol.105(March, April 1947), original copy, stored at the East Asian Library of University of Washington.

■日記・回憶錄・口述歷史

蔣中正，《蔣中正日記》，手稿本，美國史丹佛大學胡佛研究院藏，第46盒。

丘念台，《我的奮鬥史（原名：嶺海微飆）》（台北市：中華日報社，1981年5月再版）。

馬天綱、陳三井、賈廷詩、陳存恭訪問紀錄，《白崇禧先生訪問紀錄》，下冊（台北市：中央研究院近代史研究所，1982年）。

劉雨卿，《恥廬雜記》（台北市：川康渝文物館，1982年）。

汪彝定，《走過關鍵年代—汪彝定回憶錄》（台北市：商周出版，1991年）。

李翼中，《帽簷述事—台事親歷記》，收於中央研究院近代史研究所編，《二二八事件資料選輯》，第二冊（台北市：中央研究院近代史研究所，1992年）。

中央研究院近代史研究所，《口述歷史》，第三期：二二八事件專號（台北市：中央研究院近代史研究所，1992年2月）。

許水德等（口述）、陳柔縉（紀錄），《私房政治：25位政治名人的政壇祕聞》（台北市：新新聞週刊，1993年）。

張炎憲、胡慧玲、高淑媛採訪、記錄，《悲情車站二二八》（台北市：自立晚報，1994年1月）。

台灣省文獻委員會編，《二二八事件文獻補錄》（台中市：台灣省文獻委員會，1994年）。

台灣省文獻委員會編，《二二八事件文獻輯錄》（台中市：台灣省文獻委員會，1995年6月修訂版）。

許雪姬、方惠芳訪問、記錄，《高雄市二二八相關人物訪問紀錄》，上、下冊（台北市：中央研究院近代史研究所，1995年）。

張炎憲、胡慧玲、黎澄貴採訪、記錄，《台北都會二二八》（台北市：自立晚報，1995年）

張炎憲、胡慧玲、黎中光採訪、記錄，《台北南港二二八》（台北市：自立晚報，1995年）

張炎憲、高淑媛採訪、記錄，《混亂年代的台北縣參議會》（台北縣板橋市：台北縣立文化中心，1996年）。

謝雪紅口述，楊克煌筆錄，《我的半生記》（台北市：楊翠華，1997年）。

葉榮鐘（著），葉芸芸（編），《台灣人物群像》（台中市：晨星，2000年初版）。

楊肇嘉，《楊肇嘉回憶錄》（台北市：三民書局，2004年四版）。

朱昭陽（口述）、吳君瑩（記錄）、林忠勝（撰述），《朱昭陽回憶錄：風雨延平出清流》（台北市：前衛出版，2009年2月修訂新版）。

張炎憲、胡慧玲、高淑媛採訪、記錄，《基隆雨港二二八》（台北市：吳三連台灣史料基金會，2011年3月）。

林獻堂（著）、許雪姬（編註），《灌園先生日記》，第十九冊（台北市：中央研究院近代史研究所、台灣史研究所，2011年7月）。

黃克武、沈懷玉訪問，周維朋記錄，〈彭芳谷先生訪問紀錄〉，《台中榮民總醫院三十載：口述歷史回顧》，上篇（台北市：中央研究院近代史研究所，2012年），抽印本。

■專書著作

章子惠（編），《台灣時人誌》，第一集（台北市：國光出版社，1947年）。

楊受瓊（編），《李母白太夫人榮哀錄》（台北縣瑞芳鎮：李氏義方居，1955年）。

白先道（編），《陸軍一級上將白公崇禧榮哀錄》（台北市：白崇禧上將治喪委員會，1966年）。

台灣省行政長官公署人事室（編），《台灣省各機關職員錄》（台北縣：文海出版社，1968年翻印）。

熊鈍生（主編），《中華民國當代名人錄》，第一、四冊（台北市：台灣中華書局，1978年）。

李建興先生紀念集編輯委員會（編），《李建興先生紀念集》（台北縣：編者自印，1981年）。

吳相湘，《民國百人傳》，第二冊（台北市：傳記文學出版社，1982年10月再版）。

全國政協文史資料研究委員會等（編），《陳儀生平及被害內幕》（北京市：中國文史出版社，1987年）。

國史館（編），《國史館現藏民國人物傳記史料彙編》，第一輯（台北縣新店市：國史館，1987年）。

蔣永敬、李雲漢、許師慎（編），《楊亮功先生年譜》（台北市：聯經出版，1988年）

李敖（編），《二二八研究》（台北市：李敖出版社，1989年）。

鄧孔昭（編），《二二八事件資料集》（台北市：稻鄉出版社，1991年）。

吳濁流，《無花果：台灣七十年的回想》（台北市：前衛出版，1990年）

林木順，《台灣二月革命》（台北市：前衛出版，1990年）。

林德龍（輯註），《二二八官方機密史料》（台北市：自立晚報，1992年）。

賴澤涵編，《台灣光復初期歷史》（台北市：中央研究院中山人文社會科學研究所，1993年11月）。

國史館（編），《國史館現藏民國人物傳記史料彙編》，第八輯（台北縣新店市：國史館，1993年）。

千家駒，《從追求到幻滅：一個中國經濟學家的自傳》（台北市：時報文化，1993年）。

陳翠蓮，《派系鬥爭與權謀政治：二二八悲劇的另一面相》（台北市：時報出版，1995年）。

行政院研究二二八事件小組，賴澤涵總主筆，《「二二八事件」研究報告》（台北市：時報文化，1996年）。
文思（主編），《我所知道的白崇禧》（北京市：中國文史出版社，2003年）。
黃富三，《林獻堂傳》（南投市：國史館台灣文獻館，2004年）。
張炎憲（主編），《王添灯紀念輯》（台北市：吳三連台灣史料基金會，2005年）。
張炎憲、陳儀深、陳翠蓮等編著，《二二八事件責任歸屬調查報告》（台北市：財團法人二二八事件紀念基金會，2006年）。
黃彰健，《二二八事件真相考證稿》（台北市：中央研究院、聯經出版，2008年6月初版三刷）。
高明士（主編），蔣竹山、陳俊強、李君山、楊維真編著，《中國近現代史—大國崛起的新詮釋》（台北市：五南圖書，2009年1月）。
楊天石，《找尋真實的蔣介石：蔣介石日記解讀（二）》（香港：三聯書店，2010年）
褚靜濤，《二二八事件研究》，下冊（台北市：海峽學術出版社，2011年6月）。
侯坤宏，《研究二二八》（台北市：博揚文化，2011年6月）。
朱浤源（編），《二二八研究的校勘學視角：黃彰健院士追思論文集》（台北市：文史哲出版社，2011年）。
白先勇，《父親與民國：白崇禧將軍身影集—下冊：台灣歲月》（台北市：時報文化，2012年5月）。

■工具書

許雪姬（總策畫），《台灣歷史辭典》（台北市：行政院文化建設委員會，2004年）。
張炎憲（主編），《二二八事件辭典》（台北市：國史館、二二八事件紀念基金會，2008年2月）。

■期刊論文

劉道平，〈湯恩伯與陳儀〉，《傳記文學》，第十卷第三期（1967 年 3 月）。

劉弼，〈談「小諸葛」白崇禧〉，《傳記文學》，第十二卷第三期（1972 年 3 月）。

賴澤涵，〈陳儀與閩浙台三省省政（一九二六～一九四九）〉，中華民國建國八十年學術討論集編輯委員會編，《中華民國建國八十年學術討論集》，冊三：社會經濟史（台北市：近代中國出版社，1991 年）。

李建興，〈敬悼白上將健生先生〉，《中國一週》，轉引自白先勇，《父親與民國—台灣歲月》，頁 35-36。

陳三井，〈白崇禧與二二八事件〉，轉載於《印刻文學生活誌》（台北），第八卷第九期（2012 年 5 月）。

黃嘉謨，〈白崇禧宣慰台灣紀實〉，《廣西文獻》（台北），第七十三期（1996 年 7 月），頁 10-27。

——，〈白崇禧與台政改進：白崇禧上將與二二八事件善後座談會發言〉，《廣西文獻》（台北），第七十四期（1996 年 10 月），頁 12-13、16。

粟明德，〈大德不泯 大義不滅——寫在「白崇禧上將與二二八事件善後」座談會之後〉，《廣西文獻》（台北），第七十四期（1996 年 10 月），頁 3。

陳存恭，〈族群融和的典範—白崇禧將軍〉，《廣西文獻》（台北），第七十四期，頁 14。

李資生，〈吳石間諜案破獲始末〉，《傳記文學》，第六十五卷第五期（1994 年 10 月）。

歐陽可亮（著），張志銘（譯），〈二二八大屠殺的證言〉，《台灣史料研究》，第十一號（台北市：吳三連台灣史料基金會，1998 年 5 月）。

齊錫生，〈白崇禧與蔣介石的合作與分離〉，《傳記文學》，第一〇一卷第一期（2012 年 7 月）。

薛月順，〈陳儀主政下「台灣省貿易局」的興衰（1945-1947）〉，《國史館學術集刊》，第六集（台北縣新店市：國史館，2005 年 9 月）。

〈族群和平的實踐者　卑南族大頭目馬智禮〉，《大紀元時報》網路版，2006 年 10 月 23 日，網頁：http://www.epochtimes.com/b5/6/10/23/n1495951.htm。

鄭梓，〈記憶、傷痕與歷史再現：二二八事件中一位外省編導的「影像札記」〉，收於許雪姬主編，《二二八事件六十周年紀念論文集》（台北市政府文化局，2008 年 3 月）。

侯坤宏，〈重探「二二八事件處理委員會」的角色〉，「新史料與二二八研究」學術研討會（2013 年 11 月 29、30 日）會議論文。

——，〈嚴家淦與二二八—看外省人在事件中的處境〉，「嚴家淦先生與台灣經濟發展」國際學術研討會會議論文（2013 年 12 月 16、17 日）。

歷史與現場 218

止痛療傷——白崇禧將軍與二二八

編　　著——白先勇・廖彥博
執行主編——項秋萍（特約）
系列主編——李筱婷
責任編輯——鍾岳明
美術指導——張治倫（特約）
美術設計——張治倫工作室　林家敏（特約）
執行企劃——林倩聿・劉凱瑛

發 行 人——趙政岷
出 版 者——時報文化出版企業股份有限公司
10803台北市和平西路三段二四〇號三樓
發行專線—（〇二）二三〇六六八四二
讀者服務專線—〇八〇〇二三一七〇五
（〇二）二三〇四七一〇三
讀者服務傳真—（〇二）二三〇四六八五八
郵撥—一九三四四七二四時報文化出版公司
信箱—台北郵政七九～九九信箱

時報悅讀網——http://www.readingtimes.com.tw
電子郵件信箱——history@readingtimes.com.tw
法律顧問——理律法律事務所　陳長文律師、李念祖律師
印　　刷——盈昌印刷有限公司
初版一刷——二〇一四年三月七日
初版二刷——二〇一八年九月五日
定　　價——新台幣四五〇元
（缺頁或破損的書，請寄回更換）

時報文化出版公司成立於一九七五年，
並於一九九九年股票上櫃公開發行，於二〇〇八年脫離中時集團非屬旺中，
以「尊重智慧與創意的文化事業」為信念。

止痛療傷：白崇禧將軍與二二八 / 白先勇, 廖彥博著.
-- 初版. -- 台北市：時報文化, 2014.03
面；　公分. --（歷史與現場；218）
ISBN 978-957-13-5913-7（平裝）

1.二二八事件 2.口述歷史 3.訪談

733.2913　　103003222

ISBN 978-957-13-5913-7
Printed in Taiwan

編號：BCB0218	書名：止痛療傷——白崇禧將軍與二二八
姓名：	性別：____1.男　2.女
出生日期：　年　月　日	連絡電話：

______ 學歷：1.小學　2.國中　3.高中　4.大專　5.研究所（含以上）

______ 職業：1.學生　2.公務（含軍警）　3.家管　4.服務　5.金融　6.製造　7.資訊　8.大眾傳播　9.自由業　10.農漁牧　11.退休　12.其他

通訊地址：□□□______縣（市）______鄉鎮區______村______里______鄰______路（街）______段______巷______弄______號______樓

E-mail address：

（下列資料請以數字填在每題前之空格處）

______ 購書地點
1.書店　2.書展　3.書報攤　4.郵購　5.網路　6.直銷　7.贈閱　8.其他______

______ 您從哪裡得知本書
1.書店　2.報紙廣告　3.報紙專欄　4.雜誌廣告　5.網路資訊
6.親友介紹　7.DM廣告傳單　8.其他______

______ 您希望我們爲您出版哪一類的作品
1.心理　2.勵志　3.成長　4.潛能　5.知識　6.其他______

您對本書的意見
______ 內容　1.滿意　2.尚可　3.應改進
______ 編輯　1.滿意　2.尚可　3.應改進
______ 封面設計　1.滿意　2.尚可　3.應改進
______ 校對　1.滿意　2.尚可　3.應改進
______ 定價　1.偏低　2.適中　3.偏高

您的建議

請沿虛線撕下後對折裝訂寄回，謝謝！

時報出版人文科學線臉書專頁：

請上 facebook 搜尋【歷史與現場】

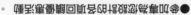